Sales Effectiveness Training

사람의 마음을 얻는 시너지 세일즈

매일 파는 인간

본 서는 미국 GTI(Gordan Training International)에서 개발한 Synergistic Selling 교육 훈련 프로그램의
참고 도서로 활용하고 있는 것으로서 동 프로그램에 관심 있는 분들은 미국 GTI나 한국 측 독점 공급계약자인
(재)국제경영개발원 산하 고든리더십센터의 코디네이터(mdigordon@naver.com 혹은 02-578-7030, 010-5279-
9050)에게 문의하여 주시면 감사하겠습니다.

Sales Effectiveness Training

사람의 마음을 얻는 시너지 세일즈

매일 파는 인간

Carl D. Zaiss · Thomas Gordon 지음 / 이윤정 옮김

적극적 듣기는 당신의 두 귀로
사람을 설득시키는 방법이다

잠에서 깨는 순간부터 우리는
매일 무엇인가를 판다

고객과 파트너쉽을 발휘하는 셀러가
판매 패러다임 전환을 주도한다

목차

일러두기

1. 이 책은 2020년에 출간한 『시너지 셀링』의 개정신판입니다.

2. 매일 잠에서 깨어 활동하는 순간부터 대화가 시작됩니다. 소통의 중요성을 강조하기 위하여 『매일 파는 인간』으로 제목을 변경하였습니다.

감사의 말

이 책과 우리의 공동 연구에 많은 분이 각자의 방법으로 기여해 주셨습니다. 이 지면을 통해 그 기여를 인정하고 감사를 표하고자 합니다.

먼저 알렉스 커와 마이클 벤더의 용기와 확신에 감사드립니다. 두 분은 새로운 세일즈 모델을 탐구해 온 진정한 개척자이십니다. 현 상태, 즉 쉬운 길에 안주하기보다 세일즈 분야의 도전과제들에 맞서서 새로운 답을 모색해 오셨습니다. 성공한 조직을 만들고자 하는 의지와 그들만의 세일즈 신념이 이들을 시너지 세일즈 프로그램까지 이끌었습니다. 알렉스, 마이클과 함께 연구하면서 우리는 많은 것을 배우고 발견했습니다. 시너지 세일즈 프로그램에 참석한 분들께도 감사의 말씀을 전합니다. 수강자분들의 피드백 덕분에 우리는 바른길을 가고 있음을 거듭 확신할 수 있었습니다. 수강자분들의 성공이 새로운 모델을 향한 우리의 의지에 불을 붙여 주었고 실패는 변혁을 완수하는 데 부족한 것이 무엇인지 보여 주었습니다.

프로젝트 초반에 지원해 준 미국 펭귄북스의 알렉시아 도르진스키와 아놀드 돌린, 원고 초안을 멋지게 편집해 준 존 페인, 우리의 비전에 지속적인 파트너십과 헌신을 보여 주고 있는 뎁 브로디에 감사드립니다.

변함없는 사랑과 지지를 보내 준 월트와 프랜 존슨,

톰 고든의 작업에 나를 소개해 준 샐리 스키너와 패트릭 소보타,

원고를 쓰는 동안 함께 통찰력 있는 대화를 나누고 고무적인 지원을 아

끼지 않은 앤 바우어, 데이비드와 낸시 그런드만, 척 히츠만, 데보라 내쉬, 조너선 로젠버그, 존 스미스, 폴 스피틀러, 파트너십을 통해 원고의 초반 작업에 여러 가지로 크게 도움을 준 셰릴 스니그와 마무리 작업을 도와준 데니세 라스킨에게 칼 자이스가 특별한 감사를 표합니다.

알리슨 암스트롱에게도 개인적인 감사의 말을 전합니다. 자기계발에 대한 알리슨의 지속적인 코칭과 헌신으로 우리는 지난 성공을 넘어서 더 큰 결실을 얻을 수 있었습니다.

모두 감사드립니다.

책을 쓴 목적

이 책은 당신이 전통적인 세일즈의 경계를 돌파하게 해 줄 새로운 기술과 개념을 제시한다. 당신은 이 책을 통해 세일즈 성과를 놀라운 수준으로 개선할 수 있을 것이다.

이 책은 세일즈 분야의 획기적인 발전을 다루고 있다. 아메리칸 헤리티지 영어사전은 획기적인 발전을 '더 큰 진전을 허용하는 주요 성취나 성공'이라고 정의하고 있다. 당신이 통상적이고 평범하고 습관적인 선을 넘어 앞으로 나아가도록 돕는 본보기를 제공하는 것이 우리의 책무다. 우리는 이러한 종류의 약진을 이루는 데 헌신해 왔으며 이는 곧 비범한 결과로 전환되었다.

이 책이 당신의 세일즈 커리어에서 더 큰 가능성의 문을 여는 귀중한 열쇠가 되기를 바란다.

서문

세일즈를 바라보는 두 관점

칼 자이스 : 전문 셀러가 세일즈를 보는 관점

나는 25년 넘게 매우 다양한 형태의 세일즈에 관여해 왔다. 대학교 재학 중에 유통 세일즈도 해 봤고 호텔 업계에서 커리어를 쌓을 때는 다양한 세일즈 직무를 경험했으며 1982년부터는 셀러를 교육하는 일 외에도 교육 프로그램과 컨설팅 서비스를 세일즈하고 있다. 이러한 배경 덕분에 개인적으로나 공동적으로나 세일즈에 성공하기 위해 갖춰야 하는 태도와 행동을 탐구할 기회가 많이 있었다.

세일즈에 대한 전통적인 접근은 간단히 말해 더 이상 효과적이지 않다. 셀러 대부분이 사실상 성공에 해로운 기술과 기법을 배우고 있다. 타인을 통제하려는 시도는 특히 더 해롭다. 대부분의 세일즈 교육에서 타인을 통제하는 방법을 가르치고 있지만, 통제 욕구는 셀러의 기본 책임, 즉 자유로운 정보의 교환을 돕는 구매자와의 친밀한 관계 형성에 역효과를 낳는다.

이제 셀러-구매자 관계의 복잡성을 더 높은 수준으로 이해해야 할 때다. 좀 더 나은, 약간 다른 변화를 의미하는 게 아니라 셀러-구매자 관계를 인식하는 방법을 상당한 수준으로 바꾸는 것, 변혁을 의미한다. 그렇게 하려면 일단 기존 모델의 한계를 인지하고 전통적 사고와 행동의 껍질을 깨고 나와야만 한다. 그런 다음 변화를 위한 토대를 제공하는 새로운 기술을 개발해야 한다.

변혁의 동기는 내면에서 나와야 한다. 조직에서 타인에게 지시받아서는 안 된다. 시작을 돕기 위해 세일즈에 관련된 내 경험, 세일즈 활동을 하며 왜 갇힌 듯한 느낌을 받게 되었는지 들려주겠다. 듣고 나서 세일즈에 성공하기 위해, 세일즈에서 더 큰 만족을 얻기 위해 뭘 할지 결정하면 된다.

내가 최초로 경험한 진정한 세일즈는 어릴 적 어린이 야구단을 위한 모금 활동으로 과자를 판매한 것이었다. 러셀 스토버 초콜릿 한 박스가 1달러에 팔리던 시절, 인센티브는 야구 점퍼였다. 목표를 확실히 달성하기 위해 선수당 판매량이 할당되었다.

매년 신나게 판매를 시작했다. 새 점퍼를 입은 내 모습이 눈에 선했다. 부모님은 수 시간 동안 운전을 해서 여러 동네에 날 데려다주셨다. 하지만 점차 낯선 문을 두드리고 거절당하는 일이 괴로워졌고 열정도 사그라졌다. 할당량을 채울 수 있게 마지막 남은 박스 몇 개를 부모님이 사 주신 적도 많았다.

얼마 안 가 나에게 사탕을 팔러 가는 일은 싫어하는 연례 의무가 되었다. 방문하는 집의 사람들은 역경, 즉 내가 가는 길에 놓인 장애물이 되었다. 셀러들은 잘 알겠지만 이러한 태도가 세일즈 성공 확률을 제거해 버렸다. 나는 내가 세일즈에 재능이 없고 세일즈를 싫어한다고 판단을 내렸다.

대학 졸업 후 호텔 업계에 들어갔을 때, 나는 세일즈 일을 몇 년만 하면 커리어를 상승시킬 수 있다는 사실을 알아채고 세일즈 직무로 전환했다. 어떻게 됐냐고? 여전히 세일즈가 싫었다. 세일즈에 대한 내 인식과 성공 확률을 고려했을 때 놀라운 일은 아니었다. 수 시간에 달하는 권유 전화와 거래 고객을 찾는 일도 결국 힘들어졌다. 매력적인 세일즈 출장, 칵테일파티, 컨벤션, 상품 전시회 등 모든 게 일일뿐 재미가 없었다. 항상 무대에서 연기를 하고 있는 기분이었다. 쓰고 있는 가면을 벗어 버릴 수 있게 어서 하루가 끝났으면 했다.

다른 셀러들도 공감하리라 확신하는 좌절의 이유가 또 있었다. 무엇보다 세일즈가 나 아니면 구매자, 둘 중 하나는 이기고 하나는 져야만 하는 일종의 체스 게임처럼 느껴졌다. 승리를 위해 필요하다고 하면 어떤 전술이라도 사용했다.

둘째로, 고위 경영진은 오랫동안 세일즈 파트를 고마워하거나 지원하지 않았다. 사업이 잘될 때는 경기가 좋다거나 호텔이 평판을 잘 쌓아서라고 했다. 사업이 녹록치 않을 때만 세일즈 부서에 주목했다. 훌륭한 셀러라면 어떤 장애물이라도 극복하고 거래를 따 와야만 했다.

세 번째로 고객보다 이미 판매된 제품과 서비스를 제공하는 지원 부서와의 관계에서 어려움을 겪은 적이 더 많다. 거래를 따 오는 데서 발생하는 스트레스는 거래를 유지해야 하는 스트레스에 비하면 아무것도 아니다.

마지막으로 셀러인 나의 니즈를 충족시킬 방법이 보이지 않았다. 내 니즈를 포기하는 것만이 고객을 발굴하고 유지하는 유일한 방법인 듯 보였다. 그래서 나는 좌절하고 분노했고 내 직업에 만족감을 거의 느끼지 못했다.

책도 읽어 보고 교육 프로그램에도 참석했지만 내 니즈에 맞지 않았다. 모두 통제, 조종, 기만에 대해서 가르치고 있었다. 이런 것들이 세일즈라면 나는 무엇이 되는가? 호텔 업계에서 일하는 내내 다른 셀러들과 이야기를 나누면서 내 신념은 확고해졌다. 다른 셀러들도 비슷한 좌절감을 토로했고 세일즈 부서의 잦은 이직률은 골칫거리였다. 시스템이 뭔가 잘못된 게 틀림없었다.

1982년 나는 호텔 업계를 떠나 교육 및 컨설팅 회사를 창업했다. 나는 현장에서 겪은 문제를 해결하기 위한 답을 찾고 다른 사람들과 관련 정보를 공유하는 데 최선을 다했다. 기본적인 질문에 대한 답을 찾기 시작했다. 자기 자신을 속이지 않으면서 세일즈에서 성공할 수 있을까? 세일즈를 마무리하려고 애쓰는 것이 장기적으로는 셀러 – 구매자 관계에 압박을 주는가? 셀러 – 구매자 관계에서 모두가 승리하는 결과를 도출할 수 있을까?

질문의 답을 찾는 동안 나는 대인관계기술 교육의 개척자인 토마스 고든 박사를 만났다. 개인적으로는 톰의 부모역할훈련 교육P.E.T;Parent Effectiveness Training과 리더역할훈련 교육L.E.T;Leader Effectiveness Training 을 듣고 책을 읽고 효익을 경험했다. 두 과정에서 나는 가족, 친구, 직장 동료와 상호 호혜적인 관계를 형성하고 유지하는 데 도움이 되는 기술과 개념을 발견했다. 톰과 나의 관계는 더욱 발전했고 우리는 어떻게 톰의 모델을 셀러 – 구매자 관계에 적용할지 몇 시간이고 논의하곤 했다.

이러한 논의를 거쳐 더 나은 방법이 있어야 한다는 공동의 신념으로 우리는 전통적 세일즈 교육에서 상당히 진보한 교육 프로그램인 시너지 세일즈를 개발했다. 이 교육 과정은 과거에도 그랬고 지금도 여전히 세일즈 교육의 선두 주자다.

그때부터 나는 소규모 사업체부터 제너럴 모터스 같은 대기업까지 미국, 캐나다, 유럽 전역의 다양한 규모의 조직에 시너지 세일즈 교육을 제공해 왔다. 이 경험을 통해 세일즈 초기 그런 인식을 형성하고 좌절감을 느낀 사람이 나 혼자가 아니라는 사실을 발견했다. 어디를 가든지 전통적 세일즈 모델에 환멸을 느끼는 셀러와 셀러관리자가 있었다. 이들은 새로운 방법을 열망하면서도 그러한 혁신에 수반되는 변화를 불편해했다.

내가 진행한 세미나에서 나는 사람들을 셀러와 구매자 두 그룹으로 나누었다. 그런 다음 구매자들에게 셀러를 묘사해 달라고 했다. 이들이 가장 많이 사용한 표현은 거짓말쟁이, 사기, 강매하는, 오만한, 구매자를 생각하지 않는, 구매가 끝나면 다시는 보지 않을 등이었다. 이번에는 셀러들에게 구매자를 묘사해 달라고 했다. 그러자 정직하지 못한, 고집스러운, 무지한, 요구가 많은, 양다리를 걸치는, 새로운 아이디어에 폐쇄적인 등이 나왔다. 전통적 세일즈 모델은 셀러와 구매자를 대립하게 만든다.

조직 내 셀러관리자와 다른 직원들은 많은 경우 자기도 모르게 전통적 셀러－구매자 관계를 영속화한다. 조직의 규칙은 사내에서 출력하고 배포하는 그 어떤 윤리 강령이나 목적 선언문보다 셀러들에게 훨씬 더 큰 영향을 미친다. 셀러－구매자 관계를 묘사하는 언어, 셀러의 보상을 결정하는 요소, 셀러가 받는 교육, 어려운 상황에서 경영진의 우선순위 등이 모두 적대적인 셀러－구매자 관계라는 전통적 모델을 강화한다.

전문 세일즈 전체를 뜯어고쳐야 한다는 말이다. 전통적 모델은 간단히 말해 너무나 제한적이고confining 오늘날 비즈니스 세계에 부적절하다. 변혁이 필요하다.

톰 고든이 만든 관계 청사진은 셀러와 구매자 관계를 쇄신하는 데 필요한 열쇠다. 세일즈 역할훈련 교육에는 내가 먼저 익히고 가르친 기술에 대한 내 의지가 반영되어 있다.

이 책은 당신이 기존에 학습한 신념과 행동 모델을 넘어서 세일즈에서의 성공 영역을 새롭게 확장해 갈 때, 더욱 효과적이고 강력하며 만족스러운 관계를 형성할 기회를 제공해 줄 것이다.

톰 고든 : 심리학적 관점에서 본 세일즈

나는 1950년대 말 세일즈에 관심을 갖게 됐고 얼마 지나지 않아 인간관계를 전문으로 다루는 컨설턴트로서 사회생활을 시작했다. 성공할 셀러와 그렇지 않은 셀러는 구별할 수 있을까? 셀러를 교육하는 가장 좋은 방법은 무엇인가? 셀러의 이직률은 어떻게 줄여야 하는가? 어떻게 상대방의 구매를 유도하는가? 나는 이와 같은 문제에 대한 답을 고객과 함께 찾았다.

마지막 질문이 내 흥미를 사로잡았다. 나는 곧바로 이 고도로 복잡한 과정을 알아내는 데 집중했다. 당시 구매자가 셀러에게 영향을 받을 때 벌어지는 일을 조명한 연구는 거의 없었다. 그러나 심리학 교육 프로그램을 운영하면서 상사와 부하직원, 부모와 아이, 상담사와 내담자의 관계에서 일어나는 영향 프로세스influence process를 조사한 연구들을 접하게 되었다. 한 사람이 상대방에게 싫어할 수도 있는 뭔가를 하도록 영향을 끼치려 한다는 점이 이 관계들의 특징이었다. 이러한 연구 결과들이 셀러 – 구매자 관계에도 적용될 수 있을까? 분명한 것은 모든 관계는 어느 정도의 세일즈를 수반하기 마련이라는 점이다.

내가 가장 먼저 한 일 중 하나는 성공적인 세일즈 프로세스의 다섯 가지 요구 사항을 파악하는 것이었다.

① 셀러는 구매자의 니즈를 발견하고 충족시키려 노력해야 한다.

② 구매자는 셀러가 믿을 만하고 신뢰할 만한 사람이며 자신을 진심으로 대한다고 느껴야 한다.

③ 구매자에게는 반대 의견, 의구심, 두려움 등을 표현할 기회가 있어야 하며 셀러는 이를 받아들일 수 있어야 한다.

④ 구매자는 강요나 조종을 당하지 않고 자유롭게 원하는 결정을 내렸다고 느껴야 한다.

⑤ 구매자는 셀러가 친구이고 파트너이자 상담사라고 느껴야 한다.

나는 이 원칙들에 매우 흥미를 느끼고 로스앤젤레스의 최대 부동산 회사인 포레스트 E. 올슨과 저명한 상조 회사 포레스트 론, 압력 라벨 분야의 개척자 레브리 라벨 등을 고객으로 두고 있었던 우리 회사의 세일즈 부서에 적용하기 시작했다.

나는 셀러를 대상으로 한 고객 관계 구축 및 유지 교육이 1949년부터 1954년까지 시카고 대학에서 전문 상담사를 대상으로 실시한 교육과 유사해야 한다고 생각했다. 1958년 전국 세일즈 임원 클럽 컨벤션the national convention of the Sales Executives Club의 '상담사의 경청 기술을 셀러가 배우는 게 좋을까'라는 제목의 연설에서 나는 "효과적인 상담사 양성을 위한 교육을 반영해 고안한 세일즈 교육 프로그램은 훈련된 상담사가 보유한 기술, 태도, 감수성을 셀러가 갖추게 해 줄 것"이라고 예측했다. 나는 성공적인 셀러의 역할을 상담사에 빗대어 묘사하는 게 꽤 정확하다고 생각한다.

1년 후 나는 '사람 중심의 세일즈 교육'라는 제목의 연설에서 셀러를 위한 효과적인 교육 프로그램의 네 가지 구성 요소를 발표했다.

---

① 자연스러움 교육 : 셀러들이 학습한 '역할'과 '행동'에서 벗어나 자연스럽게 행동하고, 진실한 자신의 모습을 안전하게 느끼고, 유연하게 행동하도록 하라. 구입 권유sales pitch를 위해 미리 짠 각본을 버리도록 하라.

② 경청 교육 : 구매자를 설득하기보다 구매자의 말을 경청하는 것을 강조하고 효과적인 상담의 기본 기술인 적극적 듣기를 가르쳐라. 이 기술은 잠재적 구매자나 장기 고객에게 "나는 당신의 문제와 니즈에 대해 듣고 싶습니다. 의구심, 주저함, 불확실성, 우유부단함 등 당신이 어떤 감정을 느끼는지 듣고 수용하고 싶습니다."라는 메시지를 전한다.

③ 태도 교육 : 예측불가능성, 변화에 대한 보편적인 저항, 스스로 결정하고자 하는 니즈, 강요하거나 조종하려는 행위에 대한 불신 등 인간 행동의 복잡성을 셀러에게 일깨워 주라.

④ 영향impact 교육 : 자신의 의사소통방식이 타인에게 어떤 영향을 미치는지 배울 기회를 제공하라. 자신이 타인에게 어떤 인상을 주는지 공유하도록 격려하는 분위기를 만들어라.

나는 다음 예측과 함께 세일즈 교육에 관한 연설을 마무리했다. "나는 우리가 셀러를 사람으로서 교육하고 사람으로서 관리한다면 셀러가 고객과 효과적인 대인관계를 구축하는 데 능숙해지리라 확신합니다. 이를 통해

우리는 세일즈를 강한 존엄성, 자부심, 자존감을 느끼는 전문직으로 만드는 데 기여할 것입니다."

이러한 예측을 한 지 20년이 지나고 나서야 우리 회사의 역할훈련 교육은 세일즈 기술이라는 이름으로 세일즈 교육 시장에 진출했다. 20년 동안 우리는 일단 부모역할훈련 교육P.E.T이라는 프로그램에 모든 노력을 집중했다. 1962년에 시작한 이 프로그램은 모든 연령대의 아이들과 만족스러운 관계를 구축하고 유지하는 데 필요한 기술을 부모에게 가르치는 최초의 프로그램이었다. 1992년까지 특별히 교육받고 허가받은 P.E.T 교육자들이 전 세계 31개국에서 백만 명 이상의 부모들을 가르쳤다.

1970년대 초에는 교사에게 대인관계 기술을 가르치는 교사역할훈련 교육T.E.T;Teacher Effectiveness Training 프로그램을 만들었다. 그리고 그로부터 얼마 지나지 않아 조직의 리더, 관리자, 임원을 위한 과정인 리더역할훈련 교육L.E.T을 개발했다. 이 프로그램은 최초로 참가적 경영, 참여적 의사결정, 팀 구축에 필요한 기술을 가르친 프로그램 중 하나였다.

각 프로그램의 성공은 특별한 일대일 관계를 구축하는 데 중요한 기술을 우리가 발견했다는 확신을 주었다. 이러한 관계는 일단 양측의 니즈를 모두 충족시켰기 때문에 서로 만족스러웠다. 두 번째로 힘에 의존한 통제나 조종이 수반되지 않았다. 세 번째로 서로 공정하다고 느꼈기 때문에 관계가 지속됐다.

1980년대 초, 우리는 첫 세일즈 교육 프로그램인 세일즈 기술을 개발해 내놓았다. 셀러들은 놀랍도록 빠르게 이 기술들을 습득하고 활용해 구매자, 고객들과 상호 간 만족스럽고 협력적인 관계를 형성하는 데 성공했다.

역할훈련 교육은 이제 두 번째 세일즈 교육 프로그램인 시너지 세일즈를 내놓았다. 이 프로그램은 셀러와 구매자의 관계 강화와 각 구매 단계에서 구매자를 돕는 적절한 방법, 고객과의 관계 안에서 셀러 자신의 니즈를 충족시키는 기술에 집중한다.

이 책은 당신이 고객에게 상품을 판매하든 서비스를 판매하든 직장에서 동료에게 아이디어를 판매하든 시너지 세일즈를 실천함으로써 얻을 수 있는 놀라운 효익을 깊이 이해하도록 도와줄 것이다. 이 책에서 다루는 많은 문제는 동 저자인 칼 자이스의 방대한 경험에서 나온 것이다. 칼은 셀러뿐 아니라 셀러관리자, 세일즈 교육자로서 경험이 있으며 새로운 세일즈 모델과 셀러관리 모델을 강력히 지지하는 사람이다. 칼과 나는 다른 역할훈련 교육 프로그램의 기본 체계를 기반으로 시너지 세일즈 과정을 개발했다.

이 책에서 우리는 왜 성공적인 셀러 – 구매자 파트너십이 비즈니스 환경에서 더욱 긴요해졌는지 보여 줄 것이다. 고객을 조종하고 통제하려는 시도는 고객과 셀러의 니즈에 대한 존중과 상호가 만족하는 신뢰를 바탕으로 형성된 승승관계win – win로 대체되어야 할 낡은 프로세스다. 이러한 파트너십은 지속될 확률이 더 높다.

이 책은 또한 셀러의 조직이 시너지 세일즈를 지원하는 새 모델을 사용할 필요성을 강조한다. 우리는 셀러관리자가 셀러에 공감하는 방법을 비판적으로 살펴보고 세일즈 교육에 접근하는 기존의 방식을 평가한다.

무엇보다 내가 30년 전 연설에서 예측했듯, 시너지 세일즈는 세일즈를 셀러들이 강한 존엄성, 자부심, 자존감을 느끼는 더욱 가치 있는 전문직으로 만들어 줄 것이다.

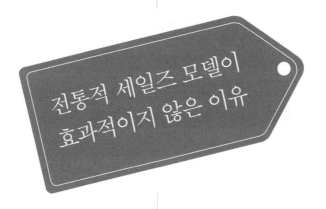

전통적 세일즈 모델이
효과적이지 않은 이유

SYNERGISTIC

SELLING

전통적 세일즈 모델이
효과적이지 않은 이유

원 나잇 스탠드의 시대는 지났다.
판매는 구애의 끝이지만,
결혼생활은 그때부터 시작이다.
- 시어도어 레빗

전문 세일즈 영역에 획기적인 변화가 필요한 때다. 오늘날의 복잡한 비즈니스 환경에서 전통적 세일즈 모델은 무용지물이 됐다. 계속해서 변하는 비즈니스 환경의 니즈에 발맞춰 성공적으로 영업 활동을 이어가려면 기존의 사고방식에서 탈피한 급진적인 사고의 전환이 요구된다.

1983년《하버드 비즈니스 리뷰》에서 당시 하버드 경영대학원 마케팅학부의 학장이었던 시어도어 레빗은 "우리 경제가 점점 서비스 중심, 기술 중심으로 변하면서 세일즈 프로세스의 역학도 바뀔 것이다. 지속적인 서비스의 속성과 계속해서 복잡해지는 기술의 속성으로 말미암아 더욱 깊고 장기적인 구매자와 셀러의 관계가 요구될 것이다. 따라서 셀러의 관심은 단순히 세일즈를 완료하는 것에서 구매자의 사후 만족까지 보장하는 쪽으로 이

동해야 할 것"이라고 말했다.

레빗의 기사가 쓰일 당시에 비즈니스 세계에서는 1980년대의 미국 경제의 균형을 찾아준 극적인 변화가 일어나고 있었다. 1990년대 초에는 레빗이 말했던 변화들이 가속화하면서 예언은 정확히 들어맞았다. 그 결과 오늘날 영업은 완전히 새로운 기술을 필요로 하게 되었다. 이제 셀러들은 세일즈를 '완료'하는 기술보다 '관계를 관리'하는 기술을 습득해야 한다.

이러한 변화가 일어난 데에는 증대된 기술의 복잡성 외에도 다른 여러 가지 요인이 있다. 첫째, 거의 모든 경제 분야에서 경쟁이 심화되어 장기적 관계 형태의 견고한 고객 충성도의 필요성이 증대되었다. 둘째, 새로운 고객을 유치하는 비용은 높아지고 만족한 고객을 유지하는 비용은 낮아지면서 장기적 고객 관계 구축이 경제적으로 더욱 바람직한 것이 되었다.

마지막으로 '품질 운동' 역시 구매자와 셀러의 긴밀한 파트너십을 요구하고 있다. '품질 운동'의 아버지라 불리는 W.에드워드 데밍은 '품질 경영을 위한 14가지 원칙'에서 이 파트너십을 강조했다. 데밍은 단일 공급자와 거래를 하면 공급자의 품질이 개선되고 비용은 감소하며 장기적 관계가 형성돼 구매자와 공급자 모두가 혜택을 얻는다며 단일 공급자와의 거래 가치를 강조했다.

또 세일즈 활동이 전보다 복잡해지면서 상품과 서비스가 고객에게 도달하는 과정에 관여하는 사람들과의 관계도 중요해졌다. 셀러는 커뮤니케이션을 통해 상호의존적인 인적 네트워크를 잘 관리해야만 성공할 수 있다. 조직 내에서 고객 서비스와 고객 지원에 관여하는 부서 수도 늘어나면서 부서 간 커뮤니케이션이 더욱 강조되고 있다. 개인 셀러도 마찬가지로 복잡한 인적 네트워크가 세일즈 프로세스에 얽혀 있다. 이러한 추세 속에서 고객에게 양질의 상품과 서비스를 제공하려면 셀러는 여러 사람의 노력을 조정하는 리더가 되어야만 한다.

구매자와 셀러 또한 관계의 변화를 원하고 있다. 오늘날 구매자는 전통적 세일즈 기법에 민감하고 전형적인 기존 셀러의 역할에서 벗어나 새로운 형태의 관계를 형성하려는 셀러를 찾는다. 그들은 많은 정보를 보유하고 있고 독립적이며 자신의 의사 결정에 도움을 줄 셀러와 거래하길 원한다. 전보다 선택의 폭이 넓어져서 거래처를 더욱 까다롭게 선별한다. 자신의 니즈에 맞춰 주지 않는 셀러나 조직을 인내할 필요가 없어진 것이다.

현대의 구매자는 가치를 더욱 중시한다. 상품이나 서비스가 가져다주는 혜택 외에도 셀러와의 관계에서 부가 가치를 찾는다. 일부 구매 형태의 경우에는 셀러의 조직 내 다른 사람들도 구매자의 의사결정에 관여하기 때문에 그 과정이 더욱 복잡해진다. 신뢰하는 셀러와의 개방적이고 솔직한 커뮤니케이션이 이런 구매자의 의사결정 과정을 더욱 효과적으로 만든다.

셀러도 변화를 원한다. 계속해서 신규 거래선을 발굴해야 한다는 압박은 견디기 힘들다. 고객의 성과에 더 큰 영향을 끼칠 수 있도록 장기적인 관계를 유지하며 거래하기를 선호한다. 또한, 고객의 삶에 변화를 일으키고 싶어 하기 때문에 지속적인 관계를 통해 자신이 약속한 양질의 서비스를 보장하고 싶어 한다. 더 나아가, 고객을 대할 때, 보다 큰 자율성과 권한을 부여받기를 원한다.

마지막으로 셀러들은 자신이 하는 일에서 인정받고 존중받으며 정당한 대우를 받고 싶어 한다. 대부분 자기가 판매하는 상품이나 서비스를 신뢰하고 기회만 있으면 멋진 일을 해낼 수 있다는 것을 알고 있다. 요약하자면, 오늘날의 셀러들은 영업이라는 일이 자신의 자부심과 만족의 원천이기를 바란다.

셀러와 구매자의 관계에 접근하는 기존 방식은 시장에서 구매자의 니즈는커녕 셀러의 니즈도 만족시키지 못한다. 기존의 영업 관리, 교육 프로그램, 동기 부여 방식 등이 문제를 영구화하고 있다. 세일즈 시스템 전체가 망가졌다.

세일즈에 변혁이 필요하다. 근본적이고 전방위적이며 시스템 전체에 영향을 줄 수 있는 변혁이어야 한다. 셀러와 구매자와의 관계뿐 아니라 셀러 관리자와의 관계, 판매와 구매 과정에 관여하는 다른 부서와의 관계에도 큰 변화가 있어야 한다. 더 나아가 세일즈 교육의 질과 형태 역시 셀러의 새로운 역할이 요구하는 기술skills에 걸맞게 변해야 한다. 마지막으로 셀러가 속한 조직의 문화도 이러한 변화를 지원해 주는 방향으로 바뀌어야 한다. 각 영역에서 지금 실질적으로 무슨 일이 벌어지고 있는지 살펴보자.

셀러와 구매자의 관계
· · · ·

시너지 세일즈 훈련 프로그램에 관한 기사를 쓴 존 스톨러는 셀러와 구매자의 관계에 대해 다음과 같이 기술했다. ― 세일즈에 대한 기존의 사고방식을 강화하려고 남성 대명사를 사용했다. ―

뱀이 이브를 꾀어 사과를 한입 베어 먹게 하고 이브가 금지된 열매를 먹는 게 좋다고 아담을 설득한 이후로 셀러의 이미지는 변질되고 정형화되어 버렸다. 뱀은 세일즈에 성공한 대가로 하나님에게 저주를 받아 먼지 가득한 땅 위를 평생 배로 기어 다녀야 했다. 얼마나 부당한 일인가. 아마 조직에서라면 커미션과 성과급을 받고 계속 좋은 성과를 이어갔다면 임원 자리까지 약속받았을 것이다. '타고난 인재'인 이브도 현장에서 바로 채용되었을 것이다.

이런 셀러의 이미지가 머릿속을 맴돈다. 탐욕스럽게 수풀 속을 미끌미끌 기어 다니며 순진한 목표물에게 원치 않는 혹은 필요 이상의 뭔가를 팔려고 음모를 꾸미는 뱀 한 마리. 강하고 공격적이며 거만하고 압도적으로 다가온다. 필요하다고 '알고 있는 것'을 가지고 있고 자기 앞에 있는 모든 의구심과 장애물에 대한 대응책을 준비해 뒀다. 여러 복도가 얽혀 있는 미로 속에서 잠재 고객을 이끌고 모퉁이를 돌 때마다 긍정적 반응을 끌어내서 서명된 계약서를 가지고 미로에서 걸어 나가는 게 그의 일이다. 그에게 고객은 극복하고 이겨야 할 상대이다.

물론 많은 셀러가 자신은 그런 식으로 영업을 하지 않는다고 주장하겠지만, 핵심은 그게 아니다. 우리가 강조하고 싶은 것은 이러한 맥락에서 세일즈가 이루어지고 있다는 점이다. 일반적으로 판매와 구매 프로세스는 누군가가 승리하고 다른 누군가는 진다는 인식을 바탕으로 일어난다. 셀러와 구매자의 관계에서 높은 수준의 신뢰를 쌓는 것이 매우 어려운 이유가 바로 이 때문이다. 마트에 가서 오고 가는 대화를 한번 지켜보라. 셀러가 구매자에게 접근해서 "도와드릴까요?"라고 물으면 대부분 "괜찮습니다. 그냥 둘러보고 있어요."라고 답하고 계속 주위를 살핀다.

지금까지는 세일즈를 어떻게 완료closing하느냐가 관건이었다. 구매자는 셀러가 수단과 방법을 가리지 않고 거래를 성사시키려 한다는 것을 잘 알고 있다. 셀러는 그렇게 하도록 교육을 받으며, 많은 경우 거래를 완료하는 능력을 기반으로 보상을 받는다는 점 역시 인지하고 있다.

능력 있는 셀러라면 판매하는 상품과 구매자의 니즈가 일치하지 않는 것을 포함해 어떤 장애물이라도 극복할 수 있어야 한다는 암묵적인 가정도 존재한다. 우리 세미나에서 놀라울 정도로 많은 셀러들이 매번 거래를 성사시켜야 한다고 느끼며 그렇지 못하면 뭔가를 잘못한 기분이 든다고 말했다. 셀러들은 세일즈가 구매자와 벌이는 체스 게임이라는 신념 속에서 살고 있다. 종국에는 승자와 패자가 갈리는 게임인 것이다. 누군가는 자신의 니즈를 충족시키지만, 그 상대방은 그렇게 하지 못한다. 당신의 전략과 전술이 견고하다면 당신이 이기는 것이다. 뻔한 얘기지만 바로 이런 태도가 셀러들을 좌절의 늪에 빠뜨리고 있다.

승자 아니면 패자라는 식의 접근법은 매우 비용 소모적일 수 있다. 미국 대형 항공사의 셀러관리자인 존이 다음 사례를 제공해 주었다. 존의 회사는 자사 시장의 주요 고객인 한 대기업과 능숙하게 협상하여 계약을 따냈다. 고객사는 특정 가격에 일정량을 거래하기로 동의했다. 양측 모두가 큰 노력을 들인 포괄적인 계약이었고 서로 견고한 관계를 맺고 있다고 느꼈다.

1년의 계약 기간이 끝나고 재협상을 하는데 이번에는 경영진이 강경한 자세를 취했다. 회사의 시장 점유율은 높아진 상태였고 경영진은 자신만만하게 입장을 고수했다. 존은 당시 상황을 결혼에 비유하며 경영진이 마치 "너와 결혼하지 말았어야 했어, 이혼하고 싶어."라고 말하는 듯했다고 회상했다. 이혼은 매우 고통스러웠다. 몹시 화가 난 고객사는 분노에 불탔고 법정 공방이 오갔다. 그제야 경영진은 자신들의 강경한 자세가 어떤 영향을 끼친 건지 깨달았지만, 이미 늦은 뒤였다. 회사는 매년 4백만 달러(약 47억

7,800만 원)를 벌어다 줬던 고객을 경쟁사에 잃고 말았다. 체스 게임은 끝났다. 패배한 게임이었다.

이 사례의 경우 고객사가 다른 곳과 계약을 함으로써 셀러에게 복수했다. 다음 사례는 셀러들이 어떻게 자신의 고객에게 복수하는지 보여 준다. 찰스는 미국 대기업의 농산물 판매부서 담당자다. 그는 밥이라는 사람을 떠올렸는데, 농업 협동조합의 부이사로 모든 셀러를 굴복시키는 게 자신이 일이라고 생각하는 사람이었다. 밥은 셀러들을 그야말로 비참하게 했다. 한동안 찰스는 그냥 내버려 두었으면 하는 마음으로 밥의 압력에 굴복하고 여러 차례 협동조합에 가격을 인하해 주었다. 그러다 한계에 다다른 찰스는 밥에게 복수할 방법을 찾아냈다. 우선 자신에게 결정 권한이 있는 경우에는 협동조합이 특별히 요청하는 사항을 전부 거절했다. 또, 농부들에게 상품을 공급하는 밥의 경쟁자에게 더 좋은 조건으로 거래를 해 주었다. 덕분에 밥의 경쟁자는 시장에서 가격 우위를 점하게 되었다. 마지막으로 농부들과의 관계에서 밥의 위치를 흔들어 놓으려고 밥의 협동조합으로 신제품을 배송할 때 일부러 배송을 지연시켰다. 서로 한발 앞서 공격하려는 심각한 게임이 되어 버린 것이다.

세일즈에 접근하는 기존 방식에서 구매자와 셀러의 힘겨루기는 승자와 패자를 가린다. 관계에서 이기느냐 지느냐는 당신의 니즈가 충족되었는가로 판가름 난다. 이기고 지는 형태의 기존 세일즈에서는 누군가가 다른 이를 희생시켜서 자신의 니즈를 충족시킨다. 승자 아니면 패자라는 접근법이 어떤 결과를 낳는지 잘 보여 주는 예시가 있다.

먼저, 인생에서 누군가에게 졌던 기억을 떠올려 보라. 상대방이 힘을 이용해 갈등을 빚었거나 갈등에 대한 해결책을 강요받았던 경험이 있을 것이다. 집에 늦게 들어왔다는 이유로 외출을 금지하거나 차를 못 쓰게 했던 부모님, 반 전체 앞에서 당신을 혼냈던 선생님, 특정 사안을 양보하지 않으면 거래를 취소하겠다고 으름장을 놓았던 고객이었을 수도 있다.

이들이 당신을 힘으로 누를 때 당신이 어떻게 반응했는지 생각해 보라. 그 상황에 대해서, 또 상대방에게 어떤 감정을 느꼈는지 떠올려 보라. 마지막으로 그 사건이 상대방과의 관계에 어떤 영향을 미쳤는지 생각해 보라.

그런 상황에서 억압을 당하는 사람은 힘에 대처하기 위해 방어기제를 작동시킨다. 대놓고 반발하거나 반항하는 사람이 있는가 하면 학교를 그만 두는 사람도 있고 한 발 뒤로 물러서서 우울해하는 사람도 있다. 이러한 대안들을 투쟁fight, 도주flight, 순응submit이라고 부른다.

투쟁

자연스러운 선택지 중 하나는 맞서 싸우거나 상대방에게 복수할 방법을 찾는 것이다. 상대방을 건너뛰고 바로 상대방의 상사에게 가서 직접 말하거나, 특가 옵션을 제안하지 않음으로써 고객에게 복수할 수도 있다. 우리 세미나에 왔던 한 참석자는 신규 분야의 조사 보고서를 작성하라는 지시를 받았는데 단지 작성을 마무리하고 싶어 관련 정보를 조작한 적이 있다고 고백했다. 그 사람만의 저항 방식이었던 셈이다. 이처럼 미묘하고 교묘한 '투쟁' 방식은 많다.

도주

도주는 정신적으로든 물리적으로든 말 그대로 관계를 버리고 떠나는 것이다. 극단적으로는 회사를 그만두거나 상대방을 아예 피하기도 한다. 우리 고객사 중에는 특정 부서를 무시하는 표현으로 사무실 세 개 정도 떨어진 가까운 거리에 있는데도 일부러 팩스만 이용해 정보를 전달하는 부서도 있었다. 특정 부서와의 접촉을 피하려고 송장 관련 내부 문제를 해결하지 않아서 거의 백만 달러에 달하는 채권이 미수 상태인 경우도 있었다.

셀러라면 월요일 오전 중에 걸어야 하는 전화가 두려워 미룬 적이 있을 것이다. 당신도 잘 아는 상황이다. 월요일은 너무 바쁘고 화요일에는 영업 회의 이후 후속 업무로 정신이 없다. 수요일과 목요일은 외근이고 금요일에는 즉시 회신해야 하는 전화가 있다. 그래서 그 어려운 통화는 다시 다음 주 월요일로 넘어가 버리고 만다.

도주의 가장 딱한 예는 정신적으로는 관계에서 떠났으나 물리적으로는 그렇지 못한 경우일 것이다. 복도를 걸어 다니고 사무실 공간을 채우는 '죽은' 사람들이 조직에는 가득하다. 이미 단념하고 포기하고 현 상태에 머물러 있는 사람들을 자주 볼 수 있을 것이다. 도주 상태인 구매자는 구매 의도 없이 그저 앉아서 듣기만 한다.

순응

순응을 선택한 사람은 항복한다. 아마 다른 선택지가 없다고 느끼거나 상대방의 감정을 상하게 하고 싶지 않아서 이 대안을 선택할 것이다. 이유야 어찌 됐든 순응하는 사람들은 자신의 니즈를 묵인하거나 훼손한다. 이 대안은 세 가지 이유에서 위험하다. 첫째, 자신의 니즈가 충족되지 않았을 때 자존감에 상처를 입는다. 둘째, 미래에 언젠가 상대방에게 복수할 생각으로 마음에 담아 둔다. 셋째, 감정을 억누른다. 이 경우 뚜렷한 이유 없이 엉뚱한 사람에게 폭발하거나 스트레스 관련 질병을 얻거나 음식, 약물 혹은 술에 의존하게 될지도 모른다.

전통적인 승자와 패자 모델에서 '통제'를 당할 때 나오는 전형적인 반응들이다. 많은 이들이 다른 선택지가 없다고 느껴서 자신의 감정을 부인하고 행동을 정당화한다. "원래 그런 거야!"를 신조로 삼는다.

우리 세미나에서 질 때 느끼는 감정을 묘사해 보라고 하면 일반적으로 등장하는 단어가 적개심이다. 패자는 승자에게 분노하는데, 판매에 접근하는 기존 방식에서 보통은 누군가 지기 마련이다. 졌을 때 느끼는 분함은 다양한 방식으로 발현된다. 가장 단순한 형태의 셀러와 구매자 간 소통에서 구매자의 적개심은 다음과 같은 생각으로 나타난다. "내 니즈가 충족될 리 없으니 문을 닫고 당신을 들여보내지 않을 거야. 혹시 끈질기게 굴거나 친절하게 말하면 예의 바르게 당신의 프레젠테이션을 듣고 나서 '생각해 보겠다'고 해야지."

니즈가 충족되지 않은 구매자들은 자신의 구매력을 강화하기 위해 동맹을 결성하거나 불만을 표출하지 않고 다른 거래처를 찾거나, 보이스 메일 뒤에 숨거나, 전화에 회신하지 않는 등의 행동을 한다. 어떤 사람은 특별대우를 요구하거나 구매결정을 내릴 만큼 정보가 충분하지 않다면서 결정을 미룬다. 그런가 하면, 자신의 니즈에 대한 정보는 거의 주지 않으면서 필요한 정보를 제공해 주면 알아서 결정하겠다고 하는 구매자도 있다.

한편, 셀러들 역시 자신의 니즈가 충족되지 않으면 다양한 방식으로 적개심을 드러낸다. 압박 수위를 높이거나 우회해서 구매자에게 갈 수 있는 방법을 찾고 향후 거래에서 최적의 가격 조건을 제시하지 않기도 한다. 회신 전화를 하지 않거나 관련 정보를 공유해 주지 않는 사람도 있다. 자신의 적개심을 내부로 돌리고 구매자에게는 복종하면서 자신감에 상처를 입고 소극적으로 변해 버리는 사람도 있다. 많은 경우 자신의 적개심을 다른 방향으로 돌려서 경제, 가격 구조, 생산이나 고객지원 같은 타 부서 등 외부 요인을 탓한다.

꽤 익숙한 이야기가 아닌가? 패자는 승자에 분개한다는 사실을 기억하시라. 구매자와 셀러는 각자 자신의 방식으로 지배당하지 않으려 하고 이 모든 것이 소통의 흐름을 막아 양자 관계의 적대적 속성을 영속화한다. 당신이 지금 구매자와 겪고 있는 문제를 살펴보면, 승자와 패자를 가르는 소통방식이 근본적 원인임을 발견하게 될 것이다. 고객과의 관계를 형성하는 전통적 모델은 간단히 말해 효과도 없고 쓸모도 없다.

셀러관리자와의 관계

시너지 세일즈 교육 프로그램에 온 참석자들이 자신의 셀러관리자에 관한 놀랄 만한 이야기를 들려주었다. 수강생들은 동기를 부여한다고 속임수나 술책을 쓰고 조종하려 들고 두려움을 이용하고 강제적인 힘까지 동원한 관리자들의 사례를 공유했다.

의류 제조 회사에서 일하는 라본은 새로 온 관리자와 문제를 겪고 있다며 다음과 같은 이야기를 들려주었다. 관리자는 라본의 성과 증진을 위해 동기를 부여하겠다고 협박과 술책을 동원했는데 역효과가 나고 있었다. 라본은 지원을 받는 게 아니라 압박을 받는다고 느꼈다. 결과적으로 자기 능력을 의심하게 되었고 자기가 하는 모든 일에 의문을 던지기 시작했다고 한다. 우리의 교육 프로그램을 들을 당시, 라본은 심각한 슬럼프에 빠진 상태였다. 그달 초, 셀러관리자는 라본에게 고객과 세일즈 관련 전화를 할 때마다 자신에게 보이스 메일을 남겨 놓으라 했다. 라본은 폭발하고 말았다. 라본이 거절하자 관리자는 "내가 당신의 상사인 걸 잊지 마세요."라고 말했다. 라본은 어떻게 해야 할지 갈피를 잡을 수 없었다. 7년 동안이나 그 회사에서 일했고 성과도 좋았지만 모든 걸 포기하고 퇴사할 태세였다.

자동차 금융 회사에서 일하는 사업 개발 담당자 하워드는 예정되어 있던 고객 미팅을 상사가 막판에 자꾸 바꾼다고 했다. 딜러 금융 어플리케이션에 문제가 발생할 때, 운영 부서의 대응이 지체되는 경우가 잦은데, 관련 경험이 있으니 지원을 하라고 상사가 자신을 차출한다고 했다. 이는 계속해서 고객 미팅을 취소하고 다시 잡아야 함을 의미했다. 해당 부서는 더 효과적으로 관리될 수 있고 문제는 다른 방식으로도 해결할 수 있다는 생각에 좌절감은 더 커졌다. 하워드는 누군가의 변덕에 이리저리 휘둘려야 한다는 사실에 분개했다. 불만을 제기해 보았지만 다른 선택지가 없으니 그냥 훌륭한 군인처럼 상사의 지시에 따르는 게 좋겠다는 소리만 들었다. 하워드는 자신이 영업 실적으로 평가받는 걸 알기 때문에 이 상황에 상당히 낙담해 있었다.

수백 건의 유사한 사례를 듣고 나서 우리는 조직의 세일즈 성과를 올리려면 대부분의 셀러관리자들을 없애 버리거나, 아니면 이들에게 새로운 인간관계 기술과 리더십을 가르쳐야 한다는 급진적인 믿음을 갖게 되었다. 타당한 논리다. 세일즈 프로세스를 가로막는 장애물을 없애 버리면 매출은 개선된다. 너무나 많은 셀러관리자가 세일즈 인력을 통제하려 하고 독재자나 전제 군주처럼 행동하며 이들의 사기를 꺾고 있었다. 이런 이유로 톰 피터스와 로버트 워터맨 주니어가 세일즈 관리에서 재능 있는 교사와 학생은 여전히 사막의 비처럼 귀하다는 내용의 《In Search of Excellence(탁월함을 찾아서)》라는 책을 쓴 것이다.

오늘날 널리 이용되는 세일즈 관리 모델은 두려움을 이용한 기획, 통제, 정당화, 조종, 동기 부여다. 구매자는 지식과 경험이 풍부한 셀러와 지속적인 관계를 구축하길 원하는데 기존의 세일즈 관리 모델은 중요한 세일즈 포지션이 자주 바뀌는 결과를 낳고 신규 인력이 채용되면 다시 생산성이 낮은 기간을 거쳐야 해 비용도 더 많이 초래한다. 게다가 세일즈 포지션이 자주 바뀌는 걸 아는 많은 조직이 셀러 교육에 투자하지 않고 이것이 다시 효과적이지 않은 세일즈 활동으로 이어진다. 이러한 관리 방식이 세일즈 인력의 사기를 꺾고 조직은 다시 연간 세일즈 회의에서 값비싼 인센티브 프로그램을 고안해 동기가 저하된 세일즈 인력에 동기를 부여하려 든다. 관리 부서는 근원적 문제를 이해하고 바로잡기보다 부진한 매출을 정당화하는 데 더 많은 시간을 할애한다. 결론적으로 해당 조직은 역량을 제대로 발휘하지 못하고 부진한 세일즈 성과를 낸다.

실망한 경영진은 더 많은 인센티브를 동원하고 협박과 압력의 수위를 높인다. 이러한 장치들이 다시 역효과를 내고 세일즈 인력의 사기를 떨어뜨리는 악순환이 반복된다. 이런 결정을 내리는 사람들은 미국의 작가 리타 매 브라운이 말한 정신이상에 관해 들어보지 못한 게 분명하다. 브라운은 정신이상을 '똑같은 일을 반복하면서 다른 결과를 기대하는 것'으로 정의했다.

경쟁적이고 도전적인 오늘날의 시장 환경에서 대부분의 세일즈 조직에 만연한 권위주의적인 경영 방식은 값비싼 관행일 뿐이다. 다르게 말하면, 더는 쓸모가 없다. 다음은 이러한 승-패 경영 방식의 결과를 정리한 목록이다. — 관리자라면 이제 이 목록이 친숙하게 느껴져야 한다. —

상향적 의사전달의 감소

승-패 경영 방식의 가장 파괴적인 효과 중 하나는 고객과 직접 접촉하는 셀러와 문제해결을 할 수 있는 사람들 간의 커뮤니케이션이 현저하게 감소하는 것이다. 상향적 의사전달은 상사의 감정을 상하게 하지 않기 위해 조심스럽게 이루어진다. 이는 고객의 니즈와 문제에 대응하는 조직의 능력을 심각하게 저해한다.

'예스맨' 문화의 형성

권위주의적인 세일즈 경영 문화가 뿌리내린 곳에서 셀러는 어려운 문제에 직면하기보다 상사의 의견에 동의하기가 더 쉽다. 타인에게 책임을 돌리는 태도는 효과적인 문제해결에 필수적인 정확한 정보의 흐름을 틀어막고 효과적인 세일즈를 가로막는 장애물이다.

자멸적 경쟁과 대립

여기에는 '다른 사람을 깎아내리면, 내가 비교적 나아 보일 수 있고, 다른 사람을 탓하면 나는 처벌을 면할 수 있다.'라는 믿음이 기본적으로 깔려 있다. 세일즈팀 내의 경쟁과 대립은 오늘날 효과적인 세일즈 조직이 필요로 하는 협력과 팀플레이와는 정반대 선상에 있다.

복종과 순응

일부 셀러는 복종과 순종을 선택해 권위주의적인 셀러관리자에게 수동적으로 고개를 숙인다. 이들은 하라는 대로만 하면 보상을 받으리라 믿는다. 문제는 이들이 대개 주도적으로 행동하지 못하고 의지와 창의력이 부족한데, 그런 셀러들은 오늘날 현장에 적합하지 않다는 점이다.

반란과 반항

복종과 순응의 반대는 반란과 반항으로 셀러관리자가 원하는 것은 무조건 거부하거나 돌아서서 정반대의 행동을 하는 셀러들이 취하는 자세다. 반항하는 팀원들의 저항은 일을 추진하고 문제를 해결하고 싶어 하는 사람들을 좌절하고 성가시게 한다. 반항하는 셀러는 자신의 주장과 이견이 반드시 다뤄지길 원하기 때문에 팀의 발목을 잡는다. 반란과 반항은 지배나 통제에 대한 방어 전술이다.

포기와 도피

어떤 셀러는 권위주의적인 경영 방식에 대처하기 위해 관계에서 벗어날 물리적 또는 심리적인 방법을 찾는다. 셀러관리자를 회피하고 세일즈 회의에서 나서기를 삼가거나 회사를 떠나기도 한다.

셀러와 셀러관리자의 관계는 개선되어야만 한다. 기존의 관계는 시장에서 세일즈 조직의 성과를 갉아먹고 있다. 다시 말해 현재 시스템은 효과적으로 작동하지 않고 있다.

세일즈 – 구매 프로세스에 관여하는 사람들과의 관계

· · · ·

제품이 나오면 셀러가 팔기만 하던 시절은 지났다. 부동산부터 복잡한 컴퓨터 시스템, 제조 상품, 무형 서비스의 세일즈까지 우리는 매우 복잡한 비즈니스 환경에서 다양한 세일즈를 하고 있다. 부동산 시장에서 중개인은 구매자뿐 아니라 셀러, 대출 기관, 권리대행 업체, 외부 업체들과도 함께 일한다. 프로세스 중 어느 한 군데만 잘못되어도 세일즈가 성사되지 않을 수 있다. 셀러도 이와 마찬가지로 조직 내 다양한 부서와 협업하고 세일즈 – 서비스 프로세스에서 필수적으로 접촉해야 하는 외부인들과도 교류한다. 핵심은 셀러 – 구매자 관계가 오늘날 세일즈의 성공에 필수적인 유일한 관계가 아니라는 사실이다.

세일즈를 성사시키고 셀러 – 구매자 관계를 유지하기 위해서는 복잡한 개인으로 이루어진 네트워크를 관리해야만 하고 셀러가 각 개인의 어젠다를 조정해야 한다. 게다가 셀러는 적절한 제품 – 서비스 디자인과 마케팅을 위해 고객의 니즈를 조직에 전달해야 한다. 또, 다른 팀원들이 이행할 약속을 셀러가 해야 할 수도 있다. 프로세스상의 뭔가가 잘못됐을 때 고객과 타 부서 사이에서 일어나는 문제를 해결하는 역할도 해야 한다.

따라서 셀러는 고객과 회사 사이에서 중요한 중간자의 역할을 한다. 오늘날 복잡한 조직에서 이 역할은 다음의 이야기에서 보듯, 매우 힘든 일일 수 있다.

스콧은 연간 매출이 1억 8천만 달러에 달하는 유니폼 제조사의 고객 담당자다. 최근 많은 시간과 노력을 들여 자동차 회사 대리점에 유니폼을 공급하는 계약을 따냈다. 스콧과 회사의 주요 고객이었고 전체 계약은 매출로 따지면 2백만 달러의 가치가 있었다. 스콧과 고객사는 대리점의 과거 유니폼 사용 데이터를 기반으로 예상 물량을 계산해 생산을 시작할 수 있게 본사에 보냈다.

톰은 스콧의 계약을 이행할 책임이 있는 고객 서비스 담당자였다. 톰의 업무는 생산 부서와 재고관리 부서의 업무를 조율하는 일이었다. 현금 유동성이 빡빡할 때 재고량을 최소화해야 한다는 압박에 따라 톰과 재고관리 부서는 예상 물량을 줄이고 생산량을 축소했다. 그 결과 생산을 시작한 지 30일 만에 재고가 부족한 상황이 발생했다. 회사가 홍보했던 유니폼을 받지 못한 대리점은 불만을 토로했고 스콧의 고객사는 매우 분노했다.

고객사는 스콧에게 전화해 소리를 질렀고 스콧은 다시 톰에게 전화를 걸어 뭐가 잘못됐는지 알아보라고 했다. 스콧은 임의로 삭감된 예상 물량을 확인하고는 감정이 상해 톰의 상사에게 전화를 걸었고 톰의 상사는 알아보겠다고 말했다. 그러는 동안 고객사는 스콧과 회사 대표에게 서한을 보냈다. 대표가 개입해 생산량을 늘리라 지시하자 문제는 해결되는 듯 보였다. 그러나 고객사는 이미 스콧에게 실망한 뒤였다. 스콧은 수개월 동안 구축한 고객과의 신뢰 관계를 잃고 말았다.

6개월간 부서 간 다툼, 손가락질이 난무하는 본사 회의, 서비스 계약의 작성과 수정을 거듭한 끝에 마침내 모두의 승인을 받은 스콧은 새 계획을 갖고 고객사로 향했다. 감정이 상한 고객사는 이제 일이 잘못될 때마다 스콧을 탓했고 스콧은 신용과 우정을 모두 잃었다. 게다가 자신이 취한 조치를 문서화하고 본사와의 문제를 해결하는 데 엄청난 시간을 할애해야 했다. 스콧은 매일 밤 이 모든 게 가치가 있는 일인지 자문하며 벽에다 머리를 박고 싶은 심정으로 집으로 향했다.

더욱이 스콧은 이후 평가에서 태도를 지적받기까지 했다. 연례 세일즈 회의가 스콧의 동기를 강화해 줬을까? 전혀 그렇지 못했다. 스콧과 비슷한 경험이 있는 다른 셀러들은 서로를 위로했다.

모든 문제가 이렇게 복잡하지는 않더라도 비슷한 좌절감을 셀러에게 안겨 줄 수 있다. 인쇄 업체의 셀러인 에릭은 견적부서에서 고객을 위한 프로젝트 견적서를 늦게 줘서 불만이었다. 신규 고객을 발굴하는 것만도 힘든 일인데 말이다. 개인 보험 셀러인 패트릭은 인수 부서에서 새 보험을 승인하는 데 문제가 있다고 말했다. 관계에 문제가 있어서 특정 인수자를 피하다 보니 전체 프로세스가 늦어졌다고 한다. 부동산 중개업자인 테리는 세일즈를 마무리하기 3일 전에 대출 기관에서 추가적인 서류작업을 요구하는 바람에 거래가 날아가고 세 가족의 이사 계획이 틀어진 적이 있다고 했다.

개인과 부서는 스스로를 보호하기 위해 제국을 형성한다. 타인은 이 제국에 접근하기 어렵다. 이 때문에 중요한 커뮤니케이션의 흐름이 막힌다. 일부 개인은 장애물을 우회하고 시스템에는 합선이 생기지만, 아무도 책임지지 않는다. 어떤 사람들은 회사 정책 뒤에 숨어 변화하는 고객의 니즈를 충족시키는 데 필요한 유연성을 제한한다.

본사와 현장 세일즈 인력 사이에 '우리'와 '너희'를 가르는 감정이 생기고, 그 사이에 고객이 끼이게 된다. 우리 교육을 듣는 많은 셀러가 고객을 유치하고 제대로 된 서비스를 제공하는 데 본사와 대립하는 듯한 기분을 느낀다고 말한다.

이러한 문제를 보여 주는 예가 또 있다. 최근 매출이 2억 달러에 달하는 한 제조사에서 세일즈 인력 100명에게 시너지 세일즈 프로그램을 제공했다. 이 회사는 규모가 커지면서 세일즈 행정관리자SAM:Sales Administration Manager라는 자리를 만들었다. 현장 세일즈 인력과 본사의 마케팅, 제조, 제품개발, 타 부서 사이의 소통을 도우려고 만든 자리였다. 그러나 셀러들이 세일즈 행정관리자들에게 제때 답이나 지원을 받지 못할 때, 투쟁, 도주, 순응 등 모든 반응을 다 보였다. 내부 지원인력인 세일즈 행정관리자들은 셀러들과 본사 사이에 끼여 시스템이 작동하지 않을 때마다 양쪽 모두에게 비난을 받기 시작했다. 세일즈 교육 때 시스템이 난장판 상태라는 것이 명백히 드러났다.

일부 셀러들, 특히 예전 시스템에 익숙한 경력직 셀러들은 세일즈 행정관리자를 우회하고 운영 부서에서 직접 답을 받아 세일즈 행정관리자가 효과적으로 기능할 기회를 위태롭게 했다.

특정 셀러를 싫어해 해당 셀러의 요청을 마지막으로 처리하는 세일즈 행정관리자도 많았다. 어떤 이들은 내부 지원 부서와 견고한 관계를 쌓아 셀러들이 회사 정책을 따르지 않을 때 편을 가르고 대립했다. 제조 부서와 다른 운영 부서들은 세일즈 행정관리자와 셀러가 '고객 서비스'를 구실로 자신들에게 뭔가를 시키면 분노했다. 이들은 세일즈 행정관리자와 셀러, 모두와 관계를 끊어 버렸다.

시스템은 제대로 작동하지 않고 사람들은 서로 손가락질하며 사내 정치가 만연한 문화가 자리 잡았다. 모두가 어깨너머로 곁눈질하며 일했다. 당연히 최근 몇 년간 회사의 시장 점유율은 곤두박질쳤다.

이러한 문제들은 조직에 만연하고 사람들 대부분이 당연하게 받아들이고 있다. 어깨를 으쓱하고는 "원래 그런 거예요."라고 말한다. 기존 시스템에서 나름대로 최선을 다할 각오를 한다. 시스템은 망가졌다. 하지만 셀러와 세일즈 – 구매 프로세스에 영향을 미치는 사람들의 관계는 이런 식으로 지속하기에는 너무나 중요하다.

세일즈 교육
....

오늘날 세일즈는 지식과 기술을 모두 요구하는 전문직이다. 셀러에게 아무런 교육도 제공하지 않는 조직이 많은 것은 부끄러운 현실이다. 교육 없이는 조직의 피라 할 수 있는 셀러들이 세일즈라는 중요한 직무를 수행할 준비를 제대로 할 수 없다.

공식적인 교육이나 500달러짜리 세미나도 지원해 주지 않는 회사들은 '당신은 중요하지 않아!'라는 메시지를 셀러에게 보내고 있는 셈이다. 교육을 받지 않은 셀러가 효과적으로 고객을 발굴하지 못한다는 사실을 알면서도 셀러의 능력 향상을 위한 교육 프로그램을 지원할 여유가 없다고 하는 악순환이 계속된다. 그러니 사정은 나아지지 않고 그래서 교육을 제공할 수 없다는 변명이 다시 이어진다. '항상 해 왔던 대로 하면, 항상 얻었던 것만 얻으리라.'라는 말을 기억하라.

캐롤린은 호텔에서 처음 수행했던 세일즈 직무를 떠올렸다. 처음에는 출근한 뒤 호텔 투어를 진행하고, 하우스키핑을 했다. 다음 달에는 하우스키핑, 예약, 프런트 데스크, 주방, 레스토랑, 케이터링, 컨벤션 서비스 등 운영 부서의 업무를 익혔다. 교육의 마무리로 세일즈 부서에서 파일을 한 무더기 넘겨받은 후 비서에게서 관련 절차를 배웠다. 셀러관리자에게 "잘 해내리라 믿어."라는 진심 어린 격려를 받은 후 세일즈 커리어를 시작했다.

당시 캐롤린은 불안했고 두려웠다. 침대를 정리하고, 객실을 예약하고, 식사를 서비스할 줄은 알았지만, 호텔에 수만 달러를 벌어다 줄 수 있는 고객을 앞에 두고 무슨 말을 해야 할지는 몰랐다.

많은 조직이 이렇게 하고 있다. 비즈니스의 운영적 측면만 가르쳐 주고서 거래를 따 오라며 경쟁이 치열한 시장으로 내보낸다.

훈련받지 않은 셀러들은 홀로 남겨진 채 어떻게 세일즈를 하는지 알아내려 애쓴다. 대부분의 셀러가 셀러로서의 역할에 불편함을 느끼고 셀러에 대한 고정관념을 꺼린다. 그래서 전형적인 강압적 셀러가 되기보다 반대 극단으로 치닫거나 지나치게 수동적으로 변한다. 이는 대다수의 세일즈 상담에서 셀러가 구매자에게 전혀 비즈니스를 요청하지 않는다는 연구 결과가 나온 이유 중 하나다. 교육하지 않고 셀러에게 현장에 나가라고 하는 것은 낙하산 없이 비행기에서 뛰어내리라고 하는 것과 같다. 어느 쪽이든 결과는 볼 것도 없다.

조직이 적극적으로 셀러를 교육하지 않으면 외부 환경에 조직의 운명을 맡기는 셈이다. 경제, 경쟁, 기타 요소들이 조직의 성과를 뒤흔들게 된다.

공식적인 세일즈 교육이 제공되는 조직에서조차 교육은 보통 제품 중심이다. 셀러가 제품에 대한 실용적 지식을 갖춰야 하는 것은 맞지만, 제품 교육을 그렇게까지 많이 할 필요는 없다. 고객이 기술적인 질문을 했을 때 셀러가 답을 모른다면 당장 기술지원 부서에 전화하면 된다. 그렇게 하는 것만으로도 셀러는 고객과의 신용을 강화할 수 있다.

일반적으로 셀러가 제품 지식에 의존할수록 자기 지식을 공유하려는 욕구가 강해지고, 고객의 말을 경청하고 실제 니즈를 찾으려는 의욕은 낮아진다. 전통적 세일즈 모델에 갇혀 있으면, 능숙하게 프레젠테이션을 하고, 거절을 극복하고, 세일즈 상담을 완벽하게 통제하기 위해서 제품 지식이 필수 요소인 것처럼 보인다.

제공되는 세일즈 기법 교육도 구매자의 정신을 분석하고 지배하려는 그럴싸한 심리학 용어가 난무하는 교육인 경우가 많다. 폴은 증권회사의 신입사원이었을 때 뉴욕에서 두 주간 받았던 '구매자의 생각을 통제하는 법'이라는 교육에 관해 이야기하며 웃음을 터뜨렸다. 고객의 말을 경청한다고 광고하는 회사가 실시했던 교육이었다.

전통적 교육 프로그램은 세일즈를 마무리하는 데 필요하다고 여겨지는 세일즈 통제 단계를 가르친다. 셀러들이 배우는 것을 주의 깊게 지켜보면 놀랍다. 책장에 넘치는 '~하는 법'이라는 제목의 책들부터 수백 개의 세일즈 교육 테이프, 사내에서 자체 제작한 교육 프로그램, 외부 세미나와 강연까지 메시지는 항상 똑같다. 체스 게임에서 승리하기 위해 세일즈 프로세스 단계를 통제하는 비법, 전술, 기법, 전략이다.

수년 전 《교육》이라는 잡지에 세일즈 교육의 현주소에 관한 기사가 실렸다. 이 기사에서 밀러맥주 회사의 세일즈 교육자 데이비드 머지스는 셀러에게 기대되는 역량을 나열하고는 재밌어한다.

셀러가 배워야 하는 것들은 (숨을 크게 들이쉬고) 탐색하기, 제한하기, 캐묻기, 경청하기, 발표하기, 질문하기, 지원하기, 종료하기, 증명하기, 설명하기, 재집중하기, 구축하기, 거절 극복하기, 기획하기, 문제해결하기, 시간 관리하기 등이다. 또한 셀러는 열린 질문, 닫힌 질문, 발견 질문, 유도 질문, 옭아매는 질문, 물고 늘어지는 질문, 명확함을 요구하는 질문, 의견을 묻는 질문 등 모든 종류의 질문을 하는 법도 배워야 한다.

잠깐, 더 있다. 셀러들은 물론 세일즈를 마무리하는 법도 배워야 하고 이것 역시 간단하지는 않다. 요약형 마무리summary close, 대안형 마무리alternative close, 마감 임박형impending event, 시험하기test, 행적 남기기trail, 잘못된 결론erroneous conclusion, 고슴도치 테스트porcupine test, 크래시앤번crash and burn, 메이저로 가기moving to the major 전략, 기본basic, '좀 적을게요'the"let me make a note of that" 전략, 경사진 각도형 마무리sharp - angle close, 벤 프랭클린 전략, 유사한 상황 전략, 소중한 어머니 전략Dear Old Mom, '곰곰이 생각해 볼게요' 전략, 마무리가 되지 않을 때 등의 기법이 있다.

셀러에게는 구매자의 마음을 읽는 법부터 프레젠테이션에 필요한 정보를 캐는 법, 거절을 극복하는 법, 세일즈를 종료하는 법까지 세일즈 프로세스를 통제한다고 알려진 기법들이 차고 넘친다. 세일즈 모델이 구매자와 셀러 간의 적대적인 경쟁을 기반으로 구축되었기 때문에 셀러는 성공하기 위해서 구매자 모르게 유리한 고지를 차지하는 데 능숙해야 한다.

어떻게 세일즈 교육 프로그램이 셀러 – 구매자 관계의 적대적인 속성을 강조하고 강화하는지 보여 주는 예는 수없이 많다. 셀러들이 끊임없이 노출되는 조종 기법과 통제의 언어는 셀러들을 전통적 세일즈 모델에 가두고 오늘날 시장에서 셀러들의 성공을 제한한다.

조직문화

· · · ·

우리 시너지 세일즈 프로그램을 수강한 많은 사람이 새로운 세일즈 모델에 대한 열정과 의지를 갖고 떠났다. 이들은 변화를 지원하도록 설계되어 있지 않은 문화로 돌아가면 좌절했다. 우리는 피드백을 받아서 효과적인 세일즈를 수행하는 셀러의 능력에 영향을 미치는 조직적 문제들을 해결하기 위해 많은 연구를 했다. 연구 중 오늘날의 조직문화와 그 안에서 설계된 시스템이 원시적이고 현재 비즈니스 환경의 도진과제들과 요구에 직면하는 데 효과적이지 않다는 사실을 발견했는데, 그리 놀라운 사실은 아니었다. 이러한 문화는 시장에서 자멸적인 기존의 세일즈 모델을 강화하고 영속화한다.

조직이 헌신적인 직원이 성장할 수 있는 고무적이고 협조적인 문화를 제공하는 책임에 부응해야 할 때다. 이를 의식하고 필요한 변화를 만들어야 한다. 그렇지 않으면 조직은 비즈니스 환경의 요구로 변화를 강요받게 될 것이다. 사실, 오늘날 조직 대부분의 경영 문화는 옛 남부 지역의 플랜테이션 농업과 큰 차이가 없다. 그때 이후로 우리 사회에 큰 기술적 변화가 있었지만, 인간관계 기술은 그 어느 때보다 원시적이다.

마릴린 프렌치는 자신의 저서 《Beyond Power(힘을 넘어서)》에서 이렇게 설명했다. "일하는 노예를 감시하려면, 누군가 함께 있거나 노예가 복종하도록 감시인을 임명해야 한다. 더불어 노예와 감시인이 공모하지 못하도록 감시하는 감독자도 임명할 필요가 있다. 그다음 셋이 공모하지 않도록 감시하는 관리자가 있어야 하고… 그런 식이다."

맞는 말이다. 오늘날 조직의 물리적인 근무 환경은 당시보다 낫고 경영 기법에는 미묘한 차이가 있지만, 채찍은 여전히 존재한다. 직원의 니즈에 무관심해 보이는 관리자를 지칭할 때 여전히 노예 감시인이라는 용어를 사용한다. 보상과 처벌이 업무를 수행하게 하는 표준 작업 절차다. '임파워먼트'의 현대적 개념조차 많은 조직에서 경영인이 직원에게 원하는 걸 시키는 일종의 조종으로 잘못 사용되고 있다.

세일즈 조직 대부분이 플랜테이션처럼 연간 목표를 정하고 각 직원(노예)에게 연간 계획(수확 목표)을 달성하기 위한 개인당 목표 실적을 통지한다. 셀러는 이를 달성해야 하고 그렇지 않으면 급여, 보상, 다른 혜택이 주어지지 않는다. 서면 통지와 같은 규율이 그날의 규칙이 된다. 실적이 좋은 셀러는 열심히 일하는 사람의 본보기가 되어 동료들 앞에서 칭찬받는다. CEO들(플랜테이션 주인)은 자애롭게 사무실을 돌아다니며 회사(플랜테이션)에서 주는 혜택을 지지하고 관리자(감시자)들은 생산을 늘리라는 요구를 받는다.

오늘날 조직 내의 인력 낭비는 끔찍한 상황이다. 엄청난 인적 자원과 역량이 유출되고 있다. 어떤 사람들은 질려서 떠나고 어떤 이들은 몸만 남아있고 마음은 없는 상태다. 많은 이가 그럭저럭 지내기 위해 필요한 최소한의 일만 하고 나머지 사람들은 주말, 휴가, 은퇴를 기다리며 날짜만 세고있다. 많은 조직에서 이런 상황을 "원래 그런 거고 영영 변하지 않을" 혹은 "원래 인간의 본성이므로 누구에게도 일을 잘하기를 기대해서는 안 되는"이라는 말로 표현하고 받아들인다. 어떤 조직에서는 주요 경영진이 팀에 동기부여를 못 한다는 이유로 해고되고 좌천된다. 새로운 교육 프로그램이 시행되고 새로운 인센티브 계획이 발표되고 동기부여를 위한 세일즈 회의가 열린다. 그러나 이 모든 것은 사람이 문제라는 가정하에 문제를 고치기 위해 설계된 것이다. 즉 이 프로그램의 목적은 셀러가 업무에 열정을 갖고 실적을 개선하도록 하기 위함이다. 대부분 조직에서 사람을 고치려는 시도는 인간 행동을 조종하려는 미묘한 채찍질이므로 효과적이지 않다. 이 전통적 방법들은 기존의 문화를 영속화하므로 오히려 해롭다.

오늘날의 현대적이고 기술적으로 진보한 복잡한 조직들은 원시 시대의 인간이 개발한 구조에서 발전하여 운영되고 있다. 그런데도 조직 내 세일즈 부서의 업무 구조는 당연하게 여겨지고 대부분의 조직은 다른 방법이 없다고 생각한다. 우리 속에 너무나 깊이 뿌리 박혀서 다른 선택지를 생각할 수 있는 사람이 거의 없다. 조직의 효과성이 제한되고 있다.

전통적 위계질서는 조직도 위에서 가시적으로 재생산된다. 상자들, 선들, 점선들, 전형적인 조직도에서 찾을 수 있는 복층의 경영구조를 보면 확실히 누가 누군지 알아보기 좋고 권한 관계와 커뮤니케이션의 흐름도 파악하기 쉽다. 그러나 거대 조직에서 일해 본 경험이 있는 사람이라면 위계질서를 보여 주기 위해 사용되는 조직도에 실질적으로 큰 결함이 있다는 사실을 알고 있을 것이다.

무엇보다 조직도는 직위에 따른 권한만 반영하고 있다. 특정 업무를 진행하려면 누구에게 가야 하는지, 시스템의 미로를 뚫고 문제를 해결할 수 있는 사람이 누구인지 알 수 없다. 즉 조직도에는 누가 게임을 효과적으로 했는지 나와 있지, 누가 업무를 효과적으로 하는지는 나와 있지 않다. 누군가를 비판하려는 게 아니다. 이들도 기존 문화의 산물일 뿐이다. 규칙을 지키며 성공적으로 게임을 해 온 사람들이다. 게임과 규칙이 잘못된 것이지 사람이 잘못된 것은 아니다. 자신을 성공으로 이끈 규칙을 포기하기 어렵겠지만 이들도 게임 자체가 바뀌고 있다는 사실을 인지해야 한다. 더 큰 위험은 자신들이 다른 가능성을 보지 못한다는 이유로 기존의 게임에 매달려 있는 이 개인들에게 조직이 안주하고 있다는 점이다.

조직도는 상자를 사용해 직위를 나타내지만, 이 상자들은 실질적으로 일을 처리하기 위해서 우회해야 하는 장애물을 의미한다. 조직도는 이런 장애물들을 피해 가기 위해 필요한 커뮤니케이션 채널을 나타내지 않는다. 게다가 각 부서가 형성한 제국은 보여 주지만, 그 안에 내재한 갈등 관계를 보여 주지는 않는다.

복수의 경영 관리 계층을 확인할 수는 있어도 각 층 사이에 어떻게 커뮤니케이션 흐름이 제한되어 있는지 확인할 수는 없다. 최고 경영진이 내리는 효과적인 결정에 필수적인 중요 정보는 보통 중간 단계의 경영진을 거치며 여과되어 수용 가능한 메시지로 바뀌어 전달된다. 커뮤니케이션은 겉만 번지르르하고 권력을 얻으려 열망하는 개인에 의해 왜곡된다. 정보의 흐름은 조직도 설계에 내재한 두려움과 신뢰 문제에 가로막히고 그 내용은 조직도에 반영되어 있지 않은 갈등을 악화시키지 않도록 희석된다.

조직도는 고객 서비스와 제품 품질 문제를 해소하는 데 소요되는 엄청난 시간도 반영하지 않는다. 이 문제는 세일즈 프로세스의 기본적인 이슈이고 보통 조직도에 맨 아래에 위치한, 고객과 접촉하는 직원에게 영향을 미친다. 이 전통적 위계질서는 제한적이고 부적절하며 오늘날 비즈니스 환경의 니즈에 대처하기에 효과적이지 않다.

문제를 영속화하는 조직문화의 다른 부분은 할당제다. 할당이라는 단어 기저에는 "이게 바로 당신에게 기대하는 실적이니 가격을 내리는 것을 제외하고는 무슨 수를 써서라도 이 수치를 달성하시오."라는 메시지가 깔려 있다.

월별 할당제를 운영하는 조직에서 고객은 그저 숫자에 불과하다. 고객은 할당량을 달성하는 길에 놓인 장애물이 된다. 많은 셀러가 특정한 시장 부문을 맡고 주기적으로 같은 고객에게 전화를 하는데, 이 고객들이 월별, 분기별, 연간 장애물이 되는 것이다. 견고한 충성 고객 기반을 구축하기보다 숫자를 채우는 게 우선순위가 된다.

여기 매달 같은 자동차 대리점에 전화를 거는 부품 사업부의 셀러가 등장하는 예가 있다.

매달 마지막 주, 할당량이 부족하니 더 팔아 오라는 지시가 위에서 내려온다. 셀러는 대리점에 전화를 걸어 부품을 팔기 위해 뭐든 해 달라고 빌었다. 왜 딜러들이 셀러의 방문을 달가워하지 않는지 뻔했다. 영업점에는 재고가 넘쳤고 딜러들은 항상 불평했다. 이 회사의 세일즈 교육 프로그램이 고객 문제와 불만에만 집중되어 있었다는 사실이 놀랍지도 않았다.

다른 회사에서도 비슷한 상황이 벌어진다. 고위 경영진이 할당량을 정하고 할당량을 달성했는지 확인하는 보상 체계를 개발한다. 시스템 전체가 문제를 더욱 악화시킨다. 매출을 늘리려다가 되레 주요 목표인 수익 증대에 해로운 구조가 만들어진다.

애초부터 취약했던 구매자와 셀러 간 관계는 더 큰 긴장감과 저항을 초래하는 시스템이 운영되면서 더욱 복잡해진다. 결과가 예상대로 나오는 경우는 거의 없다. 시어스사The Sears는 1992년 6월 캘리포니아와 뉴저지에서 고객에게 불필요한 자동차 부품을 판매한 사기 혐의로 기소당하면서 이를 경험했다. 시어스사는 한 주 만에 고객에 대한 헌신과 추가적인 문제 방지를 위해 자동차 부품 사업부의 인센티브 보상과 목표 설정 체계를 바꾸겠다고 발표했다. 자사 시스템이 고객이 이용될 수 있는 환경을 제공했음을 깨달은 것이다. 그래서 시어스사는 기존 시스템을 고객만족을 보상하는 시스템으로 바꾸었다.

할당제는 극적인 쇄신이 필요하다. 할당제는 셀러 - 관리자 관계를 압박할 뿐 아니라 효과적이지도 않다. 일단 셀러는 고위 경영진이 설정한 목표를 달성하도록 강요받을 때 동기부여가 되지 않고 둘째로 보상 체계는 강압적이고 교묘하다고 여겨질 때 실패하기 때문이다. 셀러들이 목표 수립에 참여하는 게 허용되지 않고 할당량이 달성 불가능해 보인다면 어떤 인센티브도 셀러의 행동을 바꿀 수 없을 것이다.

하던 대로 해서는 안 된다

· · · · ·

1장 내내 말했듯이 오늘날의 시장은 셀러와 구매자, 셀러와 세일즈 프로세스에 영향을 미치는 사람들과의 관계에서 새로운 관계 모델을 요구하고 있다. 새 모델을 지원하기 위해서는 셀러를 교육하는 방식과 셀러가 일하는 조직문화를 반드시 바꿔야 한다.

시스템도 수리가 필요하지만 시스템을 고치려는 전형적인 해결책과 시도 역시 효과적이지 않다. 문제를 고치는 기존의 방법들은 더 열심히 일하고, 더 강력한 보상과 처벌 체계를 구축하고, 회의에서 문제를 논의하고, 외부 사건이나 경제를 탓하고, 사람들을 바꾸는 것이다. 이 중 어떤 방법도 효과적이지 않고 오늘날 세일즈 활동에 관여된 사람들의 좌절감만 더한다. 전통적 세일즈 시스템은 오래된 자동차와 같다. 수리하기엔 너무 낡았고 돈을 더 들이기엔 경제적이지 않다. 새 자동차를 구매해야 할 시점이다.

성과에 대한 압박이 심하다. 경쟁하고 또 생존하기 위해 개인과 조직은 세일즈의 도전과제에 대한 새로운 해결책을 찾아야만 한다. 좀 더, 나은, 다른으로는 충분하지 않다. 사고방식의 유의미한 전환만이 세일즈라는 전문직의 패러다임 전환이라는 결과를 도출해 줄 것이다.

⊛ 오늘날 세일즈의 성공은 계속해서 변하는 비즈니스 환경의 니즈에 발맞추기 위해 전통적 사고방식을 급진적으로 전환할 것을 요구하고 있다.

⊛ 여러 가지 동인이 이 변화를 불러일으키고 있다.

+ 시장의 기술적 복잡성
+ 기존 고객을 만족시키는 비용이 신규 거래를 창출하는 비용보다 낮아지고 시장의 경쟁이 심화됨에 따라 고객과의 장기적인 관계 구축 및 유지의 필요성 증대
+ 품질 운동이 더욱 밀접한 구매자와 셀러의 관계를 요구
+ 셀러와 구매자 모두가 관계의 변화를 기대

⊛ 변혁은 다섯 가지 영역에서 일어나야 한다.

+ 셀러와 구매자의 관계
+ 셀러와 셀러관리자의 관계
+ 셀러과 세일즈 프로세스에 관여된 사람들과의 관계
+ 셀러에게 제공되는 세일즈 교육
+ 셀러가 일하는 조직의 문화

⊛ 전통적인 '세일즈 마무리' 정신은 오늘날 시장에서 쓸모가 없다.

⊛ 널리 사용되고 있는 기존의 세일즈 관리 모델은 동기를 저하하고 전체 세일즈 효과성에 심각한 영향을 미친다.

⊛ 세일즈 활동이 더 복잡해지면서 셀러들은 세일즈 프로세스에 영향을 미치는 개인의 상호의존적인 네트워크를 관리하게 되었다.

⊛ 오늘날 셀러들이 받는 교육은 시장의 도전과제에 대비하기에 불충분하다.

⊛ 오늘날 세일즈 조직의 문화는 세일즈에 관한 전통적 사고방식을 영속화하고 효과적인 세일즈를 제한한다.

⊛ 변혁에 필요한 것은 세일즈라는 전문 분야의 패러다임 전환이다.

2장

SYNERGISTIC

세일즈의
패러다임 전환

SELLING

세일즈의 패러다임 전환

진정한 발견은
새로운 땅을 찾는 데 있는 게 아니라
새로운 눈으로 보는 데 있다.
— 마르셀 프루스트

　　　　　　　　　　　　　　　패러다임이라는 단어는 페러데이그마paradeigma라는 그리스어에 뿌리를 두고 있으며 "모델 혹은 패턴"을 의미한다. 패러다임은 삶을 바라보고 경험하는 토대를 형성하는 사고체계이다. 따라서 패러다임은 우리가 어떻게 세계를 인식할지 결정한다. 우리 '현실'의 토대를 형성한다.

　　조엘 바커가 《Discovering the Future : The Business of Paradigms(미래를 발견하라 : 패러다임의 비즈니스)》에서 정의한 '1. 경계를 정의하고 2. 그 경계 안에서 무엇을 해야 성공하는지 알려 주는 일련의 규칙이나 규율'이 바로 현재 쓰이는 패러다임의 의미다. 즉 수용 불가한 것과 가능한 것에 대한 아주 구체적인 경계를 형성하는 일련의 신념이다. 다면적인 관념이기 때문에 좀 더 명확한 이해를 위해 패러다임의 주요 원칙 또는 측면 네 가지를 살펴보도록 하자.

　패러다임은 우리가 삶을 바라보는 관점을 결정하는 사고 패턴이다. 패러다임은 사실 우리의 경험과 신념을 일치시키기 위해 경험을 여과한다. 다음 비유가 패러다임이 지닌 힘을 이해하는 데 도움이 될 것이다. 사진 촬영을 할 때 렌즈 위에 필터를 장착해 필름에 기록되는 피사체의 모습을 바꿀 수 있다는 사실을 알고 있을 것이다. 하늘을 더 어둡고 극적이게 만드는 필터, 인물을 찍을 때 초점을 부드럽게 바꾸는 필터, 빛에 극적으로 반짝이는 효과를 주는 필터 등 많은 종류가 있다. 카메라 렌즈에 필터를 장착하면, 카메라는 새로운 '현실'을 보게 된다. 필터를 바꾸면 카메라가 보는 '현실'을 바꿀 수 있다.

　패러다임도 같은 방식으로 작용한다. 우리 삶의 경험들을 여과해 신념과 일치하는 하나의 '현실'을 형성한다. 아래 그림에서 패러다임이 어떤 효과를 가져오는지 주목하라.

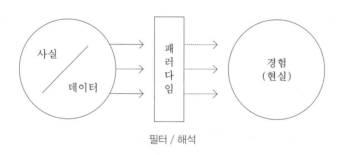

필터 / 해석

　우리의 패러다임은 삶에서 벌어지는 일(사실)을 해석하여 경험(현실)을 형성하는 필터 역할을 한다. 예를 들어 당신이 신뢰하지 않는 상사가, "밀러 건은 훌륭했어요. 아주 잘 처리하셨습니다."라고 하면, 당신은 아마 '원하는 게 뭐지?' 또는 '듣기 좋은 소리하네.'라고 생각할 것이다. 우리는 우리의 패러다임과 상충하는 증거는 전부 무시한다.

패러다임은 눈에 보이지 않고 의식 수준 기저에 존재한다. 그래서 우리는 패러다임을 거의 인지하지 못하고 자세히 들여다보지도 않을뿐더러 이해하지도 못한다. 패러다임은 물고기 세계의 경계를 형성하는 수족관의 투명한 유리처럼 우리 삶의 경계를 형성하는 보이지 않는 힘이다. 패러다임은 개인의 삶에 큰 영향을 끼친다. 하지만 대부분의 사람들은 패러다임을 염두에 두지 않고 살아간다. 그런 생활은 어항이라는 제한된 환경에서 살아가는 것과 다름없다. 자신을 지배하는 패러다임에 의해 결정된 일관된 패턴 안에서 생각하고 행동한다.

패러다임은 우리의 행동을 정의하고, 제한하며, 영향을 가한다. 우리의 사고와 말을 형성한다. 기차의 선로가 기차의 움직임에 영향을 미치듯 우리의 인생에 영향을 끼친다. 사람들 대부분이 스스로 삶을 통제한다고 생각하지만, 기관사(엔지니어)가 기차를 운전하는 정도의 통제력일 뿐이다. 실질적으로 기관사가 영향을 미치는 부분은 기차의 속도뿐이다. 선로가 기차의 방향을 결정하는 것처럼 패러다임은 우리의 삶의 방향을 결정한다.

게다가 당신의 패러다임이 변하지 않는다면 당신의 미래 역시 매우 예측가능하다. 항상 같은 목적지를 향해 같은 노선을 따라 가는 철로 위의 기차처럼 당신의 패러다임에 변화가 없다면 당신의 미래 역시 그저 과거의 연장선일 뿐이다. 무엇이 가능한지 결정하는 패러다임의 힘을 무시하는 것은 삶에 변화를 일으키는 당신의 능력을 엄격히 제한하는 셈이다.

우리의 행동은 우리의 패러다임이 결정하는 것이므로 그 패러다임 안에서 성공하려면 패러다임이 제공하는 일련의 규칙을 따라야 한다. 예컨대 야구에는 아주 구체적인 규칙이 존재하고 선수들은 그 경계 안에서 어떻게 해야 성공하는지 알고 있다. 투수가 던진 공이 스트라이크 존strike zone 밖으로 네 번 나가게 되면, 타자는 1루로 진루하고 스트라이크 존 안쪽으로 세 번 던지면 타자가 아웃이다. 세 번 아웃되면 상대팀이 점수를 만들 기회를 얻는다. 이러한 규칙들은 야구 선수들의 행동을 규칙에 따라 수용 가능한 행동으로 제한한다. 다시 말해, 타자는 외야로 공을 치고 바로 3루로 진루할 시 아웃으로 처리된다.

패러다임은 성문화되어 있지는 않지만 야구 규칙만큼이나 강력하다. 보이지 않고 잘 언급되지도 않지만 야구 규칙과 똑같다. 비즈니스 환경에서는 IBM 직원들의 복장을 예로 들 수 있다. 미국에서는 IBM 직원들의 복장을 누구나 묘사할 수 있는데 짙은 색의 정장, 하얀색 셔츠, 남자는 윙 팁 슈즈wingtip shoes 여자도 마찬가지로 보수적인 복장을 하고 있다. 복장에 관한 기준이 어디 적혀 있는 것도 아닌데, 최근까지도 IBM 직원들은 이 기준에서 벗어난 복장은 입지 않았다. 근래에 IBM의 신념이 바뀌면서 이것이 복장에도 반영되어 복장 역시 바뀌었다.

우리의 패러다임도 같은 방식으로 작용한다. 패러다임은 가능한 것과 성취할 수 있는 것을 결정한다. 우리의 삶의 경계를 형성하기 때문에 경계 밖이라고 인식되는 가능성을 효과적으로 제한한다.

이처럼, 지금 불가능하다고 정의된 것은 당신의 현재 패러다임이 불가능하다고 인식하는 것이다. 예를 들어 1492년 이전에는 세계 여행이 불가능했다. 당시의 지배적 사고, 즉 패러다임은 지구가 평평하다는 것이었다. 그래서 서구를 지나 동양에 도달하는 것은 불가능한 일이었다. 콜럼버스가 지구가 평평하다는 생각을 바꿔 새로운 패러다임을 쓰고 나서야 불가능은 가능해졌다. 제2차 세계대전이 끝난 지 얼마 되지 않았을 무렵만 해도 공산당의 지배를 받는 소련이 민주주의를 실험하는 독립 국가로 대체되는 일은 불가능하다고 여겨졌다. 다시 말하면 엄청난 사고의 변화가 일어난 후에야 불가능이 가능이 된다.

여기 패러다임이 한 사람의 삶에 미친 영향을 보여 주는 실례가 있다. 낸시는 고객지원 업무를 하며 능력을 증명해 세일즈팀으로 부서 이동을 했다. 고객들은 낸시와 일하는 것을 진심으로 좋아했고 고객들의 피드백 덕분에 낸시는 기꺼이 부서를 옮겼다. 세일즈 부서로 온 지 1년이 채 되지 않았는데, 낸시는 조용해졌고 교육 프로그램에서 목소리를 내는 것도 주저했다. 낸시의 패러다임이 드러나기 시작한 건 일대일 코칭 세션 때였다.

인생에서 언제 성공했다고 느꼈냐는 질문을 받았을 때 낸시는 대답을 하지 못했다. 3.6학점으로 대학을 졸업했지만 4.0이 아니므로 성공적이라고 생각하지 않았다고 한다. 같은 패턴의 상황이 여러 번 나왔다. 낸시는 자기가 뭘 하든 충분하지 않게 여겼다. 이러한 패러다임 때문에 낸시는 사람들이 자신의 말을 중요하게 받아들이지 않을 거라고 생각해 사람들 앞에서 크게 말하지 못한 것이다. 미흡함이라는 패러다임이 낸시의 삶을 지배하고 낸시가 뭔가를 성취해도 만족하지 못하게 하며 다른 사람과의 관계에서 소극적인 태도로 일관하게 했다.

자신의 행동을 지배하는 패러다임을 발견하자 낸시는 이 패러다임이 고통, 좌절, 두려움이라는 결과를 낳는다는 사실을 알게 되었다. 낸시는 변화에 대한 강한 의욕을 느꼈다. 우리는 낸시에게 대담하고 강인한 자신은 어떻게 말하고, 어떻게 걸을지 상상해 보라고 했다. 한 시간 정도 우리는 낸시의 강인한 이미지를 보여 줄 특징들을 생각해 냈다. 변화가 일어날 때마다, 낸시는 더욱 흥미진진해졌고, 단호하게 커뮤니케이션을 하게 되었다. 동료들이 바로 다음 날 바뀐 낸시의 모습을 보고 믿지 못할 정도였다.

패러다임의 전환

. . . .

기존 패러다임으로부터 자유로워지려면 먼저 기존 패러다임의 제한적 효과limiting effets를 이해해야 한다. 패러다임의 전환은 새로운 사고방식과 신념, 성공을 쟁취하기 위한 새로운 규칙을 요구한다. 이전까지는 불가능하다고 생각했던 새로운 가능성을 연다.

크리스토퍼 콜럼버스가 촉발한 변화가 명백한 패러다임 전환의 사례 중 하나다. 대체로 현재의 패러다임 밖에 있는 뭔가를 믿는 개인은 괴짜 혹은 미친 사람 취급을 받는다. 선원을 모아 작은 배 세 척으로 지구 끝을 지나가 보겠다는 정신 나간 계획에 투자해 달라고 이사벨라 여왕을 설득하느라 콜럼버스가 얼마나 큰 용기를 냈을지 생각해 보라.

콜럼버스는 세상이 평평하지 않음을 증명해 기존의 패러다임을 바꿨다. 그 결과 새로운 현실에 맞는 새로운 신념이 생겨났다. 역사는 패러다임의 전환으로 가득하고 세일즈 분야에서도 그와 같은 패러다임의 전환이 일어나고 있으며 이 강력한 변화는 세일즈 방식과 셀러를 훈련하는 방식, 셀러에게 동기를 부여하는 방식을 영원히 바꿔 버릴 것이다. 새로운 세일즈 모델과 함께 성공을 위한 새로운 규칙도 등장했다.

이 새로운 세일즈 패러다임을 우리는 시너지 패러다임이라고 부른다. 시너지즘Synergism은 '함께 일하기'라는 의미의 그리스어 수네르고스

sunergos에서 온 단어로 두 명 이상이 각자가 기여한 분량의 합보다 큰 결과를 얻기 위해 필요한 협업을 말한다. 또는 전체가 각 부분의 합보다 큼을 의미한다. 판매와 구매 프로세스는 시너지 작용synergistic이다. 셀러가 얼마를 팔고 싶어 하든 구매자가 살 준비가 되지 않으면 프로세스는 일어나지 않는다. 구매자 역시 자신에게 필요한 것을 누군가가 판매하기를 원한다. 즉 셀러와 구매자가 프로세스를 효과적으로 마무리하려면 반드시 협업이 필요하다.

새로운 패러다임은 셀러와 셀러관리자, 셀러와 타 부서, 셀러와 세일즈 프로세스에 관여하는 다른 조직과의 관계에 근본적인 변화를 요구한다. 오늘날 효과적인 세일즈 활동을 하려면 셀러는 자신의 성공에 영향을 미칠 수 있는 모든 사람과 함께 시너지 관계를 구축해야 한다. 더 나아가, 새로운 기술과 기법을 가르쳐야 하므로 새로운 패러다임은 셀러를 교육하는 방식에도 큰 영향을 미친다. 시너지 패러다임의 새로운 사고방식과 행동을 일관되게 지원하려면 조직문화 역시 바뀌어야 한다. 새로운 세일즈 패러다임의 규칙은 오늘날 모든 분야의 세일즈에 영향을 미친다. 문제를 회피하는 것은 실패를 자초하는 것과 다름없다.

세일즈에서의 시너지 패러다임 모델을 살펴보자.

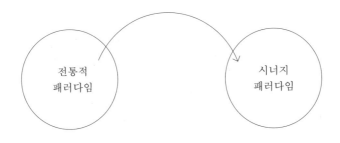

전통적
패러다임

시너지
패러다임

전통적 세일즈 패러다임

① 승자와 패자를 가리는 문화에서 성장하면서 우리가 받은 학습과 우리의 역사에 기반한다.

② 전통적 세일즈 패러다임은 편안하다. 우리는 전통적 세일즈 패러다임의 규칙을 알고, 이 패러다임 속에서 타인과 함께 일하고 살아가기 위해 어떻게 행동해야 하는지 전략을 터득했다.

③ 전통적 세일즈 패러다임은 우리의 사고와 행동을 제한하기 때문에 우리는 선택지가 거의 없다고 느끼며 타인과 관계를 형성할 때 자동조종 장치에 조종되고 있는 것처럼 행동한다.

시너지 세일즈 패러다임

① 새로운 가능성을 기반으로 한다. 과거의 승자와 패자를 가리는 문화에서 학습한 전형적인 결과에 제한받지 않고 다른 사람들과 승승win-win하는 협업을 통해 자유롭게 새로운 차원의 세일즈 성과를 도출한다.

② 새 규칙이 적용되는 새로운 게임이므로 많은 사람이 불편해한다.

③ 셀러에게 자동조종 장치에서 벗어날 능력과 타인과의 관계에서 다양한 선택을 할 수 있는 자유를 부여한다.

1장에서 보았듯 전통적인 승-패 패러다임의 결과는 상당히 처참하고 이는 우리가 이미 알고 있는 사실이다. 전통적인 모델은 편안하다. 모두가 게임의 규칙을 알고 자신이 아는 최선의 방법으로 게임을 하기 위해 고안한 자신만의 전략이 있다.

바커가 자신의 저서에서 강조하는 핵심은 새 패러다임이 등장할 때 모두가 제로(0)로 돌아간다는 것이다. 다시 말해, 새 게임에는 새 규칙이 필요하고 세일즈라는 게임이 바뀌었기 때문에 성공하려면 새 규칙을 따라야 한다. 과거 셀러를 성공으로 이끌었던 규칙들은 이제 효과적이지 않다. 따라서 세일즈 활동에 관여하는 모두가 새 규칙을 습득해야 한다. 성공적이고 경험이 많은 세일즈 임원들에게는 어려운 일이다. 이들은 기존 패러다임에 더 애착을 느낀다. 승-패 패러다임에서 성공하는 규칙을 알고 이 규칙을 아주 편하게 느낀다. 기존의 사고방식이 자신의 성공 기반이었기 때문에 포기하기가 힘들다. 그러나 세일즈에서 패러다임 전환이 일어났고, 새 게임에서 새로운 성공의 규칙을 배우는 개인과 조직이 리더십을 발휘할 것이다.

세일즈의 시너지 패러다임은 근본적이고 전방위적인 변화를 의미한다. 이러한 변혁은 셀러와 구매자, 셀러와 셀러관리자, 셀러와 지원 부서와의 관계에 영향을 미친다. 또한, 셀러가 교육받는 방식, 조직문화, 세일즈팀의 구조, 판매 할당량과 보상 체계도 바뀌어야 한다. 간단히 말하면, 이 새로운 모델은 전문 세일즈를 재정의하고 혁신한다.

이러한 극적인 변화에는 새로운 기술과 운영 원칙이 필요하다. 새로운 기술은 사람들에게 기존의 행동 양식을 바꾸는 통로가 된다. 개인과 조직은 변화에 수반되는 위험을 기꺼이 감수할 수 있어야 한다. 그러나 흥미로운 역설은 변화하지 않는 것이 진짜 위험이라는 사실이다. 모두가 변화하고 있을 때, 효과적이지 않음이 명백하게 드러난 이전의 방식을 고집하며 계속 일하는 것은 자신과 조직을 큰 위험에 빠뜨리는 셈이다.

- 패러다임은 우리가 세계를 인식하는 방식을 결정하여 우리의 현실 기반을 형성하는 모델, 사고의 패턴이다.

- 패러다임은 눈에 보이지 않으며 우리의 인식 수준 기저에 존재한다.

- 패러다임은 무엇이 가능하고 달성할 수 있는지를 결정한다.

- 패러다임은 성공을 위한 규칙을 제공한다.

- 패러다임 전환은 새로운 사고방식으로의 전환이다.

- 패러다임 전환은 세일즈 분야에서 일어나고 있으며 이러한 변혁과 함께 새로운 기술이 성공을 위한 필수 요소가 되었다.

3장

시너지 패러다임에서의
세일즈

시너지 패러다임에서의 세일즈

세일즈는 판매의 종료가 아니라,
장기적 관계의 시작이다.
– 데니스 웨이틀리

전형적인 셀러와 구매자의 관계는 적대적인 입장을 기반으로 한다. 전통적 패러다임에서 세일즈는 구매자가 하지 않을 일을 하게 만드는 일이라고 해석되어 왔다. 이 장에서는 셀러가 구매자와의 관계에 접근하는 기존 방식을 극적으로 바꾸는 방법을 제시한다.

시너지 방법이라는 이 새로운 방식은 일회성 거래를 특징으로 하는 짧게 지속하는 관계부터 구매를 결정하는 데 여러 차례 상호작용이 필요한 거래까지 전 유형의 셀러와 구매자의 관계에서 효과적으로 작용한다. 이 시너지 방법은 특히 영구적이고 지속적인 셀러와 구매자의 관계에 적용된다. 관계 유형을 하나씩 더 자세히 살펴보자.

가장 단순한 형태인 첫 번째 수준의 관계는 일회성 거래이다. 이 수준의 세일즈에서는 구매결정이 단기간 내에 이루어진다. 소매 세일즈, 장거리 네트워크 및 기타 상품과 서비스를 판매하기 위한 텔레마케팅, 사무기기 세일즈, 일부 보험상품 세일즈, 생전 장례 예약 등이 여기에 해당된다. 보통 이 단계에서 세일즈를 하는 셀러는 일종의 표준화된 상품을 판매한다.

이렇게 단순한 수준의 셀러 – 구매자 관계조차 많은 산업에서 중요해진 것은 흥미로운 일이다. 구매자는 셀러가 자신의 니즈에 귀를 기울이고 적절한 옵션을 제공해 주며 구매결정을 내릴 때 압박하지 않으면서 도와주길 바란다. 다시 말해 판매를 당하는 것이 아니라 신뢰할 수 있는 공급자에게 구매하기를 원한다. 따라서 셀러와 구매자의 관계는 특정 구매결정 프로세스에서 중대한 요소일 뿐 아니라 고객만족을 구축하는 중요한 요소이기도 하다. 구매자와의 관계는 셀러와 조직의 평판을 견고하게 하기 때문에 추가 거래를 창출하는 데 필수다.

전문 셀러 사이에서 일회성 판매의 영역으로 여겨졌던 분야들도 바뀌었다. 자동차 딜러는 한때 소비자에게 전형적인 한탕주의 셀러로 인식됐지만 이제는 거의 모든 딜러가 견고한 고객 관계 구축의 가치를 인지하고 있고 성공적인 보험 셀러 또한 기존 고객층의 추천과 갱신으로 비즈니스를 구축하고 있다.

두 번째는 구매결정까지 셀러와 구매자 간에 여러 차례 상호작용이 필요한 관계다. 보통 가격이 높거나 기술이 복잡할수록 보다 많은 상호작용이 요구된다. 바로 여기서 셀러는 언젠가 판매를 성사시키겠다는 의도를 가지고 잠재적 구매자와 잦은 접촉을 유지한다. 이 수준의 세일즈에는 장기적 관계를 구축하고 유지하는 능력이 더욱 많이 요구된다.

상품과 서비스가 구매자의 니즈에 점점 더 맞춤화되는 이 수준에서는 보다 많은 양의 정보가 오가는 밀접한 셀러와 구매자의 관계가 특징으로 드러난다. 세일즈 양상도 더욱 복잡하게 나타난다. 세일즈 – 구매 프로세스에 많은 사람이 얽혀 있고 경영진을 포함한 조직 내 다양한 직급의 직원이 관여한다. 부동산, 단체 건강관리 프로그램, 병원에 판매하는 첨단 의료기기, 주문형 컴퓨터 네트워크 등이 여기에 해당한다.

마지막은 셀러와 구매자 간에 지속적이고 영구적인 관계가 필요한 세일즈로 관계 관리 기술이 반드시 필요한 수준이다. 이러한 관계가 요구되는 상황은 결혼과 비슷하다. 셀러는 고객과 자신 사이에 있는 벽을 허물어야 한다. 둘은 서로 원하는 바를 속속들이 알고 있어야 한다. 전사적 품질 관리total quality management를 지지하는 많은 사람이 단일 공급자의 가치를 믿는 것처럼 특히 품질 운동quality movement에서 이러한 세일즈가 주요 트렌드로 자리 잡고 있다.

이런 지속적인 관계는 슈퍼마켓 진열대를 자신의 제품으로 채우고 해당 슈퍼마켓에 유익한 판매 프로그램을 개발해 주는 순회 판매업자route sales와 슈퍼마켓의 관계처럼 단순한 관계일 수도 있고 조직 내의 도매와 소매 분야 간 관계일 수도 있다. 자동차 제조사와 개인 딜러처럼 제조업체와 독립 유통업자 간 복잡한 관계가 여기에 해당한다. 빠르게 성장하고 있는 네트워크 마케팅이라는 분야도 이에 속한다. 각각의 경우 성공은 당사자들의 관계가 얼마나 효과적이냐에 달려 있다.

최근 지속적인 구매자와 셀러의 관계를 묘사하는 데 파트너십이라는 용어가 더욱 인기를 끌고 있다. 그러나 경험으로 비춰 볼 때 대부분의 조직이 그 의미도 잘 모른 채 영업 회의에서 마구 사용하는 실정이다. 셀러 또한 고객과 파트너십 관계를 구축하는 데 필요한 기술을 제대로 배우지 못하고 있다. 예를 들어, 유통업자를 배제하고 독자적으로 마케팅 의사 결정을 감행하는 제조업체가 어떻게 해당 유통업자와의 관계를 파트너십이라고 부를 수 있겠는가?

아메리칸 헤리티지 영어사전은 파트너십을 '당사자들이 동등한 지위와 일정 수준의 독립성을 가지나 서로에 대한 암묵적 또는 공식적 의무를 지니는 관계에 있는 상태'라고 정의한다. 동등한 지위! 자사의 제품을 운송하는 유통 업체가 운이 좋아 자사에 선택되었다고 믿는 제조업체에는 해당하지 않는 말이다. 서로에 대한 의무라니! 자신들의 자회사인 유통회사를 이용할 때 배송하는 제품 옆에 번번이 이월 배송 제품을 함께 밀어 넣으면서 계속 제품 발송을 압박할 수 있다고 생각하는 모회사에게는 말도 안 되는 얘기다. 물론 이런 회사들은 그러면서도 자회사와의 회의에서 파트너십을 논의하는 데 상당한 시간을 할애한다.

파트너십은 시너지 패러다임의 실질적인 토대이다. 셀러와 구매자의 관계가 발전하는 배경이다. 파트너십은 행위가 아닌 상태를 의미한다. 또한, 앞서 설명한 세 가지 수준의 세일즈에서 모두 나타날 수 있다.

셀러와 이들이 속한 조직에 적용되는 파트너십의 네 가지 특징을 알아보도록 하자.

첫째, 파트너십은 상호의존적이라는 속성이 있다. 누군가와 파트너십을 맺는다는 것은 무엇보다 자신이 어떤 일을 혼자 할 수 없음 또는 혼자 하지 않기로 했음을 의미한다. 원하는 결과를 얻기 위해 서로가 서로에게 의존하고 있다는 사실을 안다. 이것이 바로 사람들이 파트너십이라는 단어를 사용해 상대방과의 관계를 정의할 때 가지고 있는 통상적인 이해다. 하지만 진정한 파트너십을 구축하기 위해서는 더 많은 것이 필요하다.

파트너십의 두 번째 특징은 각자가 파트너의 니즈가 충족될 수 있도록 최선을 다해야 한다는 것이다. 다시 말해, 약속된 관계에서 서로가 승승

win - win하는 관계로 나아가기 위해 헌신해야 한다. 실은 이보다 더욱 깊은 의미가 있다. 상대방을 돕는 일을 즐길 때, 즉 상대방에게 서비스를 제공하고, 기여하고, 다른 이의 삶에 변화를 불러일으키는 것 등이 곧 자기 자신일 때 파트너십은 발전한다. 다시 한번 말하자면 파트너십이란 존재하는 방식이지 배워서 사용하는 기법만을 말하는 것이 아니다.

개인이 도출하는 성과보다 큰 성과를 파트너십 속에서 도출하고자 하는 의지가 파트너십 상태의 세 번째 특징이다. 다시 말해, 파트너십 관계에 있는 아홉 명의 셀러와 구매자들 사이에 이뤄지는 소통 가운데에는 이들을 함께 일하도록 묶어 주는 무언가, 즉 더 큰 의지commitment가 있다는 의미다. 예를 들어 바바라는 제작형 프레젠테이션 바인더 생산에 특화된 A인쇄업체의 세일즈 담당 임원이다. 바바라가 고객과 파트너십을 형성할 때 셀러와 구매자 간 상호 소통은 보다 큰 의지에 포함된다. 바바라의 상황에서는 기업 가치 및 제품 커뮤니케이션의 질을 개선하고자 하는 의지가 될 수 있다. 그래서 바바라와 고객이 특정 프로젝트를 함께 진행할 때 이들은 각자 프로젝트를 할 때보다 더 큰 성과를 도출하는 작업을 하는 것이다.

네 번째 특징은 파트너십에 미래가 있다는 것이다. 파트너십은 단일 계약이나 일회성 셀러 - 구매자 거래보다 그 범위가 넓다. 파트너십 상대가 있다는 것은 지속적인 커뮤니케이션, 따라서 지속적인 성장과 개선의 가능성이 있음을 의미한다. 파트너십은 셀러에게는 제품을 개선하는 새로운 방법을 끊임없이 찾는 토대가 되고 구매자가 제품을 사용하는 토대가 되어 그 효과성과 가치가 극대화된다.

앞서 말한 셀러와 구매자의 상호 소통 세 수준은 다른 상황을 나타낸 것이지 세일즈의 방법을 보여 준 것이 아니다. 어느 수준의 소통에서든 파트너십 상태에 있을 수 있다. 당신과 고객의 상호 소통이 전통적 세일즈 패러다임이라는 문맥에서 일어나도록 할지, 파트너십, 아니면 시너지 패러다임이라는 문맥에서 일어나도록 할지 결정하는 것은 당신의 선택이다.

다음 표가 전통적 패러다임에서의 세일즈와 시너지 패러다임에서의 세일즈를 구분하도록 도와줄 것이다.

전통적 패러다임	시너지 패러다임
구매자는 영향받기 쉬운 존재로서 적당한 속임수와 사전에 준비한 메시지를 통해 셀러가 조종하고 통제할 수 있다고 본다.	구매자는 자기주도적이며 자신의 결정을 책임질 능력이 있다고 본다.
셀러는 구매자에 관한 정보나 어떤 기법을 이용해 구매자가 셀러 자신이 미리 정해 놓은 결정에 다다르길 원한다.	셀러는 구매자의 니즈와 욕구wants를 기반으로 구매자가 선택한 결정에 이르도록 구매자를 돕길 원한다.
셀러는 최대한 빨리 세일즈 프로세스를 열고 종료한다는 목표를 가지고 전략, 적절한 말, 영리한 전술을 동원한다.	셀러는 구매자가 구매 프로세스를 단계별로 올라가 결정에 이르도록 돕는 조력자다. 따라서 구매자에게 강요되는 세일즈 프로세스가 없다.
셀러는 구매자의 '스타일', '유형', '특성', '입장', '성격'을 진단한다.	셀러는 구매자를 유형화하거나 진단하지 않는다. 대신 구매자가 하는 말이나 행동을 이해하는 데 집중한다.

영리한 셀러는 구매자의 스타일을 진단함으로써, 어디를 자극해야 하는지 알고 구매자를 통제할 적절한 방법을 이용한다.	셀러는 구매자를 통제하거나 구매자에게 지시하지 않는다. 대신 구매 프로세스에서 구매자가 어디에 있는지, 각 단계에서 이들이 무엇을 필요로 하는지 수용하고자 한다.
캐묻기, 마무리 전략 사용하기, 구매자가 속마음을 드러내도록 유도하기, '네'라는 답변을 얻기 위한 유도 질문하기, 고객의 시간 벌기 전략을 다루기 등 통제의 언어가 사용된다.	협업과 조력facilitating의 언어가 사용된다. 컨설턴트가 되어 구매자가 니즈를 충족해 줄 해결책을 찾고 의사결정 프로세스를 잘 이행할 수 있도록 돕는다.

전통적 패러다임 vs 시너지 패러다임

보다시피 이 표의 비교는 셀러와 구매자의 관계에 대한 극적인 사고방식의 변화를 반영하고 있다. 많은 사람에게 시너지 세일즈 방식은 정상의 범주를 벗어난 듯 이상하고 불편하게 느껴진다. 그래서 시너지 세일즈 방식을 외면하거나 무시하거나 피해 갈 방법을 찾고 이를 정당화하려 한다. 그러나 그렇게 하는 것은 우리의 학습 능력을 한정 짓는 것이다.

대중적인 동기부여 포스터에는 "마음은 낙하산처럼 활짝 열어젖혀야 작동한다."라는 메시지가 있다. 이 장에서 시너지 패러다임에서의 다섯 가지 주요 세일즈 원칙을 확인하는 동안 마음을 활짝 열어라. 간단하고 이해하기 쉽다. 이 원칙의 효익을 누리려면 먼저, 이 원칙의 유효성을 믿어야 하고 그다음, 최선을 다해 세일즈에 적용해야 한다.

다음은 시너지 패러다임에서 세일즈를 할 때 지켜야 할 다섯 가지 기본 운영 원칙이다.

① '세일즈 단계sales steps'로 구성된 시스템을 버려라. 최종 결정은 구매자가 내리므로 구매자는 일련의 '구매 단계buying steps'를 거친다.

② 통제와 압력은 구매 프로세스의 정상적 흐름을 방해하는 저항과 장해를 초래한다.

③ 셀러는 구매를 할지 말지 결정을 내리는 방향으로 구매자가 나아갈 수 있게 분위기를 조성해 주어야 한다.

④ 셀러는 스스로 자신이 컨설턴트라고 생각해야 한다.

⑤ 셀러는 가치를 창출해야 한다.

다시 말하면 이 다섯 가지 원칙은 일회성 거래, 구매결정까지 복수의 상호 소통이 이루어지는 거래, 셀러와 구매자 간의 지속적이고 영구적인 관계까지 모든 세일즈 상황에 적용된다.

세일즈 프로세스 단계를 버려라

전통적 세일즈 모델은 개시, 조사, 프레젠테이션, 거절 다루기, 세일즈 마무리하기 등의 가설적 구매 단계를 기반으로 한다. 이 순서는 셀러가 결정call을 지배하도록 일종의 구조를 제공하려고 설계되었다. 더 많은 통제는 상대방에게 더 많은 힘을 행사함을 의미하고 따라서 세일즈에서 더 많은 성공을 거둠을 의미한다. 전에도 언급했듯 세일즈는 항상 최고의 전략을 실행하는 사람이 이기는 체스 게임에 비유된다. 전통적 사고는 셀러에게 일련의 단계와 구매자가 그 단계를 밟아 가도록 구매자를 조심스럽게 조종하는 기술을 가르치는 것이다. 유감스럽게도 이러한 사고방식은 구매자에게도 니즈가 있다는 점을 고려하지 않는다. 전통적 세일즈 프로세스가 실질적으로는 성공적인 세일즈 활동에 방해가 되는 이유다.

궁극적으로 결정을 하는 사람은 구매자고 구매자는 결정에 이르는 과정에 적극적으로 참여하고 싶어 한다. 구매자는 뭔가를 사려고 결정을 할 때 일련의 단계를 거친다. 평소에는 인지하지 못하지만 어떤 자동차를 구매하고, 어디에서 장을 볼지, 어떻게 휴가를 보낼지 등 살면서 어떤 결정을 내릴 때 거치는 논리적인 과정이 있다. 우리의 목표는 셀러가 구매 프로세스상에 있는 구매자의 위치를 이해할 수 있게 하는 것이다.

시너지 패러다임에서 세일즈에 성공하려면 계속해서 구매자의 구매결정 프로세스를 인지하고 있어야 한다. 셀러의 역할은 구매자가 이 여섯 단계로 이루어진 프로세스를 자연스럽게 통과할 수 있도록 돕는 것이다. 구매자의 구매결정 프로세스 6단계는 다음과 같다.

---

① 충족되지 않은 구매자의 니즈나 두려움을 파악하고 정의한다.
② 대안적 해결책을 제시한다.
③ 대안적 해결책을 조사하고 평가한다.
④ 가장 좋은 해결책을 선정한다.
⑤ 해당 해결책을 실행한다.
⑥ 결과를 평가한다.

구매자가 자동차를 사고 싶다고 가정해 보자.

1단계에서 구매자는 충족되지 않은 니즈나 두려움을 파악하려고 노력한다. 기존의 2인승 차를 4인승으로 바꾸고 미국산 자동차를 사고 싶은데 저품질이 우려된다. 연료 효율이 높은 자동차가 필요하다. 높은 할부 이자 비용이 두렵다. 트렁크의 공간이 넓어야 한다. 기존 차를 1년 더 타는 게 경제적일지 궁금하다. 어떤 니즈를 포기할지 말지 이미 우선순위가 있을지도 모른다.

2단계에서는 니즈를 충족시켜 줄 대안을 고려한다. 여러 대리점에 가볼 수도 있고 다양한 모델을 찾아볼 수도 있고 니즈가 더 구체적이라면, 특정 대리점에 가서 그곳에 있는 다양한 모델을 살펴볼 수도 있다. 핵심은 대안을 고려하는 것은 여전히 2단계라는 점이다. 바로 여기서 많은 자동차 딜러들이 실패한다. 준비도 안 된 구매자를 3단계(대안 조사 및 평가), 4단계(최고의 해결책 결정)로 밀어붙여 세일즈에 대한 거부감을 불러일으킨다. 2단계에서 어떤 상품이 있는지 보여 주기만 하면 고객이 세일즈에 거부감을 느끼는 것을 방지할 수 있다.

3단계에서는 대안을 살펴보고 평가한다. 시승을 하고 가격협상을 하고 구입 권유를 듣고 결정을 내리기 위해 얻을 수 있는 모든 정보를 입수한다. 셀러가 제공하는 정보의 신뢰성과 제품의 품질도 판단한다. 누군가에게는 지난한 단계이고 또 누군가에게는 자발적인 단계일 수 있다. 셀러는 각 구매자의 프로세스를 주의 깊게 봐야 한다.

4단계에서는 결정을 내린다. 결정이 쉽지 않다는 사람도 있다. 그러나 결정을 내리기 위해 3단계에서 많은 평가 작업을 했다는 사실을 기억하라. 4단계는 "이게 내 결정이야."라며 결정에 충실하게 따르는 단계다.

5단계에서는 결정을 시행하는 데 필요한 일을 정한다. 자동차 세일즈로 치면 관련 서류에 서명하고 할부금융을 결정하는 등 구매에 필요한 모든 행위를 말한다.

6단계는 일반적으로 구매 이후에 시행되는 단계로 구매결정을 평가한다. 신차가 니즈와 기대를 충족시키는가? 보통 이 6단계에서 또 다른 중대요소, '셀러에게 어떤 대우를 받았는가'를 평가한다.

핵심은 대부분 그렇듯, 구매자도 스스로 결정을 내리고 싶어 한다는 것이다. 누군가에게 강요당한다고 느낄 때 우리는 저항하고 적개심을 품게된다. 셀러는 심리학자들이 말하는 스스로 결정하고 싶어 하는 인간의 본능을 존중해야 한다. 구매자는 강요받지 않고 스스로 결정할 기회를 얻고싶어 한다. 전통적 세일즈 모델은 셀러에게 통제권을 준다. 투쟁, 도주, 순응과 같은 잠재적 구매자의 방어기제가 작동하는 것은 논리적이다. 전통적세일즈 모델에서 구매자의 반발은 극복할 장애물로 여겨진다. 통제하려는셀러의 시도는 반발심을 높이고 세일즈 프로세스에 자멸적이며 필연적으로 셀러와 구매자의 관계를 손상시킨다.

셀러의 역할은 프로세스를 촉진하는 것이다. 촉진은 구매자를 어려움과장애물에서 자유롭게 풀어주고 프로세스를 더 쉽게 만들고 의사 결정을 도와주는 것이다. 전통적 세일즈 단계들은 실질적으로 구매 프로세스를 방해한다. 셀러의 어젠다를 우선순위로 만들어 쟁점을 흐린다. 여기서 셀러에게 전하는 메시지는 "자기의 길에서 벗어나라."이다.

분명히 이 프로세스에는 따라야 할 대본이 존재하지 않는다. 이 점이 아주 중요하다. 시너지 패러다임에서 따라야 할 대본은 의사 결정 프로세스를 헤쳐 나가는 구매자다. 구매자가 어떤 사람인지 어떤 사고방식을 지녔는지 이해할 필요가 없기에 셀러에게 연기해야 하는 정해진 역할이 없다. 각 사람에게는 고유의 니즈가 있고 그 니즈를 충족시키는 최적의 방법 또한 다양하다. 시너지 패러다임에서는 구매자의 성격보다 구매자와의 커뮤니케이션에 집중하는 것이 중요하다. 게다가 구매자를 특정 유형으로 구분하면 사실상 관계를 제한하는 선입견이 생긴다. 구매자를 유형화하면 당신의 행동도 영향을 받고 왜곡된다.

교육 세션에 참석한 한 교육생이 자신의 경험을 공유했다. 이 교육생은 고객사의 영업 부서 이사를 찾아갔다. 첫 미팅이었고 '권력'의 향기가 강하게 풍기는 깔끔하고 커다란 사무실로 안내받았다. 사무실 내 모든 물건이 이사가 '주도적이고 성과주의적인' 성격이라는 신호를 보냈고 세일즈 교육을 받은 직후였던 교육생은 핵심으로 들어갈 준비를 마쳤다. 그는 제품이 고객사에 가져다줄 결과에 대해 피력했다. 그런데 고객이 계속해서 주제를 바꿨다. 갖은 노력 끝에 포기한 교육생은 고객이 대화의 흐름을 주도하게 놔두었다.

우여곡절 끝에 미팅을 마치고 사무실을 나서는 길에 그가 고객에게 사무실이 훌륭하다고 칭찬하자 고객은 자신의 사무실이 아니라고 했다. 자신의 사무실이 너무 지저분해서 미팅을 위해 상사의 사무실을 빌렸다는 것이다. 교육생은 나중에 그 상사가 완벽주의자이며 아내가 사무실을 꾸며 줬다는 사실을 알게 되었다. 교육생은 우리의 교육 프로그램을 듣고 나서 고객의 성격을 분석하기보다 고객이 하는 말에 집중하기로 다짐했다.

구매자의 의사결정 프로세스 6단계는 모든 수준의 세일즈에 적용된다. 구매자 한 명과 셀러 한 명이 소통하면서 모든 단계를 거칠 때도 있고 프로세스를 다 거치는 데 수개월에서 수년이 걸리는 규모가 크고 복잡한 거래도 있다. 프로세스의 특정 단계에서 구매결정에 영향을 주는 개인이 관여하는 상황도 있다. 핵심은 어떤 의사결정 과정이든지 이 여섯 단계를 거친다는 점이다.

다시 말해 새로운 세일즈 패러다임에서 성공하려면 사람들이 스스로 결정을 내리도록 하는 세심함이 요구된다. 이는 셀러가 통제하는 프로세스를 포기하고 구매자의 구매결정 프로세스를 촉진함을 의미한다. 이는 구매자와 셀러 모두에게 더 나은 결과와 효과적인 결정으로 이어진다.

통제와 압력은 저항을 초래한다

다른 사람에게 자신이 원하는 일을 시키려 하면 할수록 성공할 확률은 낮아진다. 구매자는 스스로 자유롭게 결정을 내리고 싶어 한다. 압력은 저항을 초래한다. 저항은 더 큰 압력을 낳는다. 뭔가를 구매하라고 압박하면 구매자의 저항은 더 심해진다.

자신이 강요당한다는 느낌을 받으면 자신에게 유익한 결정을 반대하기도 한다. 저항은 프로세스에서 뭔가가 잘못되었다는 적색 신호다. 하던 일을 멈추고 저항을 초래한 원인이 무엇인지 경청하라.

여기 일회성 거래에서 압박 – 저항 – 압박으로 이어지는 악순환이 발생한 전형적인 예가 있다. 고객이 집에서 저녁 식사를 한 후 전화를 받는다.

고객   여보세요.
셀러   안녕하세요, 존슨 씨. 저는 텔스타 장거리 네트워크의 애봇입니다. 이번에 저희 가격 프로모션에 대해 말씀드리려고요. 지금 어떤 서비스를 사용하고 계시나요?

고객   음… 애봇 씨, 저희는 갈락틱을 사용하고 있고 서비스에 아주 만족합니다.

셀러   서비스에 만족하시는군요, 알겠습니다. 그런데 저희 새 상품이 저렴하게 나왔거든요. 지금 사용하고 계신 서비스의 이용료가 얼마죠?

고객   저기요. 갈락틱에 아주 만족하고 있다고요. 수년째 잘 사용하고 있고 바꿀 필요성을 못 느끼고 있습니다.

셀러   존슨 씨, 그러면 제가 장거리 서비스 이용료를 20% 줄이는 방법을 알려드릴 수 있는데 한 번 보실래요?

고객   아니요, 됐습니다. 그리고 어차피 몇 퍼센트 이런 거 안 믿습니다. 다 속임수니까. 고맙지만 사양하겠습니다.

셀러   음, 알겠습니다. 그래도 잠깐만 시간 내 주시면 설명해 드릴게요.

고객   됐습니다! 관심 없다고 말씀드렸잖아요!

셀러   돈을 아끼고 싶지 않다는 말씀이시죠?

고객   안녕히 계세요! (전화를 끊는다)

셀러가 계속 밀어붙였지만 얻은 건 없고 잃기만 했다. 언젠가 존슨이 다른 장거리 네트워크 서비스로 바꾼다 해도 텔스타는 당연히 탈락이다.

다양한 모양의 구멍이 있고 그 구멍에 맞는 블록으로 된 장난감을 기억하는가? 동그라미, 정사각형, 직사각형, 별, 십자가, 육각형 등이 있다. 제품과 서비스를 구매자의 니즈에 맞추는 일은 장난감 블록을 구멍에 끼우는 일과 매우 흡사하다. 맞는 구멍이면 블록은 바로 들어간다. 잘못된 구멍이면 아무리 애써도 들어가지 않을 것이다. 삼각형 모양의 블록을 별 모양 구멍에 넣으려는 아이와 고객의 니즈에 맞지 않는 제품을 구매자에게 강요하는 셀러를 보라. 반응은 거의 비슷하다. 고객은 큰 좌절감을 느끼게 된다. 문제는 보통 아이들이 이 사실을 더 빨리 배운다는 거다!

고객을 압박하는 셀러 이야기로 돌아가서 봐도 똑같은 이야기다. 고객을 압박해도 성과는 없고 더 큰 압박을 가해도 성과가 없다. 사실 구매자나 다른 사람들은 그저 자신에게 가해지는 압력에 저항하려고 자신이 전혀 믿지 않는 뭔가를 방어하는 입장이 될 수도 있다.

예를 들어 존과 신디가 점심을 먹으며 논쟁이 많은 주제인 총기 규제에 대해 토론하는 중이라고 가정하자. 존은 총기 규제에 반대하고 지역 상원의원이 인터뷰 때 한 말을 비웃고 있다. 존이 신디에게 입장을 묻자 신디는 상원의원 이야기는 모르지만 총기가 초래하는 죽음 때문에 규제에 찬성한다고 답한다. 존은 '웃기는 주장'이라며 사람을 죽이는 건 총이 아니라 사람이라고 한다. 신디는 자신의 신념을 방어해야 할 압박을 느끼고 존은 신디의 대응을 하나하나 반박한다. 존이 밀어붙일수록 신디도 더 강력하게 자신의 신념을 옹호하고 신디의 신념은 더 굳건해진다. 점심 식사를 마칠 무렵 신디는 총기 규제에 대한 자신의 입장에 의심의 여지가 없어진다.

효과적인 셀러는 저항을 극복하는 사람이라기보다는 애초에 저항이 일어나지 않게 하는 사람이다.

셀러는 의사결정에 적합한 분위기를 조성해야 한다.

. . . .

의사결정 프로세스에는 변화의 가능성이 내포되어 있다. 변화의 가능성이 내포된 일이란 편안하고 익숙한 뭔가를 놔두고 잘 알지 못하는 것을 선택하는 일이다. 인생의 변화는 대개 불확실성과 의문을 불러일으킨다. 셀러는 구매자가 이러한 감정에 대해 말할 수 있게 구매자와 관계를 형성해 변화에 적합한 분위기를 조성해야 한다.

어떻게 사람이 변하는지 연구한 심리학자 컬트 레빈은 혁신(변화)을 수용하려면, 변화를 받아들일 사람의 기존 신념 체계가 해동되어야만 한다며 변화에 직면한 사람이 옛 신념에 대한 자신의 충성심과 헌신, 그 신념을 바꾸는 데 대한 두려움과 의구심을 자유롭게 표현할 기회가 있을 때 이런 해동이 촉진될 것이라 말했다.

변화는 기존 방식에 대한 충성심과 새로운 방식에 대한 두려움과 의구심을 모두 수반한다. 고객은 자신의 걱정을 터놓고 이야기할 기회가 필요하다. 그래서 셀러는 함부로 판단하지 않고 경청하는 기술을 갖춰야 한다. 그래야만 고객이 편하게 이런 의문을 제기할 수 있을 것이다. 전통적인 세일즈 모델에서는 이러한 의문을 극복해야 할 거절이라고 판단한다. 이는 변화에 앞서 고객이 느끼는 감정이 잘못됐다거나 고객이 앞으로 해야 할 일은 모두 셀러가 결정한다는 메시지를 고객에게 주는 것이다. 이는 시너지 파트너십을 구축하는 데 필요한 자유롭고 솔직한 커뮤니케이션의 흐름을 막는다.

전통적 모델에서 셀러는 말을 많이 하고 지식을 뽐낸다. 구매자의 거부를 극복하는 것이 세일즈의 중요한 요소라고 믿도록 학습되었기 때문이다.

셀러는 '고객의 걱정을 극복'하려는 어떤 행동을 취하지 않고 그저 경청하는 것의 중요성을 이해하기 힘들다.

대개 의구심에 대한 감정을 표면 위로 끄집어내 정당하게 인정하면, 변화 프로세스를 방해하던 힘은 사라져 버린다. 그러나 이런 감정을 수면 위로 끄집어내지 않거나 수면 위로 드러난 감정들을 부인하면 관계가 위태로워질 수도 있다. 전통적 모델에서 이런 의구심의 감정들을 셀러가 어떻게 처리했는지 보여 주는 예가 있다. 아래는 자동차 대리점에서 셀러와 고객이 나눈 대화이다.

고객   짐, 시간을 내 주셔서 감사합니다. 그래도 타던 차를 조금 더 탈 생각이에요. 지금 당장 지출하기에는 많은 돈 같아서요.

셀러   알겠습니다. 마사 씨가 결정하셔야죠. 그런데 저희 할인이 내일까지예요. 다시 이런 기회는 없을 거예요.

고객   음, 잘 모르겠네요. 이사한 지도 얼마 안 됐고 집세도 올랐고 돈이 나갈 데가 많아요.

셀러   걱정하지 마세요. 곧 승진하실 거라고 말씀하셨잖아요. 괜찮으실 거예요.

고객   그렇긴 한데 확신할 수 없죠. 게다가 이 차는 좀 사치 같은데요. 지금 타는 차도 괜찮아요.

셀러   마사, 보세요, 이미 많이 달린 차예요. 곧 망가져서 수리하느라 진땀 빼실 걸요. 어쨌든 인생에 재미도 좀 있어야죠. 이 차는 마사 씨에게 딱이에요.

고객   아닙니다. 그렇게 필요하지는 않아요.

셀러　　　보세요. 잘 해드릴게요. 오늘 가져가시면 CD플레이어는 그냥
　　　　　달아 드릴게요.

고객　　　짐, CD플레이어 필요 없고 새 차도 필요 없습니다. 지금 타는
　　　　　차로도 충분해요.

　　　짐은 마사의 걱정에 일일이 대응했다. 구매자를 체스 게임에서의 승리
를 가로막는 장애물로 여길 때 우리가 하는 일이다. 구매자에게 왜 자동차
구매가 옳은 일인지 증명해야 한다. 똑같은 상황을 다시 살펴보자. 이번에
짐은 현재 차를 향한 충성심과 변화에 대한 의구심이 담긴 마사의 말을 경
청할 것이다. 마사가 문제들을 스스로 해결하도록 돕는 분위기를 조성함이
중요하다.

고객　　　짐, 시간 내 주셔서 감사합니다. 그래도 타던 차를 조금 더 탈
　　　　　생각이에요. 지금 당장 지출하기에는 많은 돈 같아서요.

셀러　　　지금 차도 괜찮으니까 큰 지출을 하시는 게 좀 망설여지시는
　　　　　군요.

고객　　　네, 맞아요. 이사한 지 얼마 안 됐고 집세도 올라서 좀 보수적
　　　　　으로 생각해야 해요.

셀러　　　아, 그래서 더 신중해야 할 필요가 있다고 느끼시는구나.

고객　　　네, 그래요. 그런데 한편으로는 새 차를 살 만한 자격이 있다는
　　　　　생각도 드네요. 정말 열심히 일했고 승진이 거의 확정된 것 같
　　　　　아요. 또 지금 차가 꽤 많이 달려서 앞으로 수리비용도 걱정되
　　　　　고요.

셀러   승진할 거라는 확신은 드는데 더 좋은 집으로 이사도 왔고 동시에 차도 바꾸는 게 망설여지시는 거죠. 타던 차도 정말 괜찮은데 이제 수리도 필요해질 테니까 그 걱정도 되시고요. 제가 도와드릴 수 있는 게 있나요?

고객   음, 사실 있어요. 자동차 금융상품을 다시 볼 수 있을까요? 더 드리고 싶은 질문이 좀 있어요.

두 번째 예에서 프로세스가 얼마나 매끄러워졌는지 주목하라. 이 시나리오에서 짐은 그저 마사의 말을 경청함으로써 마사가 스스로 문제를 해결하도록 돕고 마사의 의사에 반하는 세일즈를 하지 않았다. 이러한 태도는 셀러와 구매자 간 관계의 질에 큰 영향을 미친다.

구매자가 변화하려면 겪어야 하는 일을 당신이 이해함을 보여 줌으로써 변화에 적합한 환경을 조성하는 것이다.

셀러는 자신이 컨설턴트라고 생각해야 한다

컨설턴트는 보통 권한이 없고 오로지 지식과 전문성에서 나오는 영향력에 의존하여 개인이나 조직이 뭔가를 행하는 새로운 방식을 구매하도록 돕는 사람이다. 그렇지만 그 지식과 전문성이 어떻게 공유되느냐는 중요한 요소다. 전문 지식을 갖춘 컨설턴트와 아는 척하는 셀러의 주요한 차이는 정보의 공유 방식이다.

여기 우리 세미나에서 깨달은 것이 있다. 당신에게 나나 우리 조직에 이득이 되는 제품이나 서비스가 있다면 책임감 있는 자세로 내게 정보를 제공해 주어야 내가 당신의 정보를 기꺼이 받아들일 수 있다.

당신이 판매하는 제품과 서비스에 상관없이 고객에게 당신은 컨설턴트다. 당신의 고객에게 혜택을 줄 수 있는 지식과 전문성을 갖춘 개인이다. 성공적인 컨설턴트가 어떻게 하는지 살펴보자. 먼저 이들은 자신의 전문성을 제공하기 전에 고객이 자신을 고용하게 한다. 그러고 나서 고객이 자신의 문제나 충족되지 못한 니즈를 인식하게 한다. 동시에 자신도 그 문제나 니즈를 이해한다.

이 작업이 끝나면 고객이 의사 결정 프로세스를 주도하게 놔둔다. 변화에 대한 고객의 저항을 경청하고 인정한다. 정확한 사실과 숫자 혹은 이를 얻는 방법을 준비한다. 마지막으로 자신의 지식을 구매하거나 수용하는 책임을 고객의 몫으로 둔다. 고객을 귀찮게 하거나 압박하지 않는다.

컨설턴트는 자신의 역할이 단순히 제품이나 서비스를 파는 것 이상이라는 점을 안다. 많은 경우 제품이나 서비스의 사용을 지원하는 다른 분야의 지식과 경험을 제공해야만 한다. 미국 주요 이동통신사의 마케팅 담당자인 주디는 자신이 지역 세일즈 담당자일 때 겪은 일을 기억하고 있었다.

한 거래처 담당 임원과 기술지원 팀원이 은행컴퓨터 회사 대표와 만났다. 고객사는 데이터 전송에 크게 의존하는 회사였고 문제가 있었다. 이들은 고객의 말을 듣기보다 방어적인 태도로 문제의 원인이 고객사의 기술 교육이 미흡한 탓이라고 했다. 고객사 대표는 그 담당 임원과 기술지원 팀원을 자신의 사무실에서 쫓아 버렸다.

주디는 고객사 대표에게 전화를 걸고 대표의 사무실에 가서 사과했다. 대표의 문제에 대해 듣고 나서 상황을 분석할 작은 팀을 꾸려 고객사의 전반적 목표와 방향을 정하는 것을 돕겠다고 제안했다. (컨설턴트의 프로세스에서 첫 단계 - 상황 분석) 조사가 완료되자 주디는 고객이 시행할 수 있는 모든 옵션을 고려했다. (컨설턴트의 프로세스에서 두 번째 단계 - 선택지 고려) 그리고 나서 은행컴퓨터 회사의 현재 문제를 바로잡을 뿐 아니라 서비스를 더 효과적으로 마케팅할 수 있는 종합 계획을 고안해 고객사에 권유했다. (컨설턴트의 프로세스에서 세 번째 단계 - 권고하기) 주디가 고객사에 제공한 시스템 정당화the system justification는 대표가 전체 패키지를 사는 동기가 되었다. (컨설턴트의 프로세스에서 네 번째 단계 - 가치 제공으로 행동을 유도하기) 이 결정은 고객사에 이득이 되었을 뿐 아니라, 규모가 큰 데이터 전송 세일즈로 이어졌기 때문에 주디의 회사에도 이득이었다.

컨설턴트는 상황을 분석하고, 선택지를 고려하고, 권고하고, 가치를 제공함으로써 고객이 행동하도록 유도한다. 환자의 상태를 철저히 분석하지도 않고 수술을 권하는 의사처럼 고객의 상황을 이해하지도 못한 채 제품이나 서비스를 권하는 셀러는 유죄다.

시너지 패러다임 시대에 성공하는 셀러들은 자신을 컨설턴트라고 생각한다. 이들은 자신의 성공이 자신의 전문성을 책임감 있는 방식으로 고객과 공유해 고객에 기여하는 능력에 달려 있음을 알고 있다.

셀러는 가치를 창출해야 한다

. . . .

구매자는 가격이 아니라 가치를 산다. 만약 당신의 구매자가 가격이 더 저렴한 경쟁자와 거래하겠다고 한다면, 당신의 제품이나 서비스에서 그 가격 차이를 보상할 만큼의 가치를 찾을 수 없다는 의미이다. 구매결정은 언제나 제품이나 서비스가 구매자에게 제공하는 것과 구매자가 이로 말미암아 포기해야 하는 것(대부분 가격)에 대한 구매자의 인식을 기반으로 내려진다. 즉 구매자는 자신이 지불하는 돈보다 더 높은 가치를 지닌 제품이나 서비스만 구매할 것이다. 가치를 제공하는 상품이나 서비스, 경쟁적인 상황이라면 최고의 가치를 제공하는 상품이나 서비스를 구매할 것이다.

1965년에 출판된 작지만 훌륭한 책《The New Psychology of Persuasion and Motivation in Selling(세일즈를 위한 설득과 동기부여의 심리학)》에는 저자들(휘트니, 휴빈, 머피)이 "가치"를 반영하기 위해 개발한 공식이 실려 있다. 저자들은 이 공식으로 경제적 가치를 나타낼 수 있다고 주장했다.

$$경제적\ 가치 = \frac{품질 + 효용 + 서비스}{가격}$$

'경제적 가치'는 분자인 품질, 효용(어떻게 이용할 것인가), 서비스를 증가시키거나 분모인 가격을 감소시켜야만 증가시킬 수 있다는 점에 주목하라. 이 공식의 핵심은 품질, 효용, 서비스가 당신이 아닌 구매자의 인식이라는 점이다. 따라서 품질, 효용, 서비스에 대한 구매자의 인식을 결정하는 중요한 요소들을 파악하기 위해 구매자에게 질문하고 구매자의 말을 경청하는 것이 필수적이다.

여기서 기억해야 할 것은 당신의 경쟁자가 가격을 깎기 시작할 때, 단지 게임을 계속하기 위해 똑같이 할 필요는 없다는 점이다. 위 공식에서 분자에 대한 구매자의 인식을 개선함으로써 분모를 전혀 건드리지 않고도 경제적 가치를 올릴 수 있다.

⊕ 셀러와 구매자 간 관계의 대표적인 세 가지 유형

  + 일회성 거래

  + 구매결정까지 복수의 소통

  + 지속적이고 장기적인 관계

⊕ 파트너십은 시너지 패러다임의 토대이다. 파트너십은 모든 형태의 셀러-구매자 관계가 발전하는 배경이다.

  + 파트너십은 상호 독립적이라는 특성이 있다.

  + 파트너십은 당신이 파트너의 니즈를 충족시키는 데 전념할 때, 타인에게 서비스를 제공하고 기여하는 것을 즐길 때 발전한다.

  + 파트너십은 개인보다 더 큰 뭔가에 헌신하는 것을 의미한다.

  + 파트너십에는 단일 계약이나 일회성 거래를 넘어서는 미래가 있다.

⊕ 시너지 패러다임의 다섯 가지 운영 원칙

  + '세일즈 단계'로 이루어진 모든 시스템을 버려라.

  + 통제와 압력은 저항을 초래한다.

  + 셀러는 의사결정에 용이한 환경을 조성해야 한다.

  + 셀러는 자신을 컨설턴트로 생각해야 한다.

  + 셀러는 가치를 창출해야 한다.

⊕ 구매자의 의사결정 프로세스 6단계

  ① 충족되지 않은 니즈와 두려움을 파악하고 정의하라.

  ② 대안적 해결책을 제시하라.

  ③ 대안적 해결책을 조사하고 평가한다.

  ④ 선택지를 조사하고 평가하라.

  ⑤ 최고의 해결책을 결정하라.

  ⑥ 결과를 평가하라.

⊕ 다른 사람의 행동을 통제하려 할수록 그 사람과의 관계에서 당신의 영향력은 줄어든다.

⊕ 고객의 태도, 행동, 신념을 바꾸려면 고객에게 옛것에 대한 충성심, 새것에 대한 두려움과 의구심을 표현할 기회가 주어져야만 한다.

ⓢ 컨설턴트는 보통 권한은 없고 오로지 지식과 전문성에서 나오는 영향력에 의존하여 개인이나 조직이 뭔가를 행하는 새로운 방식을 구매하는 과정을 돕는 사람이다.

ⓢ 모든 구매결정의 기본인 경제적 가치는 다음의 공식으로 정의된다.

$$\text{경제적 가치} = \frac{\text{품질} + \text{효용} + \text{서비스}}{\text{가격}}$$

4장

SYNERGISTIC

고객의 말을
효과적으로 경청하는 방법

SELLING

고객의 말을
효과적으로 경청하는 방법

> 누군가와 함께한다는 것은, 편견 없이
> 상대방의 세계에 들어가기 위해
> 잠깐 자신의 관점과 가치관을
> 내려놓는 것을 의미한다.
> – 칼 로저스

시너지 패러다임에서 세일즈의 다섯 가지 운영 원칙을 성공적으로 실행하려면, 먼저 경청하는 법을 배워야 한다. 아마 당신은 개인적인 경험에서 사람들에게 다른 사람이 자신의 말을 경청해 줬으면 하는 깊은 니즈가 있다는 점을 알고 있을 것이다. 이는 인간 행동의 본질이다. 타인이 자신의 말을 경청하고 있다는 느낌이 들면, 듣는 사람에게 호의적으로 반응하고 관계에 새로운 가능성이 열린다.

듣기의 개념에는 듣는다는 물리적 행위 이상의 의미가 내포되어 있다. 메시지 전체를 선입관이나 선입견 없이 해석하고 이해하는 것을 의미한다. 이러한 듣기는 연습과 개발이 요구되는 적극적인 정신적 프로세스다. 상대방이 하지 않은 말을 감지해 한 말 이상을 이해하고 문제의 핵심을 꿰뚫어

봐야 한다.

우리 교육 프로그램 참석자의 95%가 교육을 듣기 전까지 자신을 남의 말을 잘 들어주는 사람으로 생각했다고 한다. 우리 프로그램은 구매자나 타인의 말을 경청하는 것에 대한 이해를 완전히 새로운 차원으로 끌어 올렸다. 그 결과 참석자들은 이 중요한 커뮤니케이션 도구에 대해 훨씬 더 폭넓은 이해와 고난도 기술을 갖추게 되었다. 우리는 이 책을 읽는 많은 독자가 "난 이미 다른 사람의 말을 잘 들어주는 사람인데."라는 생각을 가지고 이 장을 읽기 시작했음을 알고 있다.

다음 예시를 보면서 시작하는 게 좋겠다. 폭스바겐은 최근 "운전의 즐거움"을 바탕으로 한 새 광고 캠페인을 제작했다. 이 캠페인은 폭스바겐의 신차에 대한 새로운 이미지를 심어 주기 위해 고안되었다. 새로운 단어로 흥미를 자극하고 광고 내내 이 단어에 대한 새로운 감정을 불러일으킨다. 사실상 새로운 경험을 정의하기 위해 새 단어를 만든 셈이다. 폭스바겐의 목적은 시청자가 폭스바겐을 운전하는 것과 다른 차를 운전하는 것이 다르다고 느끼게 하는 것이었다. 우리의 목표도 같다. 당신은 현재 당신이 알고 있는 경청에 대한 개념과 우리가 설명할 경청의 수준을 구별하게 될 것이다.

커뮤니케이션 분야의 많은 혁신적 리더들은 수십 년 동안 경청의 가치를 가르쳐 왔다. 이 책의 공동 저자인 톰 고든은 셀러 – 구매자 관계에서 경청의 중요성을 처음으로 인지한 사람 중 하나다. 고든은 전국 세일즈 마케팅 임원 컨벤션Sales and Marketing Executives National Convention에서 이렇게 연설했다.

"이 접근법(경청)을 사용하면 누군가 자신의 말을 들어주는 것에 대한 니즈, 이해받고, 받아들여지고 존중받는 것에 대한 니즈, 자기 주도적으로 행동하고, 결정하며, 책임지는 것에 대한 강한 니즈 등 고객의 기본적 니즈를 일부 충족시킬 수 있다. 이 접근법으로 세일즈 임원들이 '구매 권유'에 덜 신경 쓰고 '구매 요청'에 더 신경 쓰는 날이 올 것인가?"

시너지 패러다임에서 경청은 구매자가 세상을 보는 인식을 이해하고 받아들이는 데 사용하는 기술이다. 셀러가 경청을 하는 이유는 단 하나, 구매자가 인식한 세상을 이해하고 받아들이기 위함이다. 이는 전통적 패러다임에서 경청의 역할에 큰 변화가 일어났음을 나타낸다. 전통적 패러다임에서 셀러는 세일즈 프레젠테이션을 위해 적절한 정보를 얻을 목적으로 경청의 기술을 배운다. 즉 경청은 적절한 질문으로 구매자의 니즈를 파악하고 이를 바탕으로 프레젠테이션을 하기 위함이다. 많은 세일즈 훈련 프로그램에서 이는 '캐묻기'라고 한다. 시너지 패러다임에서 경청은 구매자를 상대로 사용하는 기술이 아니라 구매자를 이해하는 방식이다.

구매자의 시각, 니즈, 우려를 이해하고 받아들이는 것은 결정에 대한 구매자의 염려, 의구심, 두려움, 불안을 인정함을 의미한다. 여기에는 구매자의 입장에서 세상을 바라보고 당신이 약속한 바를 지키지 못했을 때 구매자가 느낄 실망과 좌절감 등을 이해하는 것이 포함된다. 더 나아가, 이미 자신이 내린 결정을 다른 사람이 비판할 때 구매자가 느낄 당혹감을 이해함을 의미한다. 이 정도로 구매자의 관점을 이해하려면 셀러는 자신의 의견, 판단, 변명을 내려놓아야 한다.

당신은 구매자가 걱정하는 바에 관해 솔직히 말해도 괜찮다고 느껴서 최적의 결정을 내릴 수 있는 환경을 조성하길 원한다. 동시에 판단이나 평가를 유보하고 구매자의 '거절'에 방어적으로 대응하거나 '구매 신호'에 공격적으로 반응하는 것도 삼가야 한다. 당신이 구매자의 인식에 관심이 있고 구매자의 관점과 걱정을 이해하고 싶어 한다는 것을 구매자가 느껴야 한다.

전에 언급했듯이, 이런 형태의 경청은 개발되고 연습되어야 한다. 이 장에서 우리는 효과적인 경청을 가로막는 장애물을 살펴보고 효과적인 청자의 특징을 나열해 볼 것이다. 다음 장에서는 셀러 – 구매자 관계에서 중요한 세 영역인 구매자의 니즈 경청하기, 구매자의 변화에 대한 저항을 경청하기, 구매자의 상한 감정을 경청하기에서 어떻게 경청 기술을 적용하는지 볼 것이다.

우리는 왜 잘 경청하지 못하는가?

▪ ▪ ▪ ▪

우리가 더 효과적인 청자가 되지 못하는 네 가지 이유가 있다.

① 경청하는 법을 배운 적이 없다.
② 세일즈가 말하기라고 믿는다.
③ 경청에는 고도의 집중이 요구된다.
④ 우리의 패러다임이 우리가 듣는 것을 왜곡한다.

어떻게 이 각각의 장애물이 우리의 경청 능력과 우리가 구매자와 고객 등 타인의 관점을 이해하는 데 영향을 미치는지 살펴보자.

우리는 경청하는 법을 배운 적이 없다.

랄프 니콜라스는 자신의 저서 《Are You Listening(듣고 있나요)》에서 커뮤니케이션 프로세스에 대한 연구를 요약했다. 연구에 따르면 우리가 커뮤니케이션하는 방법을 분석해 보았더니 글쓰기 9%, 읽기 16%, 말하기 35%, 듣기 40%였다.

학교에 입학하기도 전에 부모님에게 쓰고 읽고 말하는 기술을 배운다. 전체 교육 과정에서 이 기본 커뮤니케이션 기술을 다듬기 위한 과정을 듣고 또 듣는다. 그러나 경청에 대한 교육 과정은 보통 커뮤니케이션이나 심리학의 심화 과정에 포함되어 있을 뿐이다. 효과적인 관계 구축에서 경청의 가치에 대한 활용 가능한 연구의 양이 상당함을 고려할 때 참 딱한 현실이다.

게다가, 타인의 말을 경청하는 롤모델이 존재하는 가정환경에서 자란 사람은 드물다. 살면서 우리는 바른말이나 지혜를 드러내는 말을 할 때 긍정적인 피드백을 받아 왔다. 그러나 경청 기술에 대한 칭찬을 받은 적은 거의 없다. 그래서 교육 중에 세일즈 역할극을 하면 참석자들은 과거 학습한 것을 버리고 구매자의 말을 경청하는 것을 어려워한다. 효과적인 청자가 되는 기술도 사실 일종의 새로운 기술이다. 1950년대 후반이나 1960년대 초반에 들어서야 연구자들은 듣기의 가치와 효과적인 듣기의 특징을 연구하기 시작했다. 지금까지도 관계에서 이 중요한 요소는 보통 간과된다.

우리는 세일즈가 말하기라고 믿는다.

전통적 세일즈 모델에서 성공적인 셀러가 되는 기본 규칙은 좋은 언변과 대화의 주도권을 갖는 것이다. 세일즈 교육은 무슨 말을 해야 하고 어떻게 그 말을 해야 하는가를 기반으로 이루어져 왔다. 매끄러운 세일즈 프레젠테이션, 거절을 극복하는 논리적인 방식, 거래를 마무리하는 힘을 강조했다.

시너지 세일즈 교육에 참여한 수강생들은 이전에 학습된 것을 극복하는 데 어려움을 겪는다. 이는 특히 두 단계로 이루어진 연습에서 드러난다. 첫 번째 역할극에서 참석자는 더 나은 신체 조건을 갖추고 싶어 하는 친구의 말을 그저 듣기만 하라는 요청을 받는다. 청자에게는 특별한 어젠다가 없으며 팔아야 할 물건이나 달성해야 할 결과도 없다. 그래서 새로운 경청 기술을 적용해 볼 합리적인 시도를 한다.

두 번째 역할극에서는 다시 한번 친구의 말을 경청해 달라는 요청을 받는다. 그러나 이번에는 가정용 운동기기를 사도록 친구를 설득하라는 목표가 주어진다. 결과는 놀라웠다. 모든 경청 활동은 즉시 중단되었고 '셀러'는 대화의 주도권을 잡고 목표를 향해 친구를 유도했다. 물론 친구는 곧바로 거부반응을 보였고 셀러의 유도에 저항했다. 시너지 패러다임의 주요 원칙이 어떻게 적용되고 세일즈에는 설득의 힘이 요구된다는 기존의 신념이 어떻게 잘못됐는지 보여 주는 예시였다.

경청에는 고도의 집중력이 요구된다.

대부분의 사람들은 집중하는 데 어려움을 느낀다. 사실, 동시에 여러 가지 일을 하는 데 자부심을 느끼는데, 이는 실질적으로 집중을 방해한다. 일반적인 사람은 말하는 속도보다 사고하는 속도가 네 배에서 다섯 배 정도 빠르다는 사실을 아마 알고 있을 것이다. 이는 우리에게 동시에 여러 가지 생각을 할 수 있는 정신적 능력이 있으며 누군가 말하고 있을 때도 많은 사람들이 다른 여러 가지 생각을 한다는 것을 의미한다. 다음에 무슨 말을 할지 계획하고, 내일 예정된 상사와의 미팅에 대해 생각하고 화자의 옷이나 말을 평가하고 화자의 의견에 동의할지 말지 마음을 정한다.

안타깝게도 많은 셀러가 전략을 생각하며 다른 사람의 말을 듣는다. 세일즈하기 위해 필요한 정보를 선별적으로 듣는다. 자신이 찾는 구매 신호가 감지되지 않으면 원하는 정보를 얻기 위해 캐묻기를 시작한다. 전략에 집중하며 마음을 쏟을 동안 셀러는 구매자가 의사결정 프로세스의 어느 단계에 있는지 이해할 기회를 계속해서 놓치는 셈이다.

셀러는 대화를 주도하려고 다음에 무슨 말을 할지 생각하거나 구매자가 하는 말에 대한 반박을 준비한다. 어떤 질문을 해야 전략을 펼치는 데 필요한 정보를 끌어낼 수 있을지 고민한다. 이런 셀러에게 셀러-구매자 관계는 체스 게임이며 이들은 구매자가 말하는 동안 거의 항상 다음 수를 계획하고 있거나 전략을 수정하고 있다.

그래도 충분하지 않으면 다른 사람이 하는 말을 판단하거나 평가하고 있다. 어떤 말을 들으면 그것이 맞는지 틀렸는지 판단하고 평가한다. 자신이 타인과 대화할 때 상대방을 이해하고 상대방의 신념을 받아들이기보다 상대방의 말에 동의하는지, 하지 않는지를 더 많이 말하지 않는지 잠시 생각해 보라.

우리의 패러다임은 우리가 듣는 것을 왜곡한다.

패러다임은 우리의 과거에 의해 형성되는데, 우리는 이 패러다임이라는 필터를 통해서 인생을 경험한다. 우리는 대화를 할 때 과거의 경험을 가져온다. 누군가를 처음 만날 때도 과거의 유사한 상황을 불러온다. 과거의 경험은 일종의 필터로 작용해 우리가 듣는 상대방의 메시지를 왜곡시킨다. 과거의 울림이 현재의 소리를 삼켜 버린다.

여기 이 문제를 보여 주는 한 참석자의 사례가 있다.

최근에 나는 새집으로 이사 가는 친구를 도왔다. 차고 앞에 서 있을 때, 친구가 "빌(양아버지)한테 와서 선반 달아 달라고 할게."라고 말했다. 빌은 집 안 손질을 잘하는 사람이었고 예전에도 친구를 여러 번 도와줬다는 점을 고려할 때 아무런 의미가 없는 말이었다. 하지만 나는 일생 동안 그런 일에 서툴다는 말을 들어 왔고 실제로도 그랬다. 솔직히 그런 재주가 있는 사람들이 부러웠다. 과거 경험 때문에 친구가 그 말을 했을 때 "너는 물건 고치는 일 서투니까 빌에게 와서 해 달라고 할게."라는 말로 들렸다. 나를 비난하는 듯해서 화가 났다. 내 필터가 친구의 말을 완전히 왜곡한 것이다.

여기 비즈니스 환경을 배경으로 하는 다른 사례가 있다. 최근 우리 세미나에서 한 젊은 여성이 자신의 관리자가 커뮤니케이션할 때 사용하는 어조가 불만이라고 했다. 뭐가 마음에 들지 않느냐는 질문에 그 여성은 망설이지 않고 "두 살 때 엄마가 저한테 썼던 말투랑 똑같은 말투로 말해요!"라고 했다. 관리자의 어조가 엄마를 상기시키는 바람에 경청에 방해가 된 것이다.

구매자와 소통할 때마다 과거에 있었던 해당 구매자와의 모든 경험이 커뮤니케이션 프로세스에 영향을 미친다. 구매자의 성별, 인종, 입는 옷에 대한 당신의 신념은 물론, 심지어 구매자의 직급까지 구매자의 말을 듣는 당신의 태도에 영향을 미친다. 핵심은 사전에 설치된 당신의 필터가 어떻게 현재 상황에 영향을 미치는지 깨닫는 것이다. 이러한 자각은 당신이 그 필터의 통제에서 벗어나도록 도와줄 것이다.

효과적인 청자의 기술

. . . .

자신이 남의 말을 잘 듣는 사람이라고 생각했던 참석자들을 기억하는 가? 우리의 교육 프로그램을 들으며 해당 참석자들은 어떤 사람이 진짜 효과적인 청자인지 배울 것이다. 경청 기술을 배우는 가장 쉬운 방법은 이 기술을 세 가지 즉 적극적 행동, 수동적 듣기, 적극적 듣기로 분해해 보는 것이다.

적극적 행동

적극적 행동은 타인의 말에 당신이 주의를 기울이고 있음을 보여 주는 비언어적 커뮤니케이션으로 구성된다. 주로 직접 눈을 맞춘다든지 개방적인 자세를 유지하는 것이 포함된다. 이러한 신체 언어 기법은 상당히 간단한데도 화자에게 지대한 영향을 미친다. 당신이 누군가에게 얘기하고 있는데 상대방이 책상에서 다른 일을 하거나, 사무실에 있는 다른 사람을 관찰하거나, 보고서를 읽어서 좌절감을 느꼈던 경험이 한 번쯤 있을 것이다. 안타까운 것은 청자가 전적으로 주의를 기울이는 것을 간과해 커뮤니케이션 프로세스가 손상될 때가 많다는 사실이다.

수동적 듣기

여기에는 침묵, 인정, 말문을 열게 하는 말door openers 등이 포함된다. 하나씩 살펴보도록 하자.

침묵. 침묵은 근본적으로 중요하다. 당신이 말하고 있으면 상대방은 말할 수 없다. 침묵은 당신이 화자에게 집중하고 있음을 보여 주고 판단하거나 방어적인 반응을 삼가게 하며 상대방에게 계속해서 말하라는 가벼운 압박을 주므로 그 자체로 매우 강력한 도구가 될 수 있다.

가장 침묵하기 좋을 때는 타인이 계속해서 생각이나 감정을 쏟아 낼 때, 깊은 생각에 잠긴 듯 보일 때, 강한 감정을 느끼는 듯 보일 때다. 예를 들어 상대가 어떤 것에 대해 반추하느라 잠시 멈출 때 좋은 청자는 침묵을 지키면서 상대방의 생각을 방해하지 않고 기다려 준다.

다음 이야기를 살펴보자. 밥은 큰 잡지사의 성공한 광고 셀러로 말을 잘하고 프레젠테이션에 능숙한, 기존 패러다임에서 매우 성공적인 사람이었다. 교육 프로그램에서 경청 기술 습득에 서투른 듯 보였지만, 교육이 끝나고 이틀 후에 내게 전화를 걸어 전날 오전에 고객과 미팅이 있었다고 알려 주었다.

보통 때라면 끼어들어서 자신의 지혜와 전문성을 공유했을 상황이 여러 차례 있었지만 이번 미팅에서 밥은 그저 혀만 깨물었다. 덕분에 대화가 계속 이어졌고 다른 사람들이 전보다 더 대화에 기여할 수 있었다. 그 과정에서 새로운 정보가 수면 위로 떠올랐다. 문을 나서는데, 이사가 밥의 어깨에 손을 얹고는 "오늘 오전에 밥 씨가 우리 말을 경청했다고 했을 때, 내가 맞는 말을 한 것 같네요. 그쪽 회사에 기회를 줘 볼 생각입니다."라고 했다. 그저 혀만 깨물었을 뿐인데!

인정. 대화를 독려하는 훌륭한 방법은 대화를 인정하는 것이다. 고개 끄덕이고 몸을 앞으로 기울이는 행동이나 "아하!", "아, 그렇군요.", "맞아요.", "네.", "정말.", "그건 어때요?" 등의 표현이 여기에 해당한다. 이러한 인정의 표현은 당신이 상대방의 말을 듣고 있을 뿐 아니라 신경 쓰고 있음을 보여준다. 상대방의 말을 평가하지 않는 것도 똑같이 중요하다. 그래서 "그거 좋네요.", "좋아요.", "당신이 맞아요." 등의 반응은 삼가야 한다.

말문을 열게 하는 말. 단어가 암시하듯이, 고객이 자신의 니즈, 욕구, 걱정에 대해 자유롭게 이야기하도록 유도하는 청자의 반응을 의미한다. 효과적인 도구에는 다음 표현들이 있다.

"더 자세히 얘기해 주세요."

"지금 하시는 말씀을 이해하도록 도와주세요."

"어떻게 생각하시는지 듣고 싶네요."

"당신이 ~에 대해 어떻게 느끼는지 듣고 싶습니다."

말문을 열게 하는 말은 대화의 흐름이 끊기지 않게 한다. 유도하는 질문이 아니다. 특정한 반응을 유도하는 질문은 대화가 구매자의 니즈나 셀러의 니즈를 벗어나게 만든다. 예를 들어 "~라고 생각하지 않으세요?" 혹은 "~하지 않으실래요?" 등의 질문은 구매자가 보통 자신을 조종하려 한다고 인식하는 질문으로 커뮤니케이션의 흐름을 방해한다.

적극적 듣기

그러나 수동적 듣기로는 당신의 새로운 목표 중 일부만 달성해 줄 것이다. 구매자가 당신에게 요청하는 바가 무엇인지 정확히 알려 주는 수준의 듣기가 있다. 바로 "적극적 듣기"다. 이 기술을 이해하기 위해 인간의 커뮤니케이션이 이뤄지는 방식 즉 한 사람이 다른 사람에게 메시지를 보내려고 시도할 때 일어나는 심리 역학dynamics을 살펴보자. 동그라미는 메시지를 보내려는 니즈가 있는 구매자를 나타낸다.

구매자

니즈

구매자에게 메시지를 보내려는 니즈가 있고 내부에서 뭔가가 일어나고 있다. 구매자는 자신이 느끼는 감정을 전하고 싶어 한다. 이 예시에서 구매자는 늦은 배송으로 감정이 상한 상태다.

구매자

늦은 배송으로
감정이 상함

많은 경우 구매자는 무엇이 잘못되었는지 직접적으로 표현하지 않고 자신의 감정이나 니즈를 나타내는 메시지를 보낸다.

아래가 암호화 프로세스다.

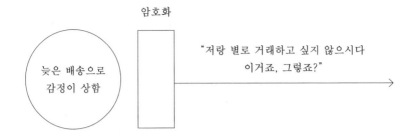

암호화

"저랑 별로 거래하고 싶지 않으시다
이거죠, 그렇죠?"

늦은 배송으로
감정이 상함

　모든 암호화된 메시지는 언어(말)와 비언어(어조, 표정이나 자세) 두 부분으로 구성됨을 기억하는 게 중요하다. 더 나아가 대부분의 메시지는 첫 번째, 생각, 아이디어, 지식 혹은 데이터(사실) 그리고 두 번째, 감정, 태도, 정서, 해당 사실들과 관련된 가치관(감정)이라는 형태의 정보를 포함한다. 신중한 청자는 진정한 이해를 위해 이 두 요소를 주의 깊게 살펴야 한다.

　메시지가 전달되고 나면, 수신자는 메시지를 이해하기 위해 해독을 해야만 한다.

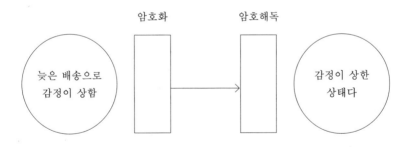

"저랑 별로 거래하고 싶지 않으시다 이거죠, 그렇죠?"

암호화　　　　　　암호해독

늦은 배송으로
감정이 상함

감정이 상한
상태다

　이 경우, '감정이 상한 상태'라는 구매자의 메시지를 누구나 제대로 해독할 수 있다. 그러나 청자가 메시지를 통해 받은 인상을 구매자와 공유하지 않으면 구매자는 자신의 말이 잘 전달됐는지 확실히 알 수 없다. 적극적인 청자는 구매자에게 피드백을 제공해 커뮤니케이션의 빈틈을 메운다.

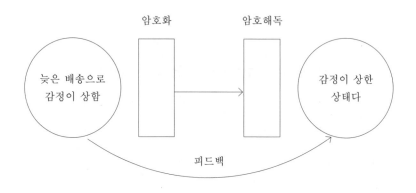

"저랑 별로 거래하고 싶지 않으시다 이거죠, 그렇죠?"

암호화　　　　　암호해독

늦은 배송으로
감정이 상함

감정이 상한
상태다

피드백

"저희 때문에 감정이 상하셨군요."

　이제 구매자에게는 자신이 정말 우려하는 것이 무엇인지 더 정확하게 표현할 기회가 생겼다. 더 나아가, 메시지의 송신자가 피드백(상대방이 받는 메시지에 대한 인상)을 받으면, 자신이 방금 한 말에 대해서 더 깊이 생각해 보는 데 도움이 된다. 보통 이는 문제가 더 완전히 드러나도록 한다. 무슨 일이 벌어지고 있는지 이해하고 나면, 문제를 바로잡거나 사안을 해결할 수 있다. 예를 들어, 이 상황에서 구매자는 이제 "당연하죠. 배송이 늦어서 생산라인에 큰 문제가 생겼어요."라고 말할 것이다.

　적극적 듣기는 배우기 까다로운 기술이다. 상대방이 무슨 말을 하는지 완전히 집중해야 한다. 많은 경우 상대방이 말하지 않은 것까지 감지해야 하고 메시지에 담긴 비언어적 요소에 더욱 민감해져야 한다. 메시지에 담긴 기분이나 감정까지 고려하는 것도 이 기술에 포함된다. 많은 사람이 이런 것을 불편해하지만, 여기에 적극적 듣기의 진정한 힘이 있다.

적극적 듣기는 시너지 관계를 구축하는 데 사용하는 매우 강력한 도구다. 적극적 듣기로 대응함으로써 당신은 듣고 있는 정보를 명확하게 이해해 구매자의 생각과 메시지를 확실히 이해했음을 증명한다.

다른 효익도 있다. 적극적 듣기에는 상대방에 대한 판단이나 평가가 들어 있지 않기 때문에 상대방은 당신이 자신의 말을 수용했으며 당신을 더 안전하다고 느끼고 신뢰할 확률이 높다. 적극적 듣기는 구매자의 말을 경청하고 구매자의 니즈에 관심을 기울이겠다는 당신의 의지를 보여 주고 결과적으로 구매자 또한 같은 시간을 들여 당신의 말을 들을 확률을 높인다. 게다가 적극적 듣기 기술을 사용하면, "상대방이 말하지 않은 것"까지 파악할 수 있어 상대방을 더 잘 이해하게 된다. 들은 말보다, 더 실질적인 메시지의 의미를 이해할 수 있게 된다.

그러나 적극적 듣기는 오용되어 청자나 화자에게 실망을 안길 수도 있다. 효과적인 적극적 듣기를 위한 지침이 있다. 적극적 듣기가 가장 효과적일 때는 다음과 같다.

---

① 상대방이 감정이 상했거나 걱정하고 있을 때.

② 상대방이 자신의 우려에 관해 말하고 싶어 하는 조짐이 보일 때.

③ 진심으로 상대방과 상대방이 말하는 문제를 수용하고 싶을 때. 문제에 관심이 없거나 문제에 관한 이야기가 즐겁지 않더라도 듣는 것은 괜찮다고 느낄 때.

④ 때와 장소가 적절해 보일 때. 예를 들어 5분을 남겨 두고 심각한 문제에 대해 들으려고 하지 마라.

다음의 경우에는 적극적 듣기를 활용하지 마라.

---

① 위의 상황 중 어떤 상황도 아닐 때. 특히 첫 번째 경우가 아닐 때의 적극적 듣기는 상당히 심기 불편하고 시간 소모적일 수 있다. 늘 적극적으로 듣는다면, 즉 이런 반응을 계속해서 보인다면 진심으로 대하기보다 어떤 기법을 사용하는 것처럼 상대방은 느낄 수 있다.

② 상대방에게 사실, 정보, 또는 다른 형태의 구체적인 도움이 필요할 때. 누군가 화장실이 어디냐고 물을 때, "하복부에 상당한 압박을 느끼시는군요!"라고 반응하지 말라는 거다. 마찬가지로 구매자가 제품, 가격, 회사 등에 관한 정보를 요청할 때는 그저 구매결정을 하는 데 필요한 정보를 주면 된다.

개발해야 할 습관

우선, 적극적 듣기를 매번 같은 방식으로 수행하지 마라. 그러면 자칫 단조로워질 수 있을 뿐 아니라 진심 어린 관심을 보이는 게 아니라 그저 기계적인 기법을 사용하는 듯한 인상을 줄 수 있다. 자신이 들은 말을 이해했다는 확신이 들 때 사용할 수 있는 문구가 몇 가지 있다.

"당신이 느끼시는 바는~."
"제가 이해한 바는~."

"당신의 관점은~."

"당신이 생각하는 바는~."

"당신의 입장은~."

"제가 이해하기로는~."

"당신이 보시기에는~."

"당신이 ~라고 하신 것을 잘 알았습니다."

"당신이 의미하는 바는~."

자신이 상대방의 말을 이해했는지 확신이 서지 않을 때는 다음과 같이 표현하면 좋다.

"~라고 말씀하시는 거 같은데."

"~인지 모르겠네요."

"~라고 하시는 거 같군요."

"제가 잘 이해하고 있는 건지 잘 모르겠지만…."

"제가 잘못 이해했으면 말씀해 주세요, 그러니까…."

"~가 가능한가요?"

"제가 잘 이해했는지 봐 주세요, 그러니까…."

두 번째로, 모든 경우에 적극적인 듣기가 요구되는 것은 아니다. 때로는 침묵, 인정, 말문을 열게 하는 말처럼 수동적 듣기 기술을 사용할 필요가 있다. 예를 들어, 상대방이 자신의 감정에 대해서 아주 명확하게 표현했을 때, '아~'라는 인정의 표시가 말로 하는 응답보다 더 적절할 수 있다.

적극적 경청술을 숙달하는 것은 자신의 어젠다를 내려놓고 상대방의 관점에서 세계를 이해함을 의미한다. 칼 로저스는 자신의 저서 《사람 중심 상담A Way of Being》[1]에서 적극적 청자의 존재 방법을 다음과 같이 정의했다.

> 타인과 공감적으로 존재하는 방식에는 여러 가지 측면이 있다. 타인의 사적인 지각의 세계에 들어가 자기 집인 듯 익숙해지는 것을 의미한다. 여기에는 타인의 내부에 흐르는 감정, 두려움, 분노, 애정, 혼란 등의 감정에 매 순간 민감하게 반응하는 것이 포함된다. 이는 일시적으로 상대방의 삶에 거하는 것, 판단하지 않고 그 속으로 섬세하게 들어가는 것을 의미하며, 상대방도 잘 인지하지 못하는 의미를 감지하되, 완전히 무의식적인 감정을 들춰내려 해서는 안 된다. 그러면 지나치게 위협적이기 때문이다. 여기에는 상대방이 두려워하는 요소들을 신선하고 겁 없는 눈으로 바라보면서 당신이 이해한 상대방의 세계에 대해 소통하는 것도 포함된다. 이는 당신이 이해한 바가 정확한지 상대방과 계속 확인하고, 상대방의 반응에 안내받는 것을 의미한다. 상대방의 내밀한 세계에서 신뢰받는 동반자가 되는 것이다.

이 수준의 듣기를 하는 데 가장 큰 장애물은 당신의 신념과 필터다. 적극적 듣기를 설명하는 데 사용되는 커뮤니케이션 프로세스의 도식에서, 두 상자는 암호화와 해독이라고 표시되어 있다. 이 상자들은 우리의 필터 시

---

1 칼 로저스, 《사람 중심 상담》, 오제은, 학지사, 2007

스템과 패러다임을 그림으로 나타낸다. 우리가 다른 사람의 말을 들을 때, 우리의 필터는 원문 메시지를 왜곡할 수 있다.

의약품 공급 회사의 예를 보자. 셀러와 전화를 하던 의사가 이렇게 말했다. "제인, 다음 주에 다시 오실 수 있나요? 한 시간 내에 수술이 있는데 늦어서요." 단순하고 직접적인 메시지였지만 제인의 귀에는 다르게 들렸다. 제인의 경험으로 의사들은 자존심이 세서 셀러에게 결코 시간을 내주는 법이 없었다. 그래서 제인은 의사의 메시지를 자신과의 약속을 연기하는 것, 즉 자신이 중요한 사람이 아니라고 말하는 것으로 알아들었다.

제인에게 의사가 정말 그런 의미로 말했는지 아닌지는 중요하지 않았다. 이미 이전의 경험을 통해서 제인은 자신의 의견을 더 강력히 밀어붙이기로 결정했다. 제인이 만들어 낸 메시지가 스트레스를 유발하고 의사와의 관계를 위태롭게 하고 있었다.

우리의 어젠다가 방해를 하면 어떤 일이 벌어지는지 보여 주는 예가 또 있다. 우리의 워크숍에 참석한 폴은 자신에게 좌절감을 주고 근심을 심어 주는 문제가 하나 있다고 했다. 폴은 컴퓨터 그래픽 회사에서 소프트웨어 엔지니어들을 관리하는 사람이었다. 엔지니어들은 고객사의 소프트웨어가 고장이 날 때마다 고쳐야 할 책임이 있었다. 당연히 시간이 중요했기 때문에 엔지니어들은 모두 무선 호출기를 지니고 다녔다. 어느 날 주요 고객의 컴퓨터 시스템이 고장 났는데, 무선 호출기 요금이 밀린 탓에 작동하지 않았다. 담당 엔지니어와 연락이 닿지 않고 시간이 지연되면서 문제는 심각해졌다.

퍼실리테이터(워크숍 리더)는 적극적 듣기 기술을 보여 주기 위해 폴에게 다음과 같이 질문했다.

폴	저는 감정이 너무 상해서 무슨 일이 있었고 왜 요금이 밀렸는지 알아보기 위해 직접 뉴욕 본사에 전화를 걸었습니다.
퍼실리테이터	몹시 화가 나 있었군요.
폴	당연하죠. 그런데 더 화가 난 건 그다음이었어요.
퍼실리테이터	(고개를 끄덕이며) 계속 말씀해 보세요.
폴	회사의 현금 유동성이 좋지 않아서 모든 송장의 결제가 120일 주기로 설정돼 있다고 들었거든요. 그리고 저희 문제는 별로 중요한 문제가 아니었던 거죠.
퍼실리테이터	말도 안 돼요! 협력사에 미리 말할 수 있게 왜 폴 씨에게 알리지 않았죠?
폴	모르겠어요.
퍼실리테이터	그럼, 모든 협력사에 해당하는 건가요?
폴	그렇게 들었어요.
퍼실리테이터	글쎄, 누가 그런 결정을 한 거죠?

이때 교실에서 한두 명이 키득거리기 시작하자 무슨 일이 벌어졌는지 파악하려고 우리는 역할극을 멈추었다. 그제야 퍼실리테이터는 자신의 태도가 완전히 바뀌었음을 알아차렸고 폴도 변화를 감지했다. 폴은 대화가 갑자기 자신과 자신의 문제에서 벗어났음을 느꼈다. 퍼실리테이터는 무슨 일이 벌어졌는지 깨닫고 그것을 그룹과 공유했다. 폴이 모든 송장의 결제 주기가 120일로 설정되어 있다고 말했을 때, 퍼실리테이터는 책상 위에서 뒹굴고 있던 해당 송장(자신의 급여)을 보고 감정이 상했다. 그는 자신의 어

젠다 때문에 더 이상 폴의 문제를 경청할 수 없었다.

이 실례는 세일즈에서의 패러다임 전환이 왜 중요한지 보여 준다. 당신이 대화를 통제하고 주도하는 전통적이고 적대적인 세일즈 모델의 세계에서 산다면, 항상 머릿속에서 세일즈를 마무리하기 위해 필요한 전략과 전술을 고안하고 있을 것이다. 구매자와 세계를 보는 구매자 고유의 인식을 이해하는 것이 가장 중요한 목표임을 인지하고 나서야 듣기 기술에 통달할 수 있을 것이다. 솔직히 말하면 그래야만 당신의 제품과 서비스를 어떻게 구매자의 니즈에 맞출지 알 수 있다.

적극적 듣기는 청자가 자신의 말을 잘 들어 주고 자신을 이해하고 있음을 화자가 느낄 기회를 제공한다. 그 결과 화자는 상황을 이야기하는 데 편안함을 느끼고 결국 진짜 문제가 수면 위로 드러나게 된다. 여기 대부분의 셀러가 방어적으로 변할 수 있는 세일즈 상황에서 어떻게 진심으로 고객의 관점에 대해 듣고 이해하는지 보여 주는 예가 있다.

고객   짐, 와 주셔서 감사합니다. 짐 씨와 고객지원팀 때문에 제가 감정이 많이 상했다고 말해야겠네요. 지금 상황이 미쳐 돌아가고 있고요, 짐 씨 회사 시스템 문제 때문에 전부 저한테 소리를 질러대고 있어요.

셀러   밥, 이런 일을 겪게 해서 죄송합니다. 설치하는 데 골치 아픈 문제가 생겼군요.

고객   네 그래요, 그리고 지원팀에서 아무런 대답도 듣지 못했습니다. 지금 운영이 어떻게 되어 가고 있는지 전혀 신경 쓰지 않는 눈치더군요.

셀러 　밥 씨의 니즈에 전혀 신경을 쓰지 않는다고 느끼시는군요. 조금 더 자세히 설명해 주시겠습니까?

고객 　전혀 신경 쓰지 않아요. 어제 시스템에 입력할 물량이 몰렸고, 입력하기 전에 검토를 했어요. 악몽 같은 서류작업이었죠. 시스템이 너무 느려서 저희 직원들은 문제가 있다고 확신했어요. 샘이 밥 씨네 회사에 전화를 걸어서 확인해 달라고 요청했는데, 엔지니어를 보내지도 않고 오늘 안으로는 괜찮아질 거라고 말했다더군요. 샘이 감정이 상해서 우리 상사한테 달려들었고, 저한테는 뭐라고 했을지 상상이 가시죠. 샘은 이 시스템에 의구심을 갖고 있어서 어제 같은 상황이 벌어질 때마다, 자기주장을 내세울 때 근거로 사용해요.

셀러 　걱정하시는 게 당연하네요. 새 시스템을 구매하려고 애쓰셨는데, 문제가 있을 때마다 신용이 위태로워지는 것처럼 느끼시죠?

고객 　맞아요, 짐. 어떻게 지원팀이 할 일을 제대로 하게 만드실 건가요?

셀러 　저희에게 답변을 기대하시는군요. 제가 보기에 저희가 살펴봐야 할 이슈는 먼저, 교육이 좀 더 필요해 보입니다. 샘의 직원들이 평소보다 많은 입력값을 돌렸을 때 근본문제가 드러났어요. 시스템이 정상적으로 작동한다고 가정할 때 무슨 일이 벌어진 건지 살펴봐야 합니다. 두 번째로, 저희 대응 시간에 문제가 있다고 이해했습니다. 제 생각엔 샘과 저희 직원들이 만나서 양측의 니즈를 명확히 파악하고 모두가 수용할 수 있는 지침을 마련하는 게 좋겠어요. 세 번째는 상사분에 대한 걱정이군요. 상사분의 신뢰와 지원을 얻지 못한 건 사실입니다. 상사분의 이슈도 해소해서 신뢰와 지원을 얻고 싶습니다. 그럼 앞으로 짐 씨의 스트레스가 훨씬 줄어들 거예요. 지금 상황에서 합당한 대응이 맞는다고 보시나요?

고객   물론이죠. 당장 시작합시다.

이 상황에서, 방어적인 대응은 커뮤니케이션의 흐름을 방해하고 짐과 밥이 핵심 이슈에 접근하지 못하게 막았을 것이다. 만약 짐이 밥에게 다음과 같은 전형적인 세일즈 대응을 했다면 대화가 어떻게 달라졌을지 상상해 보라.

고객   짐, 와 주셔서 감사합니다. 짐 씨와 고객지원팀 때문에 제가 감정이 많이 상했다고 말해야겠네요. 지금 상황이 미쳐 돌아가고 있고요, 짐 씨 회사 시스템 문제 때문에 전부 저한테 소리를 질러대고 있어요.

셀러   밥, 놀랍지도 않네요. 직원 교육을 더 해야 한다고 말씀드렸잖아요.

또는,

고객   짐, 와 주셔서 감사합니다. 짐 씨와 고객지원팀 때문에 제가 감정이 많이 상했다고 말해야겠네요. 지금 상황이 미쳐 돌아가고 있고요, 짐 씨 회사 시스템 문제 때문에 전부 저한테 소리를 질러대고 있어요.

셀러　　걱정 마세요, 밥. 어떻게 된 건지 저한테 말씀해 주시면, 당장
　　　　해결해드릴게요.

또는,

고객　　짐, 와 주셔서 감사합니다. 짐 씨와 고객지원팀 때문에 제가 감
　　　　정이 많이 상했다고 말해야겠네요. 지금 상황이 미쳐 돌아가고
　　　　있고요, 짐 씨 회사 시스템 문제 때문에 전부 저한테 소리를 질
　　　　러대고 있어요.
셀러　　밥, 문제가 발생해서 정말 유감입니다. 오늘 세 번째 접수한 불
　　　　만이네요. 저희 회사 직원들이 대체 뭘 하고 있는지 모르겠어요.

위 시나리오에서 네 가지 대응 모두 적극적 듣기를 활용해 셀러가 자신
의 말을 경청하고 이해하고 있다는 사실을 밥에게 확인시켜 주고 있다. 첫
번째 시나리오의 마지막 반응에서 짐은 잠시 전체 대화를 요약해 밥과 같
은 생각임을 확인시켜 준다. 그런 다음 해결책을 제시하기 시작한다.

그 결과 짐은 정보를 명확하게 정리하고, 밥에게 자신이 관심을 기울이
고 있으며 밥의 문제가 초래한 결과들을 이해하고 있음을 보여 준다. 게다
가, 밥의 상사와의 이슈를 포함해 모든 문제를 꺼내는 데도 성공했다.

전형적으로, 처음으로 나타난 문제는 중점적인 이슈가 아니며, 청자는
화자가 모든 감정을 쏟아내고 모든 이슈를 꺼내기 전까지 반드시 판단, 평
가, 해결책 제시를 미루어야 한다. 이 예시에서 대화가 시스템의 작동 문제
에서 시작했다가 고객지원팀의 대응 부족 그리고 자신에 대한 상사의 신뢰

하락에 대한 염려로 이동했다는 사실에 주목하라. 이는 확실히 밥에게 핵심 이슈다. 스스로 이 정도의 정보를 말하는 것은 화자가 당신이 화자의 편이며, 화자의 관점에서 상황을 이해한다고 느낄 때 가능하다. 이후 협업적 문제해결이 시작된다. 전통적 세일즈 대응법이 사용될 때 이런 일은 결코 일어나지 않는다.

세 가지 수준의 듣기를 파악하고 정의함으로써 지속적으로 커뮤니케이션 기술을 개발하는 것의 중요성을 더 잘 이해하게 될 것이다. 경청이 새로운 패러다임에서 필요한 기술이라는 사실을 인지하라. 듣기 기술을 통달하면 세일즈에 성공할 확률이 크게 높아질 뿐 아니라 다른 사람들과 더 효과적으로 관계를 맺음으로써 얻는 기쁨과 만족도 더욱 커질 것이다.

- 듣기는 타인과 시너지 관계를 구축하는 데 필수적인 도구다.

- 우리가 효과적으로 듣지 못하는 네 가지 이유
  + 듣는 법을 배우지 않는다.
  + 세일즈가 말하기라고 믿는다.
  + 듣기에는 고도의 집중이 요구된다.
  + 우리의 패러다임이 우리가 듣는 말을 왜곡한다.

- 효과적인 청자의 세 가지 기술
  + 비언어적 듣기를 포함한 적극적인 행동
  + 침묵을 포함한 수동적 듣기, 인정하기, 말문을 열게 하는 말
  + 적극적 듣기 – 메시지에 대해 당신이 인식한 바를 다른 말로 바꾸어 표현하기

- 적극적 듣기는 송신자의 메시지에 들어 있는 사실과 감정에 대해 당신이 이해한 바를 포함한 답신을 보내는 것이다.

- 적극적 듣기는 상대방에게 당신이 상대방의 말을 듣고 이해했음을 알려 주기 때문에 관계 구축의 매우 강력한 도구다.

5장

경청을 통해
판매 실적 개선하기

SYNERGISTIC

SELLING

경청을 통해 판매 실적 개선하기

1장에서 우리는 고객과 협상하는 자리에서 강경한 입장을 고집한 경영진 때문에 매해 4백만 달러를 벌어다 주던 고객을 놓친 항공사 이야기를 했었다. 결과적으로 해당 고객은 이듬해 다른 항공사와 계약을 했다. 고객의 말을 경청하는 성향이 타고난 셀러관리자이면서 시너지 세일즈 교육 프로그램에서 자신의 기술을 더욱 연마한 존은 그해 해당 고객을 담당하는 지역으로 발령받았다.

존은 해당 고객사와 접촉해 주요 인물들로부터 불만을 들었다. 존은 '속마음을 털어놓는' 대화를 유도했다고 한다. 존의 회사는 여러 이유로 비난을 받았고 일부는 사실이 아니었지만 존은 그저 듣기만 했다. 방어적인 태도를 취하거나 고객사를 탓하지 않았다. 고객사의 말이나 행동에 대해 어떤 요구도 하지 않았다. 솔직한 소통이 매끄럽게 이어지자 고객사의 감정과 불안감은 사라졌다. 고객사는 존이 진심으로 자신의 관점을 이해한다고 느꼈다. 존은 고객사와 새 계약을 체결하고 고객사와의 관계와 동시에 4백만 달러의 수입도 회복했다.

타인의 말을 충분히 들으면 어떤 답을 할지 준비할 수 있다. 타인과 그 세계에 대해 알게 되는 기회를 얻을 뿐 아니라 상대방의 관점을 이해하고 수용하려는 당신의 의지도 보여 주게 된다. 이는 해당 관계에 대한 역할 모델을 제공해 주고, 상대방에게 당신의 관점도 기꺼이 이해하고 받아들이게 할 것이다. 한편, 당신이 자신의 말을 잘 듣지 않거나 이해하지 못한다고 느낄 때 상대방은 자신의 말을 이해시키고 입장을 방어하거나 철회하는 데 더욱 집중하는데, 당신이 자신의 말에 관심이 없다고 느끼기 때문이다. 그러면 결과적으로 화자는 당신의 말을 듣지 못하거나 신경 쓰지 않게 된다.

당신이 먼저 상대방의 니즈와 염려에 귀 기울이지 않으면, 당신의 아이디어, 문제에 대한 해결책, 제품과 서비스에 대한 정보 역시 상대방의 귀에 들어가지 않는다. 세일즈를 할 때, 뭐든 다 아는 체하는 사람이 되느냐, 필요한 지식을 제공해 주는 사람이 되느냐는 언제 지식을 공유하느냐에 달려 있다. 구매자는 당신이 얼마나 신경을 쓰고 있는지 확인하기 전까지 얼마나 많이 아느냐에는 신경 쓰지 않는다.

셀러-구매자 관계에서 효과적인 듣기 기술이 반드시 필요한 세 가지 경우가 있다. 첫째, 구매자가 충족되지 않은 니즈와 두려움을 표현할 때 둘째, 변화에 대한 저항을 표현할 때 셋째, 불만이나 문제를 제기할 때다.

구매자의 충족되지 않은 니즈와 두려움 경청하기

· · · ·

이 단계는 나머지 프로세스의 기본이면서 관계를 만들 수도 깨뜨릴 수도 있다. 초반에 구매자는 자신의 구매결정에 영향을 미치는 요소들을 처리한다. 이 중 많은 요소가 구매결정과 관련 있는 패러다임이나 신념 체계에 무의식적으로 영향을 받는다. 결과적으로 구매자들은 하나같이 다 자동조종 장치에 제어되는 듯 보인다. 패러다임이 결정의 경계를 정의하고, 그 경계 내에서 수용 가능한 것만 수용할 것이다.

전통적 세일즈 모델에서 셀러는 구매자의 니즈를 캐묻는다. 자신의 세일즈 프레젠테이션에서 총알로 사용할 정보를 캐내기 위한 질문을 한다. 즉 캐묻는 과정은 프레젠테이션에 필요한 정보를 캐내기 위한 것이다. 이런 배경에서 셀러의 니즈는 제품이나 서비스의 구매라는 사전에 계획된 결과로 구매자를 유도하는 것이고 자신의 니즈를 충족시키기 위해서는 '캐묻기'라는 인상을 주지 않는 질문을 하는 게 불가능하다. 이 캐묻기 과정을 거치면서 유도당하고 통제당하고 조종당한다는 느낌을 받은 구매자는 마음의 문을 닫거나 셀러에 저항하는 경향을 보인다.

시너지 패러다임의 구매자 의사결정 프로세스 1단계에서 셀러는 구매자가 말을 하도록 격려하고 구매자의 관점과 고유한 니즈, 구매결정과 관련된 두려움을 이해하기 위해 경청한다. 이는 특정 어젠다나 계획한 결과 없이 그저 듣는 것을 의미한다. 이렇게 해야만 구매자-셀러 관계에서 셀러가 컨설턴트 역할을 수행할 수 있다.

이 프로세스는 셀러가 자신의 어젠다를 강요하지 않고 진심으로 구매자의 말을 경청해야 일어날 수 있다. 우리 세미나의 참석자들은 구매자의 말을 경청하고 관심을 가지는 것만으로 셀러의 역할이 달라질 수 있음을 알고 놀란 눈치였다. 이는 구매자의 입장을 이해하고 받아들이는 경청을 의미한다. 흔히 셀러는 구매 단서를 찾으려는 니즈, 적절한 정보를 캐내려는 니즈, 프레젠테이션을 위한 탄알을 찾으려는 니즈에 의해 방해받는다.

셀러에게 구매자–셀러 관계에 대한 전문성과 경험이 있는 것은 사실이지만, 구매자가 이에 대한 니즈를 표현하지 않는다면 가치가 없는 것이다. 구매자의 니즈나 문제점을 낱낱이 이해해야만, 셀러는 자신의 제품이나 서비스가 구매자를 위한 최고의 해결책인지 판단할 수 있다.

전문성, 양질의 제품이나 서비스 외에도, 전문 셀러는 구매자와의 파트너십에 추가적인 혜택을 제공한다. 중요한 혜택 중 하나는 구매자가 더욱 효과적인 결정을 내릴 수 있도록 다른 관점, 새로운 시각을 제공하는 것이다.

셀러는 구매자가 목표를 이해하고 이에 집중하는 기회를 제공해 자신의 선택지를 더욱 명확하게 볼 수 있도록 돕는다. 이는 더욱 효과적이고 만족스러운 결정이라는 결과를 낳는다.

마지막으로 셀러는 최종 결정에 영향을 미치는 요소들을 구매자가 숙고하도록 자극한다. 오늘날의 도전적이고 복잡한 비즈니스 환경에서는 낡은 문제에 대한 새로운 해결책이 요구된다. 구매자는 과거 자신이 사용했던 해결책과 같은 해결책(같은 결정)에 의존하는 경향을 보이면서 결과는 다르기를 기대할 것이다. 셀러는 사실상 구매자–셀러 관계에서 상대방이 다르게 보도록 영향을 끼쳐서 패러다임 전환을 촉진하는 사람일 수 있다.

구매자 의사결정 프로세스 1단계 중 구매자의 말을 경청할 때 피해야 할 함정이 있다.

당신은 유도 질문을 통해 대화를 통제하고 있다.

유도 질문이란 특정한 질문을 유도하거나 특정한 방향으로 구매자를 유인하는 방식으로 질문을 하는 것을 의미한다. 여기 출장관리 회사의 셀러가 주요 기업의 출장 담당자에게 사용할 수 있는 몇 가지 예가 있다.

"개인이나 부서별 출장 경비가 나오는 월말 보고서가 유용한가요?" 이 질문을 하는 셀러는 그렇다는 대답을 기다리고 있으며 이는 여행사가 제공하는 편익이기 때문에 구매자도 알고 있다. 결과적으로 구매자는 유도당하고 조종당한다고 느끼게 된다. 질문 뒤에 숨겨진 진짜 메시지는 "우리는 당신의 출장 경비를 더 정확히 분석해 주는 개인별 혹은 부서별 월말 출장 보고서를 제공합니다."이다. 그러니 그냥 그렇게 말해라.

"저희 800번호가 시외 출장 시 문제가 있을 때, 별도 서비스를 제공하는 것 아시죠?" 이번에도 셀러는 동의, '그렇다'는 대답을 찾고 있다. 전통적 세일즈 교육은 동의를 얻는 것의 중요성을 가르친다. 그러나 구매자가 당신이 대화를 통제하고 있다고 느낀다면 동의는 중요한 게 아니다. 구매자가 꼭 당신에게 동의할 필요는 없다. 구매자는 당신이 자신의 관점을 이해하길 바란다.

"상사분이 저희 새로운 최저 이자 보증 프로그램을 어떻게 생각하실까요?" 뻔하지 않은가? 이런 기초적인 질문을 받으면 구매자는 유도당하고, 조종당하고, 바보 취급당하는 기분까지 든다. 그런데도 셀러는 고객과의 전화에서 대화의 흐름을 통제할 필요성을 느끼고 빈번하게 이런 실수를 저지른다.

당신은 '왜'라는 질문으로 구매자들이 자기 입장을 방어하도록 압박하고 있다.

자기 입장이나 신념을 방어해 보라고 하면 사람들은 사실상 자기 입장에 갇혀 버리고 만다. 그 결과, 다른 대안을 살펴보는 데 소극적이게 된다. 예컨대 구매자는 "사실 작은 규모의 에이전시를 선호해요."라고 말한다.

셀러의 반응 1과 2의 차이에 주목하라.

반응 1 "왜 소규모 에이전시가 낫다고 느끼세요?"

반응 2 "그러니까 고객님은 소규모 에이전시가 낫다고 생각하시는군요."

반응 1의 경우, 셀러와 구매자가 테이블을 가운데 두고 서로를 바라보고 있다면 반응 2의 경우는 셀러가 구매자 쪽으로 이동했다. 반응 1은 구매자의 말이 틀린 것처럼 들리게 해 구매자가 자신의 말을 정당화하도록 강요한다. 반응 2는 구매자에 대한 수용과 이해를 전달함으로써 구매자의 발화를 격려한다. 구매자는 반응 1에 "서비스가 더 나으니까요."라고 응답하고 반응 2에는 "네, 서비스가 더 나은 것 같아요."라고 할 것이다. 얻는 정보는 같지만, 관계에는 미묘하지만 엄청난 영향을 미친다.

많은 경우, 반응 2(적극적인 듣기의 예)는 구매자가 더 많이 말하도록 한다. 예컨대 구매자는 "네, 서비스가 더 나은 것 같아요. 예를 들어 제가 전화를 걸면 에이전시에서 세 명이 제 목소리를 알아봅니다."라고 반응할 수도 있다. 이것으로 우리는 구매자에게 또 중요한 게 무엇인지를 발견했다.

여기 다른 예가 있다. 구매자는 "(그쪽 에이전시는)그냥 너무 멀리 있는 것 같아요. 가까이 있는 에이전시가 필요해요."라고 말한다.

대응 1 "왜 저희 에이전시가 너무 멀다고 생각하세요, 티켓 배송도 하는데요?"

대응 2 "저희 사무실이 멀리 있어서 문제가 되는군요."

다시 말하지만, 두 대응의 차이점에 주목하고 구매자 의사결정 프로세스 1단계에서 셀러의 목표는 구매자의 관점을 낱낱이 이해하는 것임을 기억하라.

당신은 구매자의 말을 판단하고 평가한다.

판단과 평가는 협업하는 환경이 아니라 논쟁하는 환경을 조성한다. 셀러가 동의하거나 동의하지 않기 시작하면 구매자도 셀러가 말할 때 똑같이 따라 할 것이다. 1단계의 목표는 무엇을 해야 하는가 판단하지 않고 그냥 구매자의 관점을 이해하는 것이다.

첫 번째 예시에서, 구매자는 "사실 소규모 에이전시를 선호해요."라고 말한다. 판단이 들어간 대응은, "하지만 소규모 에이전시는 저희가 제공하는 수준의 서비스를 일관되게 제공할 수 없을 겁니다."일 것이다. 이러한 반응은, "당신의 생각은 틀렸어요."라고 말하는 것과 다름없어서 셀러–구매자 관계의 특성인 적대성을 강화한다.

두 번째 예시에서, 구매자는 "(그쪽 에이전시는)그냥 너무 멀리 있는 것 같아요. 가까이 있는 에이전시가 필요해요."라고 말한다. 구매자의 말을 판단하고 평가하는 반응은 "그렇게 멀지 않아요." 또는 "티켓을 배송하니까 그게 그렇게 큰 문제는 아닐 텐데요."일 것이다.

다시 말하지만 이런 반응들은 셀러와 구매자가 계속 체스 게임을 하게 만든다. 이런 반응에서 구매자의 메시지를 알아듣고 이해하려는 의지는 없어 보인다.

'구매 신호'를 감지하면 세일즈 모드로 뛰어든다.

구매자가 말한 니즈가 자신들이 충족할 수 있는 니즈라면 대부분의 셀러는 자연스럽게 세일즈를 시작한다. 듣기를 그만두고서 말이다. 이는 대화의 흐름을 제한하고 구매자에게 니즈에 대해서 이야기하지 말아야 셀러가 세일즈를 멈춘다는 신호를 준다.

출장관리 회사의 예에서 '구매 신호'는 "아주 중요한 한 가지는 월말 보고서의 질입니다. 출장 경비가 늘어나면서 경비를 추적하는 게 중요해졌어요."일 것이다.

이때 대부분의 셀러는 즉시 자사의 월말 보고서가 얼마나 훌륭한지 고객들이 얼마나 만족하고 있는지 말할 것이다. 그러나 다시 강조하면 1단계의 목표는 구매자의 말을 이해하고 구매자가 얼마나 타당한지 인정하는 것이다.

적당한 대답은 "그러니까 월말 보고서 제공 여부와 정확성이 중요하시군요. 출장관리 회사를 선정할 때 또 어떤 요소를 보시나요?" 정도가 될 수 있겠다. "당신이 니즈를 말해 주면, 우리가 어떻게 그 니즈를 제공할지 말해 줄게.", 그리고 나서 "또 다른 니즈도 말해 주면 그 니즈도 얼마나 잘 충족시키는지 말해 줄게."라는 식의 전형적인 탁구 경기보다는 구매자의 말을 경청하고 이해하고 있음을 보여 주는 대응이 훨씬 더 효과적이다.

1단계 듣기의 결과, 구매자는 당신에게 마음을 열 용기를 낸다. 통제와 조종이 아닌 솔직하고 정직한 커뮤니케이션을 바탕으로 한 파트너십을 위한 견고한 토대를 마련하는 것이다. 먼저 구매자가 자신의 니즈를 솔직하게 털어놓도록 하라.

다음은 1단계 '충족되지 않은 니즈와 두려움을 파악하고 정의하기'에서 나왔던 세일즈 전화의 내용 중 일부분이다. 이 대화는 4장에서 다뤘던 듣기 기술을 통합하고 있다. 두 가지에 특히 주목하라.

---

① 질문의 유형, 퍼실리테이터의 역할에 주목하라. 캐묻기보다 구매자가 직면한 이슈를 깊이 들여다볼 수 있는 열린 질문을 하라.

② 적극적 듣기로 셀러가 구매자의 말을 이해하고 수용한다는 것을 구매자에게 알려라. — 4장에 기술된 적극적 듣기에 관한 정보를 복습해도 된다. —

예시는 고객의 사무실에서 일어난 상황이다. 고객은 조직의 세일즈마케팅 부서에 새로 부임한 이사고 셀러는 세일즈 교육 회사의 대표이다. 진행 중인 대화를 들어 봤다.

셀러(1)   다시 말하면, 여기서 6개월간 관찰해 보니, 올해 목표는 직원들이 시장에서 더 적극적으로 활동하고 비즈니스를 마무리하는 기술에 더 능숙하게 만드는 거군요.

고객   맞습니다. 최근에 시행한 조사가 이를 뒷받침해 주었죠. 과거와 현 고객에게 우리 셀러들을 평가해 달라고 요청했더니 세일즈 접근sales approach에 전문성이 더 필요하다고 응답했어요. 전체적인 그림을 보면, 우리 셀러들이 효과적으로 업무를 수행하는 전문인이 아니라 단순히 주문받는 사람으로 느껴진다는 겁니다.

셀러(2) 그러니까 고객이 셀러에게 기대하는 뭔가가 더 있다는 뜻이군요.

고객 그렇죠, 세일즈 프로세스 전체에 셀러가 더 깊이 관여해 주기를 바라는 게 아닐까 생각합니다. 비즈니스가 복잡하다 보니 고객은 셀러가 주문서 작성 이상을 해 주길 원하죠. 조직 내에서도 일을 해결할 수 있을 만큼 지식이 있는 사람을 원해요.

셀러(3) 지금은 그렇지 않다고 확신하시는 것 같네요.

고객 당연하죠. 그 설문조사를 보고 제가 여기 와서 본 것에 대해 더 확신하게 됐어요. 교육이 답인지는 모르겠지만요.

셀러(4) 교육이 도움이 될지 우려하시는 것 같네요.

고객 음, 그렇기도 하죠. 이전 회사에서 세일즈 교육에 엄청나게 돈을 썼는데 성과가 있었는지는 모르겠습니다. 제가 교육이 무슨 효과가 있을까 생각하는 것처럼 대체로 교육에 냉담한 분위기예요. 그런 문화가 뿌리 깊이 박혀 있는 듯 보입니다. '지금까지 이런 방식으로도 잘해 왔는데 뭐 하러 바꿔?' 그런 태도 아시죠? 재밌네요, 이렇게 입 밖으로 말해 본 적은 없거든요.

셀러(5) 이사님에게 조직문화가 지니는 의미가 깊은 것 같으니 잠깐 조직문화에 집중해 보시죠. 이사님이 변화가 필요하다고 보시는 부분이 어디죠?

고객 음, 두 부분입니다. 하나는 제가 아까도 언급한 비즈니스의 복잡성 때문에 운영 및 제조 부서에서 만든 규칙이랑 규율이 워낙 많아서 고객과 셀러가 힘들어한다는 점이에요. 회사 내 다른 부분도 딱히 고객 중심적이라고 느껴지지 않아요. 두 번째는 운영 위원회가 이런 중대한 사안들을 논의하지 않는다는 겁니다. 조지 사장님이 굉장히 직설적인 분이라 그런지 직원들이 무서워해요. 사장님을 좋아하지만, 사장님 앞에서 솔직하게 말하지는 않아요. 표면적으로는 다 잘 지내는 것처럼 보이지만 뒤에선 많은 일이 벌어지고 있죠.

셀러(6) 상황이 바뀔 확률은 얼마나 되나요?

고객 별로 높지 않아요. 이미 꽤 고착화한 듯 보이는 데다 나서는 사람이 아무도 없어요. 그런데…(침묵)

셀러(7) 주저하고 계시네요.

고객 네, 그래서 저를 외부에서 데려온 게 아닐까 생각하고 있었어요. 사장님과 면접을 볼 때 이 주제가 나왔었거든요. 그렇다면 현 상태에 적응해 다른 시각으로 상황을 볼 수 있는 능력을 잃어버리기 전에 다시 살펴봐야겠죠. 그러니 일단 세일즈 교육에 집중하고 그다음 조직문화 문제를 살펴보죠. 두 사안에 모두 해당하는 뭔가를 해 볼 수도 있겠네요.

셀러(8) 알겠습니다. 좋아요. 하지만 먼저 마지막으로 진행했던 교육에서 있었던 문제에 대해 듣고 싶습니다. 제가 보기엔 교육성과에 매우 실망하셨던 것 같은데요.

전통적 세일즈 모델에 익숙한 셀러였다면 세일즈 교육 문제에 집중하면서 몇 명의 셀러가 참석했는지, 참석한 셀러는 무슨 교육을 받았는지 등을 알아내기 위한 질문을 던졌을 것이다. 세일즈 프레젠테이션을 하는 데 중요한 정보이기 때문이다. 그 결과 구매자의 시각에서 전체 그림을 이해하는 데 도움을 주는 근원적인 문제를 발견할 기회를 놓쳤을 것이다. 자신의 어젠다를 포기하고 구매자에게 방향을 제시하지 않고 경청해야만 그런 기회를 잡을 수 있다.

셀러가 고객의 대응과 상황에 각각 어떻게 대처했는지 살펴보자. 대응 (1)과 (2)에서 셀러는 자기가 들은 정보에 대한 피드백을 제공함으로써 대화를 요약했다. 대응(3)과 (4)는 적극적 듣기의 훌륭한 예다. 대응(5)와 (6)은 열린 질문이다. 특정한 대답을 유도하거나 정해진 방향으로 고객을 유인하는 편향된 질문이 아니라는 점에 주목하라. 대응(7)에서 셀러는 사실상 고객의 이전 메시지에 담긴 침묵을 적극적으로 듣고 있고 대응(8)은 적극적 듣기의 다른 예다.

고객이 말할 때 셀러가 끼어들지 않고 고객의 상황을 이해하기 위해 듣기만 할 때 대화가 얼마나 매끄럽게 진행되는지 주목하라.

변화에 대한 구매자의 저항에 귀 기울여라

듣기 기술은 변화에 대한 구매자의 저항에 대응할 때도 적용할 수 있다. 전통적 모델에서는 '구매자의 반대 극복하기'라고 한다. 즉 당신이 세일즈를 마무리하려고 전략을 수행하고 있는데, 구매자가 장애물을 던져 놓는다. 예를 들어, "당신네 제품이 우리 운영에 별다른 영향을 미칠지 잘 모르겠네요."라고 말하는 구매자에 대한 전형적인 셀러의 반응은 제품의 효용을 증명하는 연구와 데이터를 보여 주는 것이다. 마치 체스 게임에서 상대방이 예상치 못한 수를 둘 때 이기기 위한 전략을 짜야 하는 것과 같다. 전에 강조했듯이 적대적으로 접근하면 아무런 성과도 거둘 수 없다. 대신, 메시지를 도움을 요청하는 파트너의 의사소통으로 생각하라.

3장에서 우리는 변화 프로세스에 대한 심리학자 쿠르트 레빈의 연구를 인용했다. 레빈의 연구는 신념을 바꾸려면 예전 신념에 대한 헌신, 충성심, 두려움, 신념을 바꾸는 것에 대한 의구심을 표출할 기회가 반드시 있어야 함을 보여 줬다.

일반적으로 세일즈와 구매 프로세스는 변화를 유도하기 때문에, 구매자는 자연스럽게 옛것에 대한 충성심, 새로운 것에 대한 두려움과 의구심을 표출하게 된다. 놀랄 거 없다. 그런데 여기서 걱정이 된 셀러는 구매자가 하는 말을 반대하는 것으로 받아들이고 구매자가 틀렸음을 증명하려 한다. 그러면 구매자는 자신의 신념을 방어하다가 그 신념을 더욱 굳히게 되는 경우가 많다. 셀러는 구매자가 틀렸음을 증명하기 위해 더 많은 데이터를 소개하고 구매자는 다시 자신의 입장을 방어하며 더 세게 저항한다. 셀러가 밀어붙일수록 구매자의 저항은 커진다.

이 책의 공동 저자인 톰 고든은 1960년 네셔널 세일즈 이그제큐티브사 National Sales Executives, Inc의 출판물 《가이드포스트와 방법론》에 실린 기사에서 이 문제를 다루었다. 해당 기사에서 고든은 다음과 같이 기술했다.

최근 몇 년간 과학으로서의 심리학은 비약적으로 발전했고, 그 결과로 벌어지고 있는 일 중 일부는 세일즈와 관련이 있고 중요한 의의를 지니며 가능성을 제시한다.

다른 과학 분야와 마찬가지로 심리학도 하나의 발견이 비약적인 발전으로 이어진 게 아니라 심리학과 관련 없는 다른 분야에서 이루어진 많은 연구들 덕에 비약적으로 발전했다. 이러한 연구 결과들은 인간 행동 특히, 인간의 행동이 어떻게 바뀌고 어떻게 변화에 영향을 받는지 바라보는 새로운 방식의 출현에 기여했다.

나는 세일즈 프로세스 자체를 변화 프로세스, 즉 셀러가 제공하는 제품이나 서비스를 사기 위해 잠재 고객이 자기의 태도나 의견에 특정한 변화를 줘야 하는 프로세스라고 생각한다.

고든은 변화를 다룬 심리학의 연구 정보를 제공했다. 이 특정 연구는 심리상담사가 내담자의 태도와 행동 변화를 촉진하는 과정을 조사하는 목적으로 실시되었다. 심리상담은 기본적으로 두 사람 간 면대면 커뮤니케이션을 수반하는 과정이기 때문에 연구는 상담사와 내담자의 언어적 커뮤니케이션 분석에 자연스럽게 초점이 맞춰졌다.

이 연구에서 가장 흥미롭고 세일즈 프로세스에 적용할 가능성이 있는 발견은 상담사의 소통방식과 이 방식이 내담자에게 미치는 영향이었다. 연구자들은 일부 상담사들이 일반 상담사들과 차이가 있음을 발견했다. 이 상담사들은 많이 듣고 적게 말하고 권유와 조언을 삼가며 고객을 평가하거나 고객의 생각을 판단하지 않았다. 또한, 설득하거나 주장하지 않고 논리를 이용하지 않았으며 납득시키려 들지 않고 내담자가 면담을 주도하고 이야기할 주제를 정하도록 하였으며 내담자가 자기 결정을 스스로 책임지도록 하고 특정한 결정을 하도록 영향을 미치려고 하지 않았다.

놀랍게도 내담자들은 이 '비지시적인nondirective' 접근법에 긍정적인 반응을 보였다. 먼저, 거의 혹은 전혀 저항하거나 방어하지 않았다. 내담자들은 많이 말하고 깊은 감정을 표출하고 빠르게 진실한 감정을 내보였고 상담사가 자신에게 속임수를 쓰지 않으리라는 믿음이 생기자 안전하다는 느낌, 떠밀리거나 조종당하는 게 아니라 자신이 상담을 주도한다는 느낌을 받았다. 그리고 상담사가 자신의 관점을 정말로 이해한다는 느낌을 받자 다른 사람에게 한 적 없는 말을 공유하는 데 거리낌이 없어졌다. 마지막으로 내담자는 자신의 감정, 태도, 행동을 바꾸기 시작했고 누군가의 영향이나 압박 때문이 아니라 스스로 주도하고 자유롭게 선택해서 변화하고 있었다.

우리가 말하고자 하는 것은 셀러가 구매자의 말을 들어 주는 것은 구매자에게 자기의 결정과 그 결정에 수반되는 모든 문제를 다룰 만한 안전한 공간을 제공함과 같다는 거다. 만약 항상 존재하는 변화 프로세스에 대한 감정이 표출되지 않는다면, 그 감정은 수면 아래서 변화의 흐름을 막을 것이다. 변화 프로세스를 촉진하려면 예전 태도와 행동에 대한 충성심, 새로운 태도 및 행동에 관한 두려움과 의구심을 자유롭게 표현할 기회를 구매자에게 제공하면 된다. 이것이 레빈이 말한 '현 신념 체계 해동하기'다.

다음 세 가지 핵심 포인트를 기억하는 셀러는 변화 프로세스를 효율적으로 촉진할 수 있다.

① 구매자의 말을 적극적으로 듣고 변화 프로세스에 대한 구매자의 감정을 이해하고 수용하라. 당신은 상대방의 메시지를 이해했다고 믿지만, 그 메시지를 당신만의 언어로 반복해서 이해했음을 보여 주기 전까지 상대방은 당신이 자신의 메시지를 이해했는지 확신하지 못한다.

② 문제해결 심리fix‑it mentality를 피하라. 많은 경우 구매자가 자신의 염려에 관해 소통하는 것만으로 문제는 해결된다. 그래도 문제가 해결되지 않으면 구매자 스스로 문제를 해결하도록 셀러가 추가적인 정보를 제공해야 할 수도 있다. 자신의 역할이 변화에 대한 저항을 극복하는 게 아니라 변화에 대한 상대방의 동기를 강화할 만한 가치를 제공하는 것임을 기억하면 셀러는 변화 프로세스를 더욱 효과적으로 촉진할 수 있다.

③ 초반에 구매자가 걱정하는 문제는 핵심이 아닐 수도 있다. 사람들은 대부분 변화에 대한 자신의 걱정 기저에 깔린 근본문제를 들여다보는 데 시간을 들이지 않는다. 훌륭한 청자는 사람들이 속에 있는 이야기를 꺼낼 수 있게 분위기를 조성해 주고 그 과정에서 더욱 근본적인 문제들을 찾아낸다. 근본문제를 파악하면 셀러와 구매자가 함께 문제를 해결해 나갈 수 있다.

다음 예시는 세 가지 핵심 포인트의 가치를 보여 준다. 첫 번째 상황에서는 셀러가 매우 전형적인 방식으로 변화에 대한 구매자의 저항에 대응한다.

구매자   짐, 우리 직원들이 세일즈 교육을 아주 즐겁게 듣고 있고 셀러관리자들도 셀러들이 현장에서 하루만 시간을 빼면 되니까 좋아해요.

셀러   낸시, 무슨 말인지 알겠습니다만, 저희가 연구한 바에 따르면 셀러가 이 기술을 익혀 활용하려면 적어도 3일의 교육이 필요해요. 어쨌든 셀러관리자분들도 셀러가 잘 배워서 계약을 더 따내면 좋아하실 거잖아요. 그쵸? 어떻게 교육할지가 문제가 돼서는 안 되죠.

구매자   짐, 제가 그 말에 동의한다 해도 지금은 당장 그렇게 할 방법이 없어요. 상사가 교육 과정이 바뀌는 걸 허락할지 잘 모르겠네요.

셀러   음, 이렇게 하는 건 어떠세요? 할인된 요율에 특별 시범 프로그램을 마련해서 참석자가 두 과정을 비교할 수 있게 하는 겁니다. 직접 피드백을 받으면 낸시 씨가 내부적으로 교육 프로그램을 세일즈하는 데 도움이 될 거예요.

구매자   아니요, 그럴 수는 없습니다. 지금은 시범 프로그램을 운영할 예산이 없어요.

셀러   그러면 프레젠테이션을 위한 자리를 마련해 보는 건 어떻습니까? 중요한 사람들을 모아 주시면 과정에 대해서 전반적으로 프레젠테이션을 해 보겠습니다.

구매자   짐, 그건 지금 불가능해요. 여기 돌아가는 일만 해도 정신이 없어요. 그래도 어쨌든 고맙습니다. 그 제안은 나중에 생각해 보겠습니다.

보다시피 짐은 낸시의 걱정을 하나하나 반박하고 있고 낸시는 짐의 말을 맞받아치며 저항하고 있다.

이렇게 소통하면 서로에 대한 이해와 수용이 전달되지 않는다. 상대방의 말을 듣지 않으면 진전은 있을 수 없다. 짐의 첫 번째 대응에도 주목하라. 우리 교육에 참여한 사람들도 "무슨 말씀인지 알겠습니다만…", "염려하시는 바가 뭔지 이해합니다만…"이라고 하면서 자신이 이해했음을 보여줬다고 생각한다. 그러나 실은 그렇지 않다. 우선, 단순히 이해했다고 말하는 것은 상대방의 메시지를 자신만의 해석으로 반복해 말하는 것만큼 강력하지 않다. 두 번째로 '하지만'은 메시지 초반부를 무시하는 말로, "이해합니다만", "알겠습니다만"은 뒤따라 나오는 정보가 당신이 틀렸음을 입증하리라는 말이다.

전에 복습한 핵심 포인트를 기억하면서 효과적인 듣기 기술을 활용해 같은 상황에 대처해 보자.

구매자　짐, 우리 직원들이 세일즈 교육을 아주 즐겁게 듣고 있고 관리자들도 셀러들이 현장에서 하루만 시간을 빼면 되니까 좋아해요.

셀러　그렇다면 지금 교육 프로그램에 만족하고 계신 거군요.

구매자　아닙니다. 아주 만족하는 건 아니지만 고객들과 현장 셀러들, 셀러관리자들이 좋아하세요. 개인적으로는 교육 프로그램 효과가 생각만큼 안 나고 있다고 생각해요.

셀러　뭐가 부족하다고 느끼시나요?

구매자　음, 두 가지는 확실해요. 먼저 하루에 셀러들에게 필요한 기술을 다 제공할 수 없고, 두 번째는 셀러들이 현장으로 돌아갔을 때 배운 기술을 적용하지 못하고 있어요. 하루 가지고는 별다른 성과가 나지 않는 거죠.

셀러 낸시 씨가 기대하는 바와 실무자들이 기대하는 바 간에 괴리가 있는 듯 보이네요.

구매자 맞아요. 어떻게 해야 할지 모르겠어요. 모든 게 다 양호하게 돌아가고 있어요. 다만, 제가 보기엔 더 큰 가능성이 있다는 거죠. 이것저것 진행되고 있는 일이 많아서 변화를 고려할지조차 모르겠네요.

셀러 변화를 권유하는 데 대한 걱정이 있으시군요.

구매자 맞아요. 그런 것 같아요. 최근 이에 대해 많이 생각하고 있습니다.

셀러 변화를 일으키는 거요?

구매자 네. 필요하다고 생각하는 변화를 추진하는 데 주저했고 또 그런 변화가 저에게는 딱히 좋지 않겠다는 생각을 했었습니다. 하지만 대화를 해 보니 이제 정말 변화를 권유할 시점이라는 확신이 드네요. 좀 더 생각해 보겠습니다. 다음 주에 전화 주시면 한번 뵙죠. 어떤 변화가 필요한지 확정하고 어떻게 그 변화에 맞춰 교육 프로그램을 바꿀지 논의하고 싶네요.

두 번째 상황에서는 셀러가 구매자의 말을 듣자 대화가 완전히 다른 방향으로 흘러갔다. 셀러가 의도하는 방향이 아니라 구매자가 실제로 겪고 있는 문제로 대화가 흘러갔다. 셀러가 구매자의 세계를 이해하고 있음을 보여 주자 구매자가 파트너십을 형성하기 시작한 것이다. 셀러는 구매자가 걱정하는 문제를 해소하거나 고치기보다 변화에 대한 구매자의 초반 저항을 촉진했다. 셀러는 구매자의 말을 경청함으로써 근본문제를 다룰 분위기를 제공했다. 구매자가 어떻게 세일즈 교육 프로그램이라는 표면적 문제를 넘어 근본문제에 이르게 되는지 주목하라. 이는 새로운 차원의 커뮤니케이션과 관계를 보여 주는 예시로, 적극적 듣기 기술로 구축할 수 있으며 궁극적으로 변화 프로세스를 촉진한다.

구매자의 불평과 문제 경청하기

． ． ． ．

두말할 필요 없이 셀러는 호의적인 고객을 선호한다. 긍정적이고 열정적이고 만족하는 사람과는 함께 일하기도 즐겁고 유쾌할 뿐 아니라 더욱 생산적인 세일즈 상담sales call을 할 수 있다. 감정이 상한 고객, 걱정하는 고객, 화가 난 상태의 고객은 간단히 말해 당신의 제품이나 서비스에 주의를 집중할 수 없다. 그래서 고객에게 도움을 주거나 상담을 해 주거나 어떤 형태로든 고객의 걱정을 덜어 주려고 시도하는 것은 보통 셀러 입장에서 파트너십을 위한 것이다. 고객의 문제를 해소하지 못하면 세일즈 상담 중 큰 진전은 있을 수 없다.

이러한 상황은 여러 가지 이유로 세일즈 상담이 한창일 때 일어날 수도 있고 셀러가 도착하자마자 발생할 수도 있다. 중요한 것은 고객의 심기가 불편하다는 단서를 알아채고 적절한 행동을 취하는 것이다. 고객이 속이 상해 있다는 명백한 단서는 그런 의미를 지닌 말이다. "오전에 그냥 집에 있을 걸 그랬네요.", "전부 다 잘못됐어요.", "할 말 있어요." 등은 부주의한 청취자조차 뭔가가 잘못되었음을 알 수 있는 말이다. 그러나 단서들은 대개 더 미묘하고 심지어 언급조차 되지 않을 수도 있다. 구매자의 어조나 표정, 자세에서 마음이 상해 있음을 짐작할 수 있고 당신을 피하거나 거래량을 점차 줄여나가는 행동을 통해 그의 심리 상태를 알아차릴 수도 있다.

셀러는 예리한 감각을 키우고 문제임을 알리는 신호에 바짝 주의를 기울여 최대한 빨리 구매자의 상황을 이해할 필요가 있다. 셀러나 제품 혹은 서비스가 불만족스럽다는 신호를 보내는 고객은 특히 중요하다. 초반에 경고 신호를 놓치거나 무시하면 고객이 불만족을 표출할 즈음은 너무 늦을지도 모른다.

마음이 상하거나 근심한 사람의 말을 잘 듣고 반응하는 데 천부적 재능이 있는 듯 보이는 사람도 있다. 하지만 대부분은 이런 재능이 약간 있거나 아예 없다. 그래서 효과적인 듣기 기술을 잘 적용하면 큰 도움이 된다.

유감스럽게도 이 적용 부분 역시 타고난 성향이 아니다. 사람들 대부분은 누군가를 도우려 할 때 긍정적으로 행동하고 상대방을 배려하고 싶어 하지만 실제로는 전혀 도움이 되지 않는 접근법을 취하는 경우가 너무나 많다. 이런 도움이 안 되는 접근법은 커뮤니케이션 장애물communication roadblocks이라고 부르는 게 적합한데, 많은 경우 그 이름에 걸맞게 어려움을 겪는 사람 앞에 장애물을 던져서 소통하려는 의욕을 꺾어 버린다.

이런 식의 커뮤니케이션 장애물이 매번 모든 사람에게 문제가 되는 건 아니다. 하지만 관계에 도움이 되지 않을 위험이 상당히 높다. 다음은 여덟 가지 유형의 주요 장애물에 대한 설명이다. 물론 이 외에도 많은 변종이 존재하지만, 다음 예시는 전형적 유형이다.

예시로 제시된 대화는 모두 다음 장면을 기반으로 한다. 한 셀러가 전임자로부터 서비스를 받던 고객에게 처음으로 전화를 걸고 있다. 알고 보니 고객은 늦은 배송, 약속 취소, 주문 혼동 등 전임자가 있을 때 별로 좋지 않은 경험을 한 것으로 밝혀졌다. 고객에게서 전임자, 회사, 제품에 대한 장광설을 듣는 도중에 모든 이야기가 나왔다.

장애물 1 부인하기, 축소하기, 방해하기

"그렇게 안 좋을 리가 있나요."

"뭔가 오해가 있었던 게 확실해요."

"글쎄, 그건 이미 과거고, 이제 올바른 관계를 시작하도록 합시다."

도와주려는 의도로 이런 대응을 한 것일지도 모르지만, 이는 실질적으로 문제를 회피하는 것이다. 셀러는 고객의 심기를 불편하게 하지 않으려고 문제를 슬쩍 덮으려 하고 있다. 이러면 고객은 셀러가 자신의 말에 귀 기울이지 않는다는 느낌을 받을 수 있다. 고객은 짜증이 나고 좌절감을 느끼고 문제에 관해 더 말하고 싶어 하지 않을 확률이 높다.

장애물 2 기운 북돋아 주기, 안심시키기, 격려하기

"다시 그런 일은 절대 없을 겁니다."

"음, 긍정적인 면을 보세요. 적어도 어떤 문제부터 해결할지는 알게 되었으니까요."

"더는 걱정하지 마세요. 다시는 이런 일이 일어나지 않을 것임을 약속드립니다."

사람들이 일반적으로 생각하는 것과 달리 누군가에게 기운을 북돋아 주려는 시도는 보통 비참하게 실패하고 만다. 마음이 상한 사람은 누군가 자신의 말을 들어 주길 원한다. 내부에 있는 감정을 분출할 필요도 있다. 이 장애물 2는 다른 사람의 감정을 무시하고 한쪽에 치워 두고 잊으라고 제안한다. 문제를 겪는 고객은 이런 대응을 거부하거나 기분 나빠할 것이다.

장애물 3 분노에 동조하기, 공감하기, 스토리텔링
"와, 정말 안됐네요."
"저한테도 그런 일이 한 번 있었어요. 2년 전이었는데…"
"그렇게 참으셨으면 안 되는 건데… 저희 회사가 진작 해결해야 했어요."

"안됐네요." 같은 따뜻하고 진심 어린 동정에 기분 나빠 할 사람은 없다. 그러나 청자가 문제에 공감함을 증명하기 위해 화자의 스포트라이트를 뺏어서 자신이 겪은 어려웠던 경험을 꺼내기 시작하면 화자는 소외감을 느낄 수 있다. 문제를 겪는 당사자에게 자신을 표현할 기회는 주어지지 않고 마음 상한 당사자는 되레 듣는 입장이 된다.

문제에 대한 성의 없는 혹은 지나친 동정의 또 다른 문제는 마음이 상한 당사자가 대개 열등감이나 자신의 부족함을 느끼게 된다는 것이다. "당신의 동정 따윈 필요 없어."라는 짜증과 분노로 이어질 수 있다.

장애물 4 조언하기, 가르치기, 방향 제시하기
"제가 이제 그 문제에 대해 취할 조치는…"
"지역 사무소의 낸시 스미스 씨에게 연락을 하셨어야죠."

"만약 또 배송 문제가 발생하면, 이 번호로 전화하세요."

조언은 아마 제일 일반적이면서 가장 많이 오용되는 "도와주기"일 것이다. 많은 사람이 조언받기를 원하고 적극적으로 조언을 찾지만 그만큼 그렇지 않은 사람도 많은데, 요청하지 않은 조언일 경우 더욱 그렇다. 요청한 경우라도 판단과 비판을 수반하는 경우가 많으며 이는 이미 마음 상한 당사자에게 더 큰 좌절감을 준다. 마지막으로 특정한 방향을 제시하는 경우 정작 문제의 당사자를 소외시켜 당사자가 스스로 일을 치리하지 못하는 무능한 사람인 것처럼 느끼게 할 위험이 있다.

장애물 5 넘겨받기, 구출하기, 순교자 되기
"전화해서 환불이 되는지 알아봐드릴게요."
"상황을 더 잘 관리해야 했는데. 제가 어떻게 만회할 수 있을까요?"
"그 문제는 제가 처리하겠습니다. 신경 쓰지 마세요."

우리가 일반적으로 생각하는 바와 달리 사람들은 구제받는 것을 좋아하지 않는다. 요청하지 않은 선의를 베푸는 사람에게 무력감과 당혹감을 느끼거나 분개한다. 셀러는 문제가 신속히 해결되지 않으면 세일즈가 막히리라는 두려움에 고객의 문제를 통제하려 할 때가 많다. 이러한 태도는 고객의 분노를 초래할 뿐 아니라 실제로 문제를 해결하려 한 셀러의 금전적 손실이나 불필요한 배상으로 이어질 수 있다.

셀러의 업무는 문제를 떠맡는 게 아니라 가능하면 문제를 해결할 수용할 만한 방법을 제공하는 것이다.

장애물 6 분석하기, 캐묻기, 탐정 노릇 하기

"그런 일이 발생한 이유는 아마…"

"언제, 왜, 어디서, 누가, 무엇을?"

"불평을 제기했더니 어떻게 됐나요?"

분석이나 질문, 특히 '왜'로 시작하는 질문은 심문, 사생활 침해, 은근한 비판으로 비춰지는 경우가 너무나 많다. 장애물 6은 고객은 실질적으로 문제를 처리할 수 없기에 셀러에게 넘겨야 한다는 태도에서 장애물 5와 유사하다.

장애물 7 비판하기, 훈계하기, 경고하기

"애초에 너무 관대하게 하셔서 그런 일을 자초하신 게 아닐까요."

"요즘은 누구도 의지하시면 안 돼요."

"잘 들으세요, 저하고 문제가 있으시면, 제 면전에 대고 직접 말씀하세요."

많은 경우 이 유형의 장애물을 사용하는 청자는 실질적으로 마음이 상한 사람을 비판적으로 생각하고 그런 자신의 감정을 전달해 문제를 해결할 기회를 제거해 버린다. 장애물 7의 사용은 자기 판단이 상대방의 말을 듣는 데 방해가 됨을 생생하게 보여 준다.

장애물 8 주장하기, 방어하기, 반격하기

"아이고, 그건 제가 사무실에서 들었던 이야기가 아닌데요."

"글쎄 그쪽 직원들하고 일을 바로잡으려고 했던 걸 보여 주는 기록이 파일 안에 있어요."

"저기요, 제 일에 간섭하지 마세요. 그건 제 잘못이 아닙니다."

마지막 장애물 8은 보통 화자가 청자에게 화가 나 있을 때 발생하는 상황이다. 고객이 셀러에게 화를 내며 길길이 뛰면 셀러는 공감하기보다 마음이 상하고, 화가 나고 부당하게 연루된 듯한 기분을 느낀다. 고객에게 너무 마음이 상한 셀러는 고객의 말을 경청하고 고객을 돕는 대신 방어적으로 행동하고 반격한다. 결과는? 양측 모두 불편하고 상대방의 말을 듣지 않게 된다.

이 장애물 8은 고객의 문제와 해결 방법에 대한 셀러의 생각, 관점, 의견, 조언을 담은 메시지다. 셀러가 고객을 이해했음을 고객은 알 수 없다. 당신이 고객의 메시지를 이해했음을 알리는 유일한 방법은 당신의 어젠다를 제쳐 두고 적극적인 듣기로 대응하는 것이다.

고객 불만

. . . .

고객이 거래를 끊는 주된 이유 중 하나는 하자 있는 제품이나 서비스가 아니라 미흡한 불만 처리 때문이다. 여기 불만이 있는 고객에 관해 기억해야 할 세 가지 사항이 있다.

① 처음 듣는 불만은 대부분 상당히 과장된 내용이다.

② 일반적으로 고객의 마음속에서 가장 중요한 건 하자 있는 제품이나 서비스가 아니다. 고객이 정말로 원하는 건 자신의 불만을 셀러가 경청하는 것이다.

③ 고객은 당신이 저항하고 논쟁하리라 예측하고 보호벽을 구축했을 것이다. 당신이 하는 거의 모든 말에 부정적인 응답이 쏟아질 테니 준비하라.

고객이 불만을 전달할 때 경계하고 화를 내는 이유가 있다. 잘못된 다른 일 때문에 힘든 하루를 보냈을지도 모른다. 당신의 제품이나 서비스와는 전혀 상관없는 일인데, 당신의 회사와 연관된 사소한 문제가 생겨서 모든 화를 당신에게 분출하는 것일 수도 있다. 아니면 전에도 같거나 유사한 문제가 발생한 적이 있어서 자신의 말을 회사가 경청하지 않았다고 느꼈을 수도 있다. 이번에는 자신의 말을 그저 이해시키기 위해 화를 낼 것이다.

성난 고객이 문제를 봐 달라 요청하는 것은 좋은 일이라는 점을 기억해야 한다. 처음에는 아주 우스꽝스럽게 들릴지 모르겠지만 생각해 보라.

첫째로 고객이 당신에게 분노나 좌절감을 드러내는 것은 당신이 조치할 수 있다고 믿는 당신을 향한 고객의 신뢰를 나타낸다. 만약 당신이 문제 해결에 도움을 주지 못하거나 주지 않으리라 믿는다면 애초에 당신에게 불평하지 않았을 것이다. 부정적으로 들릴지 모르지만, 고객은 희망과 긍정적인 마음을 갖고 있다.

둘째, 고객이 불만이 있는데도 당신을 신뢰하지 못해 침묵했다면 이미 다른 방법을 찾고 당신의 경쟁자와 거래를 시작했을 가능성이 농후하다. 게다가 연구에 따르면 그런 고객은 최소 20명의 다른 사람들에게 당신의 조직을 비방한다.

고객에게서 제품이나 서비스에 대한 불평을 들을 때마다 "멈추라, 보라, 들으라."라고 말하는 작은 빨간불이 머릿속에서 깜빡거려야 한다.

당신이 하던 일을 멈추라.
고객에게 주의를 집중하고 보라.
고객이 하는 말을 당신이 이해하고 있음을
증명하기 위해 적극적으로 들으라.

멈추고, 보고, 듣는 작업이 저절로 되기 시작할 때 이 접근법의 효력에 놀라게 될 것이다. 우선 그렇게 하면 고객은 자신의 감정을 환기하고 밖으로 꺼내도록 격려를 받는다. 초반에는 고객이 거세게 자신의 분노를 드러낼 수 있으나 고객의 말에 집중하고 적극적으로 들으면 고객의 격한 감정이 상당히 완화될 것이다. 적극적 듣기는 대화 주제를 인화점이었던 불만에서 그 기저에 깔린 근본문제, 많은 경우 좌절감을 초래하는 진짜 원인으로 바꾸는 데에도 도움이 된다.

어떤 경우든 적극적 듣기 기술을 활용하면 고객이 하는 모든 말을 당신이 진심으로 받아들이고 있음을 고객에게 알릴 수 있다. 심리학자들은 사람들이 강렬한 감정을 느끼거나 상대방이 자신의 의견을 들어준다고 느낄 때, 자기 말을 반복할 필요를 느끼지 못한다는 사실을 발견했다. 고객의 입장을 이해하면 고객이 문제에 대한 적절한 해결책을 찾는 것을 더 잘 도울 수 있다.

고객의 문제에 대한 해결책이 제공되는 세 가지 시나리오를 살펴보자.

시나리오 1 자신의 감정을 분출하고 이해받았다고 느낀 고객이 해결책을 제시한다.

"이제 기분이 나아졌어요."

"누군가 제 불만을 이해해 주니 좋네요."

"누구나 실수를 하니까 이제 넘어가죠. 다음에 같은 일이 발생하지 않도록 합시다."

"새 물건을 보내 주세요. 제가 하자 있는 제품을 반품할 테니 없던 일로 합시다."

고객이 내놓은 해결책이 당신과 회사가 동의할 만한 해결책이라면 해결책이 실행되는 것을 지켜보기만 하면 된다.

시나리오 2 고객이 해결책을 제시하지 않고 당신에게 공을 넘긴다. 회사에 표준 정책이 있다면 이에 따른 해결책을 제시하고 고객이 동의하기를 기대한다.

시나리오 3 고객이 내놓은 해결책을 수용할 수 없고 고객도 당신이 내놓은 해결책을 수용할 수 없다. 갈등이 발생한다. 문제를 해결하고 갈등을 해소하는 특별한 방법, 모두가 이기는 혹은 패자가 없는 접근법은 9장에 나와 있다.

이 세 시나리오에서 핵심은 효과적인 듣기다. 효과적인 듣기는 당신이 고객의 문제에 신경을 쓰고 있으며 상호 간에 수용 가능한 해결책을 고안할 용의가 있음을 파트너인 고객에게 알려 준다.

기타 문제

· · · ·

구매자가 당신이나 당신의 회사가 아닌 다른 일로 감정이 상해 있는 경우도 있을 것이다. 이때 구매자는 당신과의 비즈니스에 주의를 기울이지 못할 수도 있다. 상대방이 이런 조짐을 보이면 당신의 머릿속에는 경보가 울려야 한다. 하던 것을 멈추고 구매자가 감정을 분출하거나 자기 문제를 해결하게 놔둬라. 가족 중에 누군가 아프거나 아들이 군에 입대하거나 절친한 친구가 이혼하거나 집에 갈등이 있거나 하는 개인적인 문제일 수도 있다. 동료에게 자동차 사고가 났거나 최근에 상사에게 심장 마비가 왔거나 시장이 갑자기 하락세를 보이는 등 직장에서의 문제일 수도 있고 자기 업무에 영향을 미치는 정부의 새 규제 등 고객을 괴롭혀 대화에 집중하지 못하게 만드는 문제가 있을 수 있다.

셀러는 고객이 개인적인 문제에 관해 대화하도록 장려하는 게 현명한 처사인지 묻곤 한다. 결국 비즈니스인데 시간이 얼마나 걸릴지 모르니 걱정이 된다. 일단 다음 대화를 살펴보고 어떤 결과가 나올지 지켜보자.

셀러 안녕하세요, 짐. 오늘은 별일 없으세요?

구매자 다 쓸데없는 일이에요! 방금 회사에서 또 지출을 삭감하겠다

고 발표했고 샌프란시스코에서 하기로 예정됐던 연중 경영진 회
의는 취소됐습니다. 다음엔 무슨 일이 벌어질지 누가 알겠어요?

셀러   그렇죠. 상황이 정말 어렵습니다. 뭔가 바뀌지 않으면 우리 다
거리에 나앉고 말 거예요. 그래서 말인데, 마침 보여드리고 싶
은 게 있습니다. 보고 계시던 새 시스템에서 비용을 줄일 만한
건데요.

구매자는 마음이 상하고 정신이 산만한 상태인데, 셀러는 세일즈만 하
려고 한다. 관계에서 시너지를 창출하지 못하고 있다. 셀러의 머릿속에는
오로지 자신의 어젠다뿐이다. 조금 후에 어떻게 같은 상황에서 다르게 대
처할 수 있는지 살펴볼 것이다.

구매자의 문제가 당신이나 회사와 직접적 관련이 없을 때도 구매자의
말을 경청하는 것이 얼마나 중요한지 보여 주는 사례를 공유하려고 한다.

수년 전 호텔 업계에 있을 때, 나는(칼 자이스) 뉴욕에서 한 국민보험회
사의 회의 매니저meeting manager와 미팅을 한 적이 있다. 회의 매니저는
매년 수백 건의 미팅을 예약하는 사람이었고 우리 회사에 상당한 수익을
가져다줄 만한 잠재 고객이었다. 전하고 싶은 정보가 너무 많았지만 매니
저의 일정은 빡빡했다.

매니저의 사장에게서 전화가 왔을 때 우리는 미팅을 막 시작하려던 참
이었다. 사장은 지난주 회의에서 있었던 일 때문에 몹시 화가 난 상태였다.
자리를 뜨는 게 나을까 싶어 문 쪽으로 몸짓을 하자 매니저는 그럴 필요 없
다며 고개를 저었다. 그래서 거의 20분 동안 매니저가 깨지는 것을 지켜보
며 조용히 앉아 있었다. 이번 미팅은 실패구나 싶었다.

매니저는 전화를 끊고 잠시 창문 너머를 응시하더니 고개를 저었다. 그러고 나서 내게 몸을 돌리고 "죄송합니다. 어디까지 얘기했죠?"라고 말했다.

나는 매니저가 대화할 정신이 아니며 방금 전 전화에 대한 감정을 제거하지 않으면 어차피 미팅을 제대로 진행할 수 없다는 것을 본능적으로 알았다. 그래서 매니저에게서 받은 비언어적 메시지를 적극적으로 듣기로 했다. 나는 "상당히 불쾌한 전화인 것 같은데요."라고 말했다.

매니저는 "그렇습니다. 지난주에 한 뉴욕 호텔에 사장과 고위직 고객들을 위한 회의를 예약했는데, 엉망이 됐어요! 어땠는지 한번 들어보세요."라고 답했다. 그러고는 해당 호텔과 셀러에 대한 감정을 터뜨렸다. 30분 동안 수년간 쌓인 호텔에 대한 모든 불만을 토로했다.

내게는 훌륭한 학습이었다. 관계에 대한 회의 매니저의 관점과 우리(호텔)가 약속한 바를 제공하지 않았을 때 회의 매니저의 입장에서 그 상황을 어떻게 받아들이는지 이해하게 되었다. 그때의 경험은 호텔 업계에서 커리어를 쌓는 동안 고객만족에 대한 의지를 굳히는 계기가 되었다. 게다가 매니저는 우리 호텔에 많은 미팅을 예약했다. 프레젠테이션은 못했지만 대화가 끝난 후 매니저의 니즈를 충족시키고 만족시키기 위해 무엇이 필요한지 내가 안다는 것을 매니저도 알고 있었다. 그러면 충분했다!

만약 고객에게 문제가 있다면 경청하려고 노력하라. 정말로 듣기만 하면 된다. 어차피 세일즈 상담은 구매자의 문제가 해결되기 전까지는 진행되지 않는다. 구매자는 자신의 감정에 사로잡혀서 당신의 권유를 전부 차단한다. 장기적인 관계에 투자할 때이다.

다음 네 가지 조건 중 하나가 충족될 때까지 반드시 구매자의 말을 경청해야 한다.

① 구매자가 감정을 분출하고, 깊은 한숨을 쉬는 등 비즈니스를 계속하거나 진행해도 괜찮다는 비언어적 신호를 보내거나 말을 한다.
② 가끔 일어나는 일이긴 하지만, 구매자가 문제를 스스로 해결하고 감정의 근원을 제거해 세일즈 상담을 계속할 준비를 한다.
③ 구매자의 감정이 몹시 상해 미팅을 계속하는 게 불가능하다는 것이 명백해지는 경우 미팅을 다시 잡아야 한다.
④ 구매자의 말을 들어 줄 시간이 없거나 대화 주제가 문제가 될 때, 예를 들어 다음 약속이 있거나 고객의 이혼에 관한 얘기가 몹시 불편하게 느껴지는 등 당신의 니즈가 충족되지 않는 상황이 펼쳐질 때는 당신의 니즈도 충족돼야 함을 기억하고 단호하게 자기주장을 하는 것이 적절하다.

다음은 셀러가 성난 고객의 말을 경청할 때 대화가 두 방향으로 흐를 수 있음을 보여 주는 예다. 첫째는 고객의 불만을 경청하는 상황이다. 레스토랑 지배인 크리스가 유니폼 공급 업체의 고객 담당자 낸시에게 전화를 건다. 크리스는 주문 처리가 지연되어 화가 났다.

셀러　네, 여보세요. 낸시 무어입니다.

고객　크리스 워커입니다. 문제가 생겼어요. 방금 유니폼을 받았는데 전부 잘못됐네요. 도대체 제대로 하는 게 뭡니까?

셀러　죄송합니다. 저희가 실망을 안겨드린 것 같네요. 무슨 일이시죠?

고객　당연하죠. 배송 통지서를 열었더니 주문량 절반이 '재고 없어

이월 주문 처리'라고 표시되어 있습니다. 다음 주가 레스토랑 재오픈이에요. 유니폼이 반드시 필요합니다.

셀러   나머지 유니폼이 제때 도착하지 않을까 걱정되시는군요.

고객   당연하죠! 이봐요, 낸시. 작업 일정이 빡빡한 디자인인 거 알고는 있었는데, 4주 전에 확인했을 때는 괜찮을 거라고 약속했잖아요. 특별 주문인데 이월 주문 처리라니 이해가 안 되네요.

셀러   크리스, 솔직히 말씀드리면 저도 잘 모르겠어요. 뭔가 잘못됐어요. 확인해 보겠습니다.

고객   낸시, 확인만 하지 마시고 사장님이 알아채기 전에 해결해 주세요. 아시면 저한테 화내실 거예요.

셀러   벌집을 건드리는 꼴이 되겠네요.

고객   정말 그렇죠. 잘 들어요, 말씀드린 적 없는데, 우리 상사가 애초에 그쪽 이용하는 거 반대했어요. 수년 전에 그쪽이랑 거래하다가 엉망이 된 걸 잊지 못하시더군요. 설득하느라 정말 애먹었고 디자인이 제일 좋아서 사장님이 유일하게 동의하신 게 디자인이었어요. 이번에 망치면 제가 계속 그 타령을 들어야 할 거고 지금 추진하고 있는 다른 건들도 지원해 주시지 않을 겁니다. 그러니까 이 상황 수습해 주세요.

셀러   크리스, 위험을 감수하고 저희 업체를 선택해 주셔서 무척 감사해요. 크리스 씨의 신용이 걸린 문제라는 점도 이해합니다. 원인이 뭔지 꼭 알아내서 다시 연락드릴게요.

15분 뒤, 낸시는 반가운 소식을 가지고 크리스에게 전화를 건다.

셀러　나머지 물량은 어제 출발했고 내일 중으로 도착한다고 합니다. 레스토랑 일정이 빡빡한 걸 아시고 일단 준비된 물량 먼저 배송한 것 같더라고요. 배송 담당자가 상황을 잘 몰라서 나머지 물량은 이월 주문 처리로 짐작했답니다. 놀라게 해서 죄송합니다.

고객　좋은 소식이네요. 확인해 주셔서 감사해요.

셀러　괜찮습니다. 크리스 씨. 제가 내일 가서 나머지 물량 확인하고 직원분들에게 나눠드리는 거 도와드리겠습니다. 레스토랑 오픈하시고 나서 전에 저희한테 가지셨던 불만을 해소하실 수 있게 사장님과 같이 뵙고 싶은데요. 크리스 씨, 직원 분들, 사장님 모두 만족하실 수 있게 해드리고 싶습니다.

문제는 간단히 해결됐지만 대화 초반 크리스의 비난 세례를 받기는 쉽지 않았다. 낸시는 방어적으로 행동하거나 장애물을 형성하지 않고 진심으로 고객의 감정을 이해해야 했다. 셀러가 처음 대응할 때 장애물을 형성했다면 상황이 어떻게 됐을지 그 차이에 주목하라.

고객　낸시, 크리스 워커입니다. 문제가 생겼어요. 방금 유니폼을 받았는데 전부 잘못됐네요. 도대체 제대로 하는 게 뭡니까?

셀러　그럴 리가요. 무슨 일인지 말씀해 보세요. (장애물 1)
[또는] 걱정 마시고 무슨 일인지 말씀해 주시면 제가 알아서 처리할게요. (장애물 2)
[또는] 아이고, 저도 이제 의구심이 드네요. 오늘 오전에만 벌써 세 번째예요. (장애물 3)

[또는] 무슨 문제죠? (장애물 4)

[또는] 일정을 너무 **빡빡하게** 잡았다고 제가 말씀드렸잖아요. (장애물 7)

경청은 초반에 폭발한 고객의 분노를 잠재우는 데 도움을 주고 어떤 경우에는 아래 예시와 같이 기저에 깔린 근본문제를 드러내 해결할 수 있게 한다. 이제 구매자의 사적인 문제를 들어 줘야 하는 상황을 살펴보자. 경영진 회의가 취소돼서 화가 났던 고객에게로 돌아간다.

셀러   안녕하세요, 짐. 오늘은 별일 없으세요?

고객   다 쓸데없는 일이에요! 방금 회사에서 또 예산을 삭감하겠다고 발표했고 샌프란시스코에서 하기로 예정됐던 연중 경영진 회의는 취소됐습니다. 다음엔 무슨 일이 벌어질지 누가 알겠어요?

셀러   이 바닥 사정이 정말 **빡빡해지는** 것 같네요.

고객   그렇죠. 그래도 저는 그렇게 나쁘진 않다고 봐요. 다른 업체에 비하면 우리는 사정이 괜찮은 편이거든요. 그런데 윗분들은 경기를 변명의 구실로 이용하고 있어요. 자기들이 하기 싫은 거는 되는대로 예산을 줄여 버리는 거죠.

셀러   그러니까 그분들이 잘라 버리는 예산에 의구심이 든다는 거죠?

고객   정확해요. 비용을 살펴서 신중한 결정을 내리는 걸 뭐라 하는 게 아니에요. 이 회의는 올해 우리가 이룬 성공을 인정하고 열심히 일한 사람들을 보상하기 위한 자리잖아요. 회의를 취소하는 건 시기를 놓치는 겁니다.

셀러	다시 말하면, 그 미팅이 정말 가치가 있다고 보시는 거군요.
고객	당연하죠. 사람들이 이 회의를 품질 개선 프로그램에 어떤 문제가 있는지 논의할 기회로 보고 있기도 해요. 회의 취소는 이 프로그램을 이행할 의지가 부족하다는 의미로 해석될 겁니다. 아시잖아요, 비용을 초래하지 않는 한 품질은 괜찮은 상태인 거다, 뭐 그런 거죠.
셀러	무슨 말씀이신지 잘 알겠어요. 경영진의 결정이 애초의 약속과 일치하지 않는 듯 보인다는 말씀이죠.
고객	네, 이해하셨네요. (침묵) 제가 왜 이렇게 속이 상하는지 이제 이해가 되네요.
셀러	네?
고객	맞아요. 우리 아내가 엄청 실망할 거거든요. 저와 함께 가서 제가 회의를 하는 동안 산호세San Jose에 있는 딸이랑 시간을 보낼 예정이었거든요. 금요일에는 차를 타고 나파 밸리에 가서 주말을 보내고 월요일에 비행기로 돌아오려고 했어요. 아이고, 아내한테 취소됐다고 하기가 쉽지 않을 거예요.
셀러	피하고 싶은 대화겠군요.
고객	네, 맞아요. 어쨌든 오늘 밤이네요. 너무 장황하게 늘어놔서 미안합니다. 검토하러 가져오신 자료를 살펴보도록 하죠.

고객은 감정을 터뜨리고 나면 대화에 집중할 수 있으므로 셀러는 그때 본론으로 들어갈 수 있다. 더 중요한 건 셀러가 고객과의 관계의 중요성을 비즈니스 측면에서뿐 아니라 고객에 대한 관심 측면에서 입증했다는 것이

다. 알고 보니 고객은 진실을 말하기보다 마음의 짐을 덜고 싶었던 거였다. 위 대화에서 셀러는 몇 분을 더 할애해 구매자와의 관계를 더 견고하게 굳혔다.

비교를 위해 장애물들을 다시 검토하고 장애물이 소통의 흐름에 미치는 영향을 살펴보라. 그러고 나서 5장 초반에 구매자가 했던 생각으로 돌아가 보라.

나는 당신이 얼마나 신경을 쓰는지 확인할 때까지
얼마나 많이 아는지는 신경 쓰지 않는다.

- ◉ 세일즈와 구매 프로세스에서 경청 기술이 필요한 세 가지 경우
  - + 구매자의 의사결정 프로세스 1단계에서 충족되지 않은 구매자의 니즈와 두려움을 경청할 때
  - + 변화에 대한 구매자의 저항을 경청할 때
  - + 구매자의 불만이나 문제를 경청할 때

- ◉ 구매자의 의사결정 프로세스 1단계에서 피해야 할 함정
  - + 유도 질문으로 대화 통제하기
  - + '왜'라고 질문해 구매자가 자기 입장을 방어하게 하기
  - + 구매자의 말을 판단하고 평가하기
  - + 구매 신호를 감지한 후 세일즈 모드로 들어가기

- ◉ 효과적인 셀러는 변화 프로세스 촉진을 위해 다음과 같이 행동한다.
  - + 적극적 듣기를 통해 구매자가 변화에 대해 느끼는 감정을 이해하고 수용한다.
  - + 문제해결 심리fix - it mentality를 피하라.
  - + 변화로 말미암아 구매자가 겪게 되는 근원적 문제를 찾기 위해 경청하라.

- ◉ 커뮤니케이션 장애물은 문제해결 프로세스를 가로막고 관계에 부정적 영향을 미친다. 장애물이 사용되면 구매자는 셀러가 자신의 말을 듣지 않으며 자신을 이해하지 못한다고 느낀다.

- ◉ 고객의 불만에 대응할 때 중요한 것은 다음과 같다.
  - + 하던 일을 멈추고
  - + 고객을 바로 보고
  - + 당신이 고객의 말을 이해하고 있음을 증명하기 위해 적극적으로 들어라.

- ◉ 고객의 문제를 경청해야 한다.
  - + 당신이 고객의 문제를 신경 쓰고 있음을 증명하라.
  - + 해결해야 할 근본문제에 접근하라.
  - + 효과적인 문제해결을 위한 장을 마련하라.

6장

SYNERGISTIC

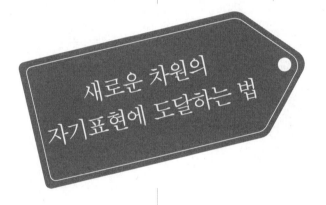

새로운 차원의
자기표현에 도달하는 법

SELLING

새로운 차원의 자기표현에 도달하는 법

자기 자신에게 진실하라.
– 셰익스피어

　　　　　　　　　　진정한 소통은 자기가 하는
말과 행동을 상대방이 가감 없이 받아들일 것이라 믿을 때 가장 쉽게 이루
어진다. 의견이 다르거나 저항이 있을 때, 상대방이 나를 판단하거나 비판
할 때, 진정성 있는 소통은 더욱 어렵다. 우리는 가능한 선택지를 고민하면
서 끊임없이 위험과 보상을 저울질한다. 고객의 결정에 대해서, 고객이 회
의에 늦은 것에 대해서, 내가 어떤 감정을 느끼는지 솔직하게 말해도 되나?
세일즈 회의에서 나서면 골치 아픈 사람 취급당할 텐데 괜찮을까? 상사에
게 새로운 보상 체계에 관해 솔직하게 말하면 연간 실적 평가에 영향이 있
지 않을까? 고객의 요청이 내 가치관과 충돌할 때 고객에게 '아니요'라고
해도 될까? 회사에서 매일 마주쳐야 하는 사람들의 감정을 상하게 하지 않
으면서 고객의 니즈를 충족시키는 게 가능할까? 어렵고 때로는 두렵기까
지 한 결정이다. 그만큼 진정성은 당신과 당신의 인간관계에 엄청난 효익

을 가져온다.

당신이 누리게 될 가장 명백한 효익은 자기 자신을 더욱 좋아하게 되는 것이다. 진정성은 자신감과 자존감을 키운다. 셀러로서, 한 인간으로서, 자신을 더욱 좋아하게 될 것이다. 사람들 앞에서 개방적이고 솔직하고 분명하게 행동할 때 더욱 강해지고 책임감 있고 자신감 있게 행동하게 될 것이다.

당신이 더욱 진정성 있게 행동할 때, 다른 사람도 당신이 누구인지 더욱 정확히 알게 된다. 고객은 당신과 거래할 때 당신에게 중요한 것이 뭔지 알고 있으므로 특정 사안에 관한 당신의 입장을 명확히 알게 된다. 당신이 누구이고 무엇을 지지하는지에 대한 명료한 인식이 불확실성을 대체할 것이다.

진정성은 파트너십을 구축하는 데 중요하다. 당신이 직접적이고 솔직하게 행동하면 당신의 고객이나 주변 사람들도 그렇게 행동하도록 격려를 받는다. 이는 두 사람 사이의 신뢰를 더욱 두텁게 만든다. 신뢰는 성공적인 세일즈의 필수 요소다. 셀러가 표면적인 모습이나 허울이 아닌 자연스럽고 진실한 모습을 보일 때 신뢰는 쌓인다. 전문 셀러라는 가면을 벗고 진짜 당신을 드러내라.

때때로 진정성은 이해하기 어려운 개념일 수 있다. 누구나 '진짜의', '자연스러운', '진실한'과 같은 적당한 형용사에 공감할 수 있다. 그러나 새로운 시너지 모델에서의 세일즈라는 맥락에는 더 깊은 문제들이 관여되어 있다. 진정성은 스스로 생각하는 것과 자동조종 장치처럼 작동하는 생각과 행동을 훈련을 통해 멀리하는 것도 포함한다. 당신의 패러다임과 신념 체계는 과거에 학습된 바에 의해 형성되었음을 기억하라. 이 패러다임들이 당신의 행동을 결정한다. 당신이 무슨 생각을 하고, 무슨 말을 하고, 또 하지 않을지 정한다.

이러한 패러다임은 이른 시기에 형성된다. "말하라고 하기 전까지는 말하지 마."라든지 "아이들은 돌봐야 하는 존재지, 말을 들어줄 필요는 없다."라는 말을 기억할 것이다. 우리는 운다는 이유로, 소리치고 비명을 지른다는 이유로, 다른 친구를 때렸다는 이유로 혼이 났고 자기표현은 용납되지 않는다는 메시지를 받았다.

학교에서도 자기표현은 거의 권장되지 않았다. 숙제나 프로젝트라는 형태의 자기표현에는 점수가 매겨졌고 타인에 의해 평가되었다. 얼마나 숨막히는 일인가! 20명에서 30명 정도의 아이들은 그룹으로 나뉘고 그 안에서 적응하지 못하면 교장실로 불려갔다. 우리의 교육 체계도 더 이상 작동하지 않는 죽어가는 패러다임의 예이며 교육에도 큰 패러다임 전환이 필요하다. 학교에서 자기표현과 진정성은 거의 권장되지 않는다.

"소란을 일으키지 마라.", "조용히 일이나 하라."라는 등 일터에서 받는 메시지도 똑같다. 최근 우리 교육 프로그램의 한 참석자는 상사에게 "내가 하라는 대로 하지 않을 거면 떠나라."라는 소리를 들었다고 한다. 많은 셀러가 "고객은 언제나 옳다."라는 말을 듣는다. 정석대로 하라, 하라는 대로 하라, 질문하지 마라, 전문가답게 행동하라, 감정을 드러내지 마라 등 메시지는 여전히 똑같다.

평생 동안 우리의 자기표현은 좌절되고 억압받아 왔다. 이 장에서 억눌려 왔던 자기표현의 역사를 꺼내면 새로운 차원의 진실한 행동으로 이어질 것이다. 시너지 세일즈 교육에서 참석자들은 어떻게 과거의 학습이 진실한 소통을 제한하고 다른 사람과의 소통에 영향을 미치는지 알아보는 연습을 한다. 이 연습에서 참석자들은 고객을 위한 뭔가를 하려고 할 때 문제를 초래하는 조직 내 구성원을 떠올려 보라는 요청을 받는다. 그다음 그 사람과 대립할 때 대화가 어떻게 흘러갈지 써 보라는 지시를 받는다. 마지막으로 대화를 할 동안 생각은 나지만 입 밖으로 꺼내지 않을 말을 적어 본다. 여기 그 예가 있다.

<u>문제 확인</u> 톰은 세일즈 지원 담당자인 마크가 고객에게 필요한 정보를 제때 전달해 주지 않아서 문제를 겪고 있다.

예상되는 대화는 다음과 같다.

톰 마크, XYZ 고객에게 필요한 주문 디자인 때문에 세 번이나 전화했어요. 도대체 무슨 일이에요?

마크 톰, 메시지는 받았어요. 미안해요. 정신없이 바빠서요. 새로운 마케팅 프로그램 때문에 일이 잔뜩 쌓였어요.

톰 일이 많다는 건 좋은 거네요. 그런데 고객한테 보낼 디자인 수정안은 준비가 됐나요?

마크 아직요. 오늘 4시 전까지 다시 연락드릴게요.

톰 믿어도 되나요?

마크 그럼요, 존슨 씨를 찾으면요. 존슨 씨가 최종 디자인을 검토하고 승인해야 하거든요.

톰 이봐요 마크, 장난하지 마세요. 존슨 씨 찾아서 새 디자인 저한테 오늘 넘겨주세요. 아시겠죠?

마크 알겠습니다.

생각은 나지만 마크에게 하지 않을 말은 다음과 같았다.

1. 드디어 전화를 받네. 보이스 메일 켜 놓는 걸 잊은 모양이군.
2. 당신들은 항상 바쁘지. 살다 살다 이렇게 혼란스러운 적은 처음이네. 내 사무실에서 자료 받는 게 고객한테 정보 얻는 거보다 더 어렵다니.
3. 아 또 맥이 빠지네.
4. '존슨 씨를 찾으면'이 뭔 말이야? 존슨 사무실은 복도 끝에 있는데!
5. 당신은 이해를 못 하지! 나는 매출 올린다고 밖에서 뼈가 부서지라 일하고, 우리랑 비즈니스 하겠다는 고객까지 있는데. 고객의 니즈를 처리해야 한다고. 그게 그렇게 어려운 일이야?

이 연습을 마치자 마지막 말을 하지 않은 이유를 두고 시너지 세일즈 교육에서 가장 흥미로웠던 토론이 벌어졌다. "상대방의 감정을 상하게 할 수 있어서.", "갈등을 유발할 수 있어서.", "매일 같이 일하는 사람이라서.", "나한테 다시 돌아올 수 있어서." 등의 답변이 나왔다.

상대방의 감정을 상하게 할 가능성 때문에 사람들은 대화 중에 진짜 무슨 생각을 하는지 공유하지 않는다. 이러한 두려움은 과거의 학습과 그 학습의 결과로 생긴 타인과의 관계 형성에 관한 패러다임에서 비롯된 것이다. 이 연습은 우리의 삶에 지대한 영향을 미치는 승-패 패러다임의 효과를 보여 주는 훌륭한 예다. 입을 열어 자기 니즈를 충족시키는 동시에 그 과정에서 상대방이 지지 않도록 하는 방법을 아는 사람은 사실상 거의 없다. 솔직함이 갈등을 초래할 것이라는 두려움도 갈등이 생겼을 때 누군가는 이기고 누군가는 졌던 과거의 경험에서 나온다. 그래서 우리는 무슨 수를 써서라도 갈등을 피하려는 경향이 있다.

무언의 커뮤니케이션 연습에서 배운 몇 가지 가르침이 있다. 먼저, 입을 열지 않는 것은 고객을 도우려는 당신의 의욕과는 반대로 작용한다. 물론 세일즈 교육 중에 고객만족을 위해 최선을 다하는 사람은 손을 들어 보라고 하면 모든 사람이 손을 들 것이다. 그러나 장기적으로 보면 예시처럼 내부 문제가 해결되지 않을 때 결국 피해를 입는 사람은 바로 고객이다.

참가자들은 자신이 고객을 만족시키기보다 친절하게 행동하고 불쾌한 대화를 회피하는 데 전념한다는 사실을 깨닫고 놀란 눈치였다. 그러고는 방어적인 태도로 이 문제를 해결할 수십 가지 방법을 생각해 냈다. 고객만족이라는 명분으로 상대방에게 문제해결을 지시하기, 상대방을 우회할 방법 찾기, 상사에게 보고하기 등이다. 누구나 사내에서 장애물에 대처하는 나름의 전략이 있다. 이 모든 전략은 타인과의 관계에 침투해 관계를 망가뜨리는 승-패 정신the win-lose mentality에서 나온다. '자기 생각을 상대방에게 말한다.'가 선택지일 때는 거의 없다.

셀러가 승-패 정신의 영향을 깨닫는 게 중요하다. 일이 잘못되거나 처리되지 않았을 때, 우리는 나서지 못한 우리의 책임을 인정하기보다 다른 사람을 탓한다. 당신이나 주변 사람들이 서로를 탓해도 아무런 변화가 일어나지 않는 것을 보라. 같은 문제와 상황이 계속해서 반복될 뿐이다. 문제의 핵심으로 들어가는 대화가 이뤄지지 않기 때문이다.

두 번째 교훈은 우리가 다른 사람과 소통할 때 진심을 말하지 않는다는 사실이다. 참석자들은 이 말을 들으면 화를 낸다. 누구든 자신이 진실을 말한다고 믿고 싶어 한다. 하지만 현실에서 사람들은 그때그때 수용 가능한 말을 할 뿐이다. '수용 가능한'의 기준은 전통적인 승-패 패러다임의 제한적인 사고방식에 의해 정해진다.

이러한 행위에는 실질적으로 여러 가지 의미가 있지만, 무엇보다 상대방을 존중하지 않는다는 의미가 내포되어 있다. 실질적으로 상대방이 위험을 감수할 만한 대상이 아니거나 당신의 말을 받아들일 수 있는 사람이 아니라고 말하는 것이다. 이런 생각은 계속 커져 상대방과의 소통을 가로막고 효과적인 관계를 구축할 기회를 닫아 버린다. 사실 두 사람 사이에 이루어지는 무언의 소통이 말보다 더 관계의 질에 영향을 미친다. 잠시 무언의 소통과 이것이 관계에서 어떤 의미를 지니는지 생각해 보라.

당신이 진짜 니즈를 표현하지 않는 이상 그 니즈를 충족할 수는 없다. 당신은 패자가 되고 만다. 패자는 승자에게 분노하고 그 분노는 어떻게든 나타나기 마련이다.

진실함은 관계와 자존감을 강화하는 특성이다. 그런데 이 진실함 속에 흥미로운 역설이 숨어 있다. 사람들에게 관계에서 가치 있게 생각하는 것이 무엇이냐 물으면 솔직함과 정직함이라고 대답할 것이다. "그 사람은 왜 그러는지 항상 명확하게 알 수 있다.", "샐리는 꿍꿍이가 없는 사람이야.", "짐은 법 없이도 살 사람이야."라며 솔직함과 정직함을 긍정적으로 평가한다. 그런데 막상 솔직히 터놓고 말해 달라고 하면 다른 사람이 어떻게 생각할지 두려워 주저한다.

세 번째 교훈은 쓰고 있던 가면을 벗고 진짜 문제와 감정에 충실하면 인간관계가 견고해진다는 것이다. 심리학자들은 이를 '일치성'이라고 한다. 내면의 생각과 감정이 타인에게 보이는 생각과 감정과 일치함, 즉 앞서 연습에서 하지 못한 말을 하는 것이다.

칼 R. 로저스는 자신의 저서 《진정한 사람되기On Becoming a Person》[2]에서 일치성을 이렇게 표현했다. "개인의 경험과 인식, 의사소통이 일치할수록 관계에서 상호 호혜적인 소통, 서로를 정확히 이해하는 소통을 하는 경향을 보이며 상호가 관계에 만족을 느낀다."

시너지 세일즈 교육 중 일치성 있는 소통의 가치를 가시적으로 보여 준 일이 있었다. 내가(칼 자이스)가 제너럴 모터스의 계열사인 AC델코에서 세일즈 교육을 진행할 때 벌어졌던 상황이다. 참석자 샘이 구매자의 의사결정을 위해서 강압적으로 마무리해야 할 때가 있지 않냐 물었다. 나는 구매자가 강요나 조종으로 해석하는 행동은 부적절한 행동이라고 생각한다 답했다. 샘은 동의하지 않았고 그때부터 누가 옳은지를 가리는 탁구경기가 시작되었다. 나는 샘의 저항이 점점 거세짐을 느꼈고 마침내 샘이 "저희 유통 업체에 전화해 보신 적 있나요?"라고 물었다. 나는 "네, 그렇습니다. 유통 업체도 상호 호혜적인 결과물을 바랄 것이며 강압적인 마무리에는 분노하리라 확신합니다."라고 답변했다. 이로써 토론이 끝났고 해당 그룹은 서면으로 된 연습문제를 풀기 시작했다.

참석자들이 연습문제를 푸는 동안 나는 샘과의 대화가 정말로 불편하게 느껴졌음을 알아차렸다. 나는 샘의 우려를 경청하지 않았고 매우 방어적으로 반응했음을 깨달았다. 그룹 토론이 재개되면, 내 생각을 나누기로 결심했다. 나는 샘에게 사과하고 샘과의 대화가 불편했다고 고백했다. 그러자 샘도 단지 사람들 앞에서 멋져 보이고 싶어 나를 궁지로 밀어붙였음을 시인했다. 내가 무슨 일이 벌어졌는지 눈치챈 사람이 있냐고 묻자, 몇몇

---

2 칼 로저스, 《진정한 사람되기》, 주은선, 학지사, 2009

이 내가 방어적인 태도를 하고 샘을 이해하기보다 샘의 신념에 반박했다고 답했다. 그다음 실질적으로 효과가 있었던 경청 기술에 관한 토론이 이어졌다. 내가 위험을 감수하고 속마음을 나누지 않았다면 없었을 이 대화는 많은 참석자에게 중요한 학습 경험이었던 것으로 드러났다.

전문 셀러라는 가면을 벗고 소통에서 일치성을 실천하는 사람은 구매자에게도 같은 행동을 할 수 있는 상황을 조성해 준다. 이는 더욱 진솔한 양방향 소통과 효과적인 구매결정이라는 결과로 이어진다. 이는 곧 더 높은 수준의 고객만족을 의미한다.

무언의 언어로 소통하고 구매자나 타인을 더욱 진실하게 대하는 데는 위험이 따른다. 하지만 이 위험은 자기를 표현하는 메시지를 보내는 법을 터득하면 크게 줄일 수 있다.

효과적인 자기표현

당신이 느끼는 감정을 말하는 것은 강력하고 고무적인 소통 방법이다. 그러나 대부분의 사람은 과거의 학습으로 말미암아 소극적이거나 공격적인 방식으로 자신의 감정을 표현한다. 사람들의 행동과 소통방식은 크게 보면 보통 이 두 분류 중 하나에 속한다. 소극적인 행동이란 감정, 니즈, 가치를 솔직하게 드러내지 않거나 사람들이 간과할 만큼 저자세로 표현함을 의미한다. 소극적인 사람은 어떻게든 타인과의 갈등을 피하려고 한다. 자신의 니즈보다 타인의 니즈를 우선순위에 두고 자주 화를 내고 좌절하고 분노한다.

소극적인 사람은 자주 무시나 묵살을 당하며 자기가 중요하지 않은 존재라는 믿음을 강화하게 된다. 자성적 예언이 되는 것이다.

소극적인 사람들 사이에서 가장 흔히 발생하는 현상은 '친절한 사람', '상냥한 사람' 신드롬이다. 이런 사람들은 전통적인 승 – 패 패러다임에서의 학습 때문에 자기 니즈를 경시한다. 친절하거나 상냥한 사람은 '친절' 외에 유일한 선택지가 '불친절'이라고 믿는다. 이들은 자기가 할 수 있는 행동을 소극적 행동과 공격적 행동으로 제한한다.

소극적 행동의 예는 세일즈 분야에서 매우 흔하다. 그 이유는 대부분 전형적인 강압적 셀러로 인식되기 싫어 반대 극단으로 치닫기 때문이다. 하지만 사실 셀러가 소극적으로 행동하는 것은 '나는 중요한 사람이 아니니까 내가 하는 말도 중요하지 않다.'라고 말하는 셈이다.

한편, 공격적인 행동은 자신의 니즈를 충족시키고 상대방을 희생시키는 것을 의미한다. 공격적인 사람은 자신의 니즈와 의견을 자유롭게 소통하지만 보통 상대방을 깎아내린다. 간단히 말해, 공격적인 사람은 타인의 니즈에 둔감하다. 하지만 모든 공격적인 행동이 노골적이지는 않다. 조종, 방해, 침묵, 고집스러운 저항 등을 통해 상대방을 희생시키고 자신의 니즈를 충족시키는 사람도 있다.

대부분의 사람에게 소극적이고 공격적인 행동은 유일한 선택지다. 둘 혹은 둘 중 하나를 선택하도록 학습되었기 때문이다. 그래서 많은 사람이 소극적으로 행동하는 경향을 보이다가 분노가 끓어 넘치면 공격적인 행동으로 넘어간다. 마찬가지로 공격적으로 행동하다가 죄책감에 사로잡히면 수동적으로 변한다. 이것이 과거 세일즈 활동의 근간이었다. 약해서 패배하면 안 되니까 강해져서 승리해야 한다. 전통적 승 – 패 패러다임의 결과다.

그러나 시너지 관계를 발전시키는 데 중요한 세 번째 선택지가 있다. 적극적인 행동이다. 적극적인 사람은 자기가 무엇을 원하는지 알고 자기의 욕망을 효과적으로 드러내면서 타인의 권리를 침해하지 않는 방식으로 소통한다. 개방적이고 진실하며 내면의 감정과 일치하는 소통을 한다.

타인과 적극적으로 소통하는 가장 좋은 방법은 '나-메시지'를 사용하는 것이다. 자기 생각과 감정의 실질적인 특성과 강도를 반영하는 일치성 있는 메시지다. 명료하고 이해하기 쉬우며 간접적이거나 모호한 언어로 포장되지 않은 핵심을 찌르는 메시지다. 다양한 형태의 나-메시지를 살펴보자.

선언적 나-메시지

타인에게 자신의 신념, 아이디어, 선호, 비선호, 감정, 생각, 반응을 선언하는 형태의 자기표현이다. 예는 다음과 같다.

"나는 시연만이 우리 기기의 효익을 보여 주는 방법임을 믿습니다."

"나는 당신이 이 회의에 참여해 주셨으면 좋겠습니다. 당신의 의견이 큰 도움이 될 것입니다."

"나는 모델 2403을 고려해 보시길 제안합니다. 고객님의 요구사항에 맞고 가격도 더 저렴합니다."

예방적 나-메시지

당신이 하고 싶은 것, 미래에 일어났으면 하는 당신의 바람을 알리는 것은 또 다른 형태의 중요한 자기표현이다. 이 메시지는 당신이 일이 어떻게 되기를 원하는지 명료하게 설명하기 때문에 다른 사람들이 자기 일을 조정해 당신이 니즈를 충족시키는 데 도움을 줄 확률을 크게 높여 준다. 예방적 나-메시지는 "나는 당신이 ~하면 좋겠습니다. 왜냐하면 ~이기 때문입니다."(상대방에게 원하는 바와 그 이유) 형태다. 예시는 다음과 같다.

"나는 당신이 회의를 2시에 시작해서 3시에 끝냈으면 좋겠습니다. 왜냐하면 저는 오늘 일정이 빡빡하기 때문입니다."

"나는 당신이 재발주 요구사항을 오늘 알려 주었으면 좋겠습니다. 왜냐하면 현실적인 배송 일정을 짜야 하기 때문입니다."

"나는 당신이 목요일까지 콘퍼런스 일정을 알려 주었으면 좋겠습니다. 왜냐하면 다른 부서에 알려야 하기 때문입니다."

대응적 나-메시지

대응적 나-메시지는 상대방이 내가 할 수 없는 것을 요청할 때 거절하는 효과적인 방법이다. 고객은 당신의 시간, 에너지, 자원 등 많은 것을 요구한다. 우리는 거절의 결과가 두려워 고객의 요청을 들으면 불안감에 사로잡힌다. 압박을 느끼고 거절해야 할지 말지 헷갈릴 때도 있다. 솔직하게 요청을 거절하지 못하고 받아들였다면 우리의 니즈를 소통하지 못했기 때문에 낙담하게 되고 요청을 한 고객에게는 분노하게 된다. 이럴 때는 시너지 파트너십을 구축하는 게 도전적일 수 있다.

많은 셀러가 고객의 요청을 거절하지 못한다. 여기 몇 가지 주된 이유가 있다. '세일즈를 놓칠지도 모른다.' 셀러가 세일즈를 하고 고객을 유지하려는 것은 당연한 일이기 때문에 고객의 감정을 상하게 할지도 모르는 일은 자연스럽게 두려워하게 된다.

'나는 친절한 사람이고 싶다.' 우리는 어릴 때부터 친절하게 행동해야 한다고 배우고 그 생각은 어른이 되어서도 다양한 방식으로 강화된다. 즉, 이타적이고 인정 많고 관대해야 한다는 생각이다. 뭔가를 필요로 하거나 우리에게 관대하게 행동하는 사람의 요청을 거절하는 것은 죄책감과 불안을 야기한다.

'나도 유사한 보상을 받을 것이다.' 셀러는 자신이 당장 고객의 요청을 받아들이면 고객도 자신과 거래해야 한다는 의무감을 느끼리라는 믿음으로 행동하곤 한다.

'고객은 항상 옳다.' 많은 셀러가 세일즈를 하려면 희생이 필요하며 언제나 고객을 믿어야 한다고 진심으로 생각하고 있음에 계속해서 놀란다. 전통적 패러다임에서 자기희생은 그야말로 세일즈라는 직무에 포함되는 일이다.

많은 경우 당신은 요청을 받아들이는 일을 자연스럽고 편안하게 느낄 것이다. 적극적인 소통 기술이 필요할 때는 요청을 받아들이고 싶지 않은 경우다. 만약 당신이 고객의 요청을 성공적으로 거절했다면 향후 당신과 파트너십에 해가 되는 분노 등의 감정을 예방한 셈이다.

대면적 나–메시지는 두 가지 중요한 요소를 포함하고 있어 효과적이다. 첫째는 "당신이 결정할 일이다."라는 말이다. 이는 "아니요. 그렇게 하고 싶지 않습니다.", "그렇게 하지 않기로 했습니다.", "그렇게 하지 않을 겁니다."와 같이 요청을 거절하는 말이다. "저는 그렇게 할 수 없습니다."나 "저는 그렇게 할 수 없을 겁니다."처럼 스스로 삶을 통제하고 있지 않다는 의미가 담긴 말은 삼가는 게 중요하다.

앞서 언급했듯 적극성은 자신이 책임지고 하고 싶은 일을 선택함을 의미한다. "제가 하고 싶지 않습니다."와 같은 적극적 대응은 당신이 그 결정의 주체임을 의심할 여지가 없게 만든다. "도저히 안 되겠어요."와 같은 대응은 "왜 안 돼요?"와 같은 되물음을 부른다. 그렇게 되면 방어적인 입장에 놓이게 되고 자신의 결정임을 인정하거나 변명을 하게 된다.

설득력 있는 이유를 내놓아도 그 뒤에 솔직한 답변이 따라와야만 한다. 거절의 이유가 명료하게 이해되면 상대방은 쉽게 거절을 수용할 것이다. 상식적인 거절 이유는 당신이 제멋대로 혹은 비협조적으로 군다거나 더한 경우, 당신이 고객을 별로 신경 쓰지 않는다는 의구심을 없애 준다. "너무 바빠요." 같은 모호한 이유는 "이미 회의가 세 개나 잡혀 있어서 일정을 변경하고 싶지 않습니다."라는 대답만큼 설득력 있지 않다. 사람들은 자신의 일상에서 상상할 수 있는 이유를 훨씬 잘 납득한다.

'대응적 나-메시지'의 예를 살펴보자.

"제리, 점심 같이 먹자고 제안해 주셔서 감사해요. 그런데 오늘은 안 됩니다. 조금 있다가 중요한 회의가 있어 준비하려고 합니다."

"아니요, 톰. 그 회의 때문에 제 휴가를 조정하고 싶지 않아요. 표는 환불이 안 되고 호텔 예약도 확정이 됐어요."

"아니요, 샐리. 제안서는 오늘 보내지 않으려 합니다. 가격 책정 부서에서 확정이 안 된 부분을 아직 기다리고 있어요."

"아니요, 톰. 다음 주 뉴욕에 가지 않기로 했습니다. 국내 세일즈 회의를 준비하려고요."

감사의 나-메시지
더욱 풍요로운 형태의 자기표현은 고객, 동료, 타인에 대한 긍정적인 감정을 묘사하는 메시지다. 당신을 특별히 배려하거나 가장 필요한 때 친절한 말을 건네는 사람에게 감사를 표하는 것이 좋다.

감사의 나-메시지는 조건 없는 진실한 감정 표현이다. 상대방에게서 뭔가를 얻기 위한 의도적이고 능숙한 아첨이 아니다. 진실하지 않은 미리 연습한 감언이설은 상대방을 질리게 한다. 반대로 진심 어린 감사의 표현은 견고한 관계와 상호 호의를 유지하는 데 큰 도움이 된다.

교육 참가자들은 감사의 나-메시지를 사용할 때 나약하거나 전문가답지 않게 보일까 걱정된다고 했다. 그러나 감사는 오늘날 세일즈 활동에서 요구되는 관계를 구축하는 강력한 도구다. 당신이 누구이고 무엇을 가치 있게 여기는지 보여 주는 강력한 말이며 상대방에게 확실하게 전달된다. 안타깝게도 우리의 문화에서 이런 형태의 긍정적 메시지는 너무나 드물어서 더욱 돋보인다. 다음은 감사하는 나-메시지의 예다.

"밥, 배송 일정 지연을 너그럽게 이해해 주셔서 정말 감사합니다. 내부에 문제가 좀 있었습니다."

"마릴린, 전문가답게 신속히 연락 주셔서 감사합니다. 덕분에 시간이 많이 절약됐어요."

"조안, 직원분들과 함께하는 특별 세션을 마련해 주셔서 감사합니다. 덕분에 설치가 매끄럽게 진행될 것 같아요."

대면적 나-메시지

대면적 메시지는 고객이나 다른 사람의 행동으로 생긴 문제를 겪을 때 사용한다. 당신에게도 권리가 있다는 사실을 기억하라. 그것이 시너지 관계에 내재한 균형을 찾는 유일한 방법이다. 현실을 직시하자. 고객이 항상 옳다는 낡은 격언은 이제 유효하지 않다. 의도적이지 않을지라도 고객이 어떤 행동을 하거나 특정 행동을 하지 않아서 셀러에게 문제가 되는 경우가 있기 마련이다. 그래서 셀러는 특정 고객과의 관계에서 매우 불리한 입장이라고 느끼게 된다. 약속에 늦거나 아예 나타나지 않는 고객, 세일즈 제안에 필요한 정보를 제공하는 것을 잊는 고객, 지나치게 시간을 잡아먹고 불합리한 요구를 하는 고객, 무례하게 행동하면서 당신의 니즈는 거의 배려하지 않는 고객을 경험해 봤을 것이다.

기존의 세일즈 조직은 직원들에게 자신의 니즈와 감정을 내려놓고 어떻게 해서든 고객을 만족시키라고 요구했다. 요컨대, 세일즈를 성사시키는 '최종 승리'를 거두기 위해 셀러들은 '나는 지고 상대방은 이기는' 게임을 해 온 것이다. 자기 권리와 정당한 니즈를 주장하지 않는 셀러에게는 실재적 위험이 존재한다.

부당하게 이용당하거나 그렇게 행동하도록 교육받은 셀러들은 자신의 불만족을 부인하거나 억누른다. 웃고, 참고, 넘기는 접근법이 효과적일 때도 있지만 불가피한 일이 벌어지는 시기를 지연할 뿐이다. 고객에게 여러 차례 지고 나서 어느 날 마음속에 쌓인 분노를 한꺼번에 터뜨릴 수도 있다. 아니면 해당 고객에게서 손을 떼거나 고객과의 약속에 늦거나 불만 처리를 의도적으로 잊는 등의 미묘하고 간접적인 방식으로 공격을 가할지도 모른다. 고객에게 계속 패배하는 셀러는 자신의 분노를 주변 사람에게 터뜨리거나 좌절감에 일을 그만두기도 한다. 웃고, 참고, 넘기는 접근법은 장기적으로는 아무 도움이 되지 않는 승-패 모델에서 동원되는 전략이다.

시너지 모델에서 문제를 초래하는 고객을 대할 때 셀러에게는 세 가지 선택지가 있다. 여기서 말하는 고객 행동은 셀러에게 실질적인 문제를 초래하고 셀러의 니즈 충족을 방해하는 행동임을 명확히 아는 게 중요하다.

문제를 초래하는 행동을 다루는 방법

....

선택 1 : 있는 그대로 받아들이기

앞서 언급했듯 고객의 행동을 수용하는 것은 많은 셀러의 전통적인 대응 방식이다. 현실적으로 생각해 보자. 잃을 게 너무 많아서 무엇이든 참을 준비가 되어 있는 상황이 있다. 이때 고객의 행동을 수용하는 것은 내키지는 않지만 필요에 의한 정당한 선택지가 된다.

그러나 꺼려지지 않는 수용도 있다. 모든 것을 있는 그대로 받아들이는 철학적 수용이다. 아마 당신이 소중히 여기는 가까운 관계의 사람이 별난 데가 있더라도 그 사람 자체가 그런 것이며 어떤 것도 그 사실을 바꿀 수 없다는 점을 깨닫고 더는 개의치 않기로 마음먹은 적이 있을 것이다.

그리고 당신이 수용하기로 한 그 별난 행동이나 습관이 이 특별한 사람을 더욱 매력 있고 개성 있게 만들어 그 행동이나 습관을 사실상 좋아하게 된 경험이 있는가?

여기 고객의 성가신 행동을 기꺼이 수용할 수 있게 해 줄 질문들이 있다.

① 있는 그대로의 나와 있는 그대로의 고객을 위한 공간이 이 세계에 충분히 존재하는가?
② 왜 나는 이 고객의 행동이 괴로운가? 물리적인 영향은 없지만 내 감정을 상하게 하거나 내 가치관에 반하는 행동이라 괴로운가? 이게 정말 나에게 그렇게 중요한가?
③ 셀러는 상상할 수 있는 모든 종류의 사람과 대면해야 하고, 큰 포용력은 셀러로서의 인생을 더욱 즐겁고 생산적으로 만들어 주리라는 관점을 가질 수 있을까?
④ 혹시 내가 셀러로서 세일즈를 한다는 이유로 열등감을 숨기고 있거나 낮은 위치에 있다고 생각하면서 지나치게 민감하고 방어적으로 행동하는 게 아닐까? 만약 그렇다면 작은 상처에 피 흘리지 않도록 셀러로서의 자긍심과 자존감을 높일 수 있을까?

하나 이상의 질문에 '그렇다'라고 답했다면, 수용이 고객이 초래하는 일부 문제에 대응하는 합당하고 건강한 방법이 될 수 있다.

선택 2 : 당신이 문제의 일부라면 스스로 변화하라.

사람, 문화, 국가 모두 서로 탓하기 바쁜 세상에서 관계가 틀어질 때 자성하는 것은 큰 가치가 있다. 모든 문제에 양면이 있다는 격언은 사실인 경우가 많다. 이는 상대방을 바꾸려 하기 전에 스스로 먼저 변해야 하며, 그 과정에서 당신이 싫어하는 상대방의 행동이 실은 당신의 행동으로 말미암아 초래된 것일지도 모른다는 점을 시사한다. 예를 들어, 방문 일정을 항상 모호하게 말하는 셀러는 시간이 그다지 중요하지 않다는 메시지를 보낸다. 보통 이런 셀러는 "월요일이나 화요일에 뵙겠습니다."라고 말하곤 한다. 일정이 빠듯해지고 약속을 확정해야 할 때, 제안한 시간에 고객이 안 된다고 하면 누구 탓일까? 다른 예는 제품에 관한 고객의 질문과 사소한 불만을 무시하고 고객이 느끼는 바를 경청하지 않는 셀러가 해당 고객이 잠재 고객에게 제품을 비판하는 것을 들을 때다. 이때 셀러는 배신이나 기만을 당한 것일까? 아니면 셀러가 자초한 상황인 걸까?

진실한 행동에는 정직한 성찰이 요구된다. 여기 고객과 겪고 있는 문제가 일정 부분 당신에게서 비롯되었는지 알아보는 질문이 몇 가지 있다.

---

① 내가 싫어하는 상대방의 행동을 일으키는 요인이 내게도 있는가? 내가 상대방의 기분을 오락가락하게 하지는 않았는가?
② 만약 그렇다면 문제를 초래하는 요인이 되지 않도록 나 스스로 변화할 의향이 있는가?
③ 이 사람과 좋은 관계를 유지하기 위해서 나는 최선을 다하고 있는가? 마땅한 방법으로 고객에게 서비스를 제공하고 있는가 아니면 이 고객을 너무 당연하게 여기고 있지는 않은가? 이 고객이 초래하는 성가신 일들이 즉각적인 관심이 필요한 만족하지 못한 고객이 보이는 증상은 아닌가?

오랫동안 거울을 골똘히 들여다보면 "적은 나 자신이었다."라고 말이 나올지도 모른다.

<u>선택 3 : 고객을 바꿔라.</u>

마지막으로 고객의 행동을 수용할 수 없고 <u>스스로</u> 변하지도 못하겠다면, 문제를 초래하는 사람을 바꾸는 시도를 해 볼 수 있다. 이 시도는 당신의 제1 선택지가 되어도 지장이 없으며 세 번째로 서술한 이유는 누군가를 바꾸려는 시도에 수반되는 본질적인 위험 때문이다. 어차피 사실상 불가능한 일이다. 오직 상대방만이 자신이 변화할지 선택할 수 있다. 당신이 할 수 있는 일은 변화를 위한 환경과 기회를 제공하는 것이다. 고객에 대한 실질적인 통제력이 거의 없는 셀러에게 더욱 그러하다. 셀러가 할 수 있는 일은 고객이 셀러의 권리와 니즈를 배려하는 쪽으로 변화하도록 영향을 미치려고 시도하는 것이다.

누군가를 바꾸려는 노력에는 최고의 상황에서조차 예측 가능한 위험을 내포한다. 상대방은 비판이나 비난의 대상이 되고 있다는 느낌을 받을 수도 있고 방어적으로 변해서 당신의 말을 듣지 않을 수도 있다. 당신에게 따지고 들 수도 있고 관계에 긴장감이 돌게 될지도 모른다.

한편, 결과가 매우 긍정적일 수도 있다. 고객이 당신의 말을 듣고 당신의 우려를 이해하고 변화에 흔쾌히 협조하며 ─ 당신도 함께 변하는 것을 전제로 ─ 관계는 더욱 견고해지고 상호 간에 존중하는 마음도 커진다.

여기 스스로 해 봐야 할 질문이 몇 가지 더 있다.

① 이 고객의 행동은 내가 용납할 수 없는 행동인가? 이 사람과 문제가 있는 이유가 무엇인지 곰곰이 생각해 보았는가? 상대방의 행동으로 나는 실질적으로 어떤 상처를 받고 있는가? 단순히 가치관이나 방식의 차이인가? 나에게 그렇게 중요한 것인가?

② 이 고객이 변하는 게 가능한가? 이 사람 속에 뿌리 깊이 새겨져 있는 뭔가를 대면하고 있는 것은 아닌가? 실은 상사와 같이 다른 사람이 이 사람의 행동을 통제하고 있는 게 아닐까? 그렇다면 내가 대면해야 할 다른 사람이 있는 것인가?

③ 상대방의 분노, 당혹감, 자기방어 등의 반응에 대처할 용의와 능력이 내게 있는가?

④ 이 사람과 대면했는데, 문제에 나도 일조했음을 알게 됐을 때 나 스스로도 변화해야 할 가능성에 대해 열려 있는가?

당신이 이 가능성을 수용하고 스스로 변화할지 아니면 상대방과 대면할지는 물론 많은 부분을 고려한 후 결정해야 한다. 중요한 것은 단순히 문제가 사라지기를 바라거나, 자동조종 장치에 의해 돌아가는 것처럼 선택의 여지가 없다는 핑계를 대며 하던 대로 하는 게 아니라 의식적으로 선택하는 것이다. 당신도 고객이나 다른 모든 사람과 똑같이 자기를 존중하고, 전문가로서 정직하며, 인간으로서 존엄할 권리가 있다.

고객 대면하기

· · · ·

고객과 대면하는 것, 고객이 한 뭔가가 맘에 들지 않는다고 말하는 것은 쉬운 결정이 아니다. 여기에는 위험이 따른다. 그러나 이 행동이 해야만 하는 일로 느껴질 때가 있다.

예를 들어, 약속에 30분 이상 늦는 고객이 있다고 하자. 이 고객은 지난달에 사실상 두 번이나 약속을 잊었고 당신이 전화를 걸었을 때 근방에 있지도 않았다. 게다가 계속 미뤄지고 지켜지지 않는 세일즈 상담 때문에 출장 시간이 낭비되고 다른 업무를 할 기회를 잃고 있다.

하지만 매번 지각하는 이 고객은 매우 중요한 고객이기도 하다. 조금 더 들어가서, 고객의 행동 수용하기, 스스로 변화하기 등의 대안을 생각해 보고 고객이 변하도록 영향을 미치기로 했다고 치자. 사실 예방적 나-메시지를 여러 차례 보냈으나 효과가 없었다. 당신은 기분이 몹시 상했고 문제가 완화될 때까지 잠자코 기다릴 수만은 없다고 생각했다.

이런 문제로 고객이나 타인을 대면하기로 마음먹을 때 달성해야 할 세 가지 목표가 있다. 먼저, 문제완화는 일반적으로 고객의 행동을 통해서 한다. 둘째, 고객의 자존감과 자존심을 지켜 준다. 셋째, 관계를 망가뜨리지 않고 가능하면 문제를 개선한다.

많은 사람이 누군가에게 화가 날 때 문제완화라는 첫째 목표만 생각한다. 그러나 고객과 시너지 관계를 유지하기를 원하는 셀러라면 상대방에게 초래될 수 있는 부정적 효과를 최소화하는 데에도 똑같이 신경을 써야 한다.

대면적 나-메시지는 고객이 변화하도록 영향을 끼칠 수 있다. 나-메시지는 주어진 순간에 당신이 경험하는 바에 대한 진실을 말하는, 감정과 생각을 솔직하게 직접적으로 드러내는 표현임을 기억하라. 대면적 나-메시지는 당신에게 문제가 되는 고객의 말이나 행동을 비난하지 않는 어조로 한 설명이며 문제의 행동이 당신에게 초래하는 원치 않는 영향에 대한 구체적인 설명임과 동시에 부정적인 영향에 대해 당신이 느끼는 감정의 강도, 이 세 가지 중요한 정보를 담은 특별한 형태의 자기표현이다.

대면 메시지가 효과적으로 작용하려면 당신이 받는 부정적인 영향을 상대방이 명확히 이해하고 당신을 배려하는 차원에서 행동을 바꾸도록 해야 한다. 서로 잘 모르거나 일시적인 관계라 해도 당신의 문제에 공감한다면, 즉 당신의 입장을 이해한다면 배려할 것이다. 상대방 역시 다른 사람이 자신에게 해 주었으면 하는 대로, 자신의 행동을 바꿀 확률이 높다.

세 부분으로 구성된 나-메시지를 바탕으로 이루어진 효과적인 대면의 예를 살펴보자. 먼저, 다음을 읽어 보고 나-메시지를 완성하라.

첫 번째 예시에서 고객은 항상 약속에 늦었고 어제는 고객이 늦는 바람에 당신이 아주 중요한 회의에 늦고 말았다. 이때 효과적인 대면 메시지는 다음과 같다.

"빌 씨가 약속에 늦을 때마다 제 일정이 엉망이 돼서 다른 회의에 늦어요. 어제 우리 회의 다음에도 늦는 바람에 큰 건을 놓칠 뻔했습니다. 이런 상황이 저에겐 정말 낭패네요."

두 번째 예시에서는 고객이 입찰을 제안하는 데 필요한 규격서를 보내 주지 않았다. 고객은 당신의 제품에 관심이 있다고 했지만, 합의한 사항을 이행하지 않았다. 이런 일이 두 주 연속으로 일어났고 제안서 제출 기한은 빠르게 다가오고 있었다. 이 때 적절한 대면 메시지는 다음과 같다.

"존스 씨, 규격서를 보내 주신다고 두 번이나 말씀하셨는데 아직 안 왔네요. 기한 전에 견적서를 드릴 수 있을지 걱정입니다."

이전 예시에서는 세 부분의 순서가 행동 – 감정 – 영향 순이었으나 이번 대면적 메시지의 내용 순서는 약간 다르다. 이 세 부분의 순서는 그렇게 중요하지 않다. 핵심은 메시지의 형태가 아니라 메시지의 내용이다.

여기 당신의 대면을 효과적으로 만들어 줄 지침이 있다.

부분 1 : 행동

당신이 정확히 상대방의 어떤 행동을 싫어하는지 명확히 알 수 있도록 구체적으로 설명하라. (예 : 새 유니폼 디자인에 대한 규격을 보내지 않는 것)

모호하고 일반적인 행동을 설명하지 마라. (예 : 후속 조치를 하지 않는 것)

탓하거나 비난하거나 과장하는 말을 하지 마라. (예 : 당신이 일을 미룰 때)

이유를 분석하려고 하지 말라. 어차피 상대방의 동기나 의도는 알 수 없다. (예 : 당신이 디자인 보내는 걸 계속 미룰 때)

부분 2 : 구체적 영향

당신이 어떻게 부정적으로 영향을 받는지 구체적으로 설명하고 상대방이 쉽게 공감할 수 있는 실질적인 영향을 강조하라. (예 : "시간을 버린다.", "세일즈 상담을 놓친다.", "추가적인 비용이 들어간다.")

부정적 영향을 모호하게 설명하거나 빼먹지 마라. (예 : "약간 문제예요.",

"엉망이네요." 등)

부분 3 : 부정적 영향에 대한 감정

실제로 경험하는 불쾌감, 짜증, 두려움, 좌절감을 설명하라. 상대방에게 당신이 느끼는 감정의 실제 강도를 말하라. 실제 부정적 영향과 감정을 연결하라. 단순히 "걱정됩니다."보다는 "기한을 넘길까 걱정됩니다."라고 말하라.

감정은 상대방의 행동이 미치는 영향에 대해 당신이 얼마나 신경을 쓰는지 알려 주므로 감정을 빼놓고 말하지 마라. 감정을 과장하지 말되 억누르지도 마라. 진실하게 표현하라.

* * *

더 들어가기 전에, 화에 대해서 짚고 넘어가자. 어떤 행동이 문제를 야기할 때 당신이 처음으로 느끼는 감정은 화나 적대감일 것이다. 그러나 화는 기저에 깔린 다른 감정의 결과인 경우가 많다. 예를 들어, 고속도로에서 운전하고 있는데 근처에서 다른 운전자가 사고를 일으켰다면, 처음에 당신은 "똑바로 좀 보라고 이 멍청한 놈아!"라고 외치며 화를 낼 것이다. 그러나 잠시 후 인식하게 되는 주된 감정은 두려움이다. "아이고 무서워라 큰일 날 뻔했네!" 그러므로 대면 메시지를 보낼 때는 주된 감정이 뭔지 알아내서 이를 상대방에게 표현하라.

화를 내지 않고 정확하게 주된 감정을 표현하면 상대방 역시 방어적으로 대응하지 않을 것이다. 거의 모든 사람이 타인의 두려움, 걱정, 좌절에 공감하지만 화에는 공감하지 못하며 그 화가 자신을 향할 때는 더욱 그렇다.

너 – 메시지는 효과적이지 않다

....

나 – 메시지는 합리적으로 보이지만, 많은 사람이 이 메시지를 통해 대면하는 데 실패한다. 우리는 나 – 메시지보다 너 – 메시지를 통해 소통하는 경우가 더 많다. "여기 있는 나"가 아닌 "저기 있는 당신"에 대해 말하고 우리가 느끼는 감정을 전하는 데 실패한다.

너 – 메시지는 판단, 추측, 낙인, 명령, 협박을 담는다. 낙인찍히거나 지시반기를 좋아하는 사람은 없기 때문에 너 메시지는 보통 상대방에게 상처를 주고 방어적으로 만들고 저항하게 만든다. 어떤 고객도 손가락질을 받고 싶어 하진 않는다. "당신이 망쳤어.", "당신은 배려가 없군.", "당신은 제가 오래 기다려도 아무 상관이 없군요.", "당신이 그 자재를 보내 주지 않으면 배송을 약속할 수가 없어요." 등의 말도 듣고 싶지 않은 건 마찬가지다.

가장 흔한 '너 – 메시지'의 네 가지 유형은 다음과 같다.

비난

이 메시지는 비난하고 비판하고 잔소리하고 훈계하는 메시지다. 당신이 겪고 있는 문제를 지적하면서 상대방을 벌하려고 고안한 메시지다. (예 : "이렇게 저를 기다리게 하는 게 괜찮다고 생각하세요?")

낙인

직접적으로 상대방을 평가하고 낙인찍고 부정적인 방식으로 고객의 유형을 나누는 메시지다. (예 : "타인에 대한 배려가 없으시네요.")

위협

이 메시지는 미묘하게 혹은 대놓고 불쾌한 결과를 암시한다. (예 : "디자인 규격을 저한테 빨리 보내시지 않으면 최저가는 못 받으세요.)

지시

이런 종류의 대면적 메시지는 직접 지시하거나 고객이 변화를 주도하도록 하기보다 고객이 어떻게 변해야 하는지 강력히 제안한다. (예 : "규격서 가져와서 우편으로 부쳐 주세요.")

대면적 나-메시지가 효과적인 이유는 상대방의 행동이 어떻게 당신에게 상처를 주는지 분명하게 알려 주기 때문이다. 지시하거나 명령하거나 협박하는 게 아니므로 고객은 자신이 어떻게 대응할지 선택할 수 있다고 느낀다. 당신이 변화를 요구하는 게 아니기 때문에 저항할 대상이 없는 것이다. 오히려 책임감이 생긴 고객이 당신을 돕게 될 것이다.

여기 대립적 나-메시지가 어떻게 작동하는지 보여 주는 예가 있다. 우리의 세일즈 교육을 듣고 나서 호텔의 총지배인인 자신의 상사와 대립한 참석자가 있었다. 참석자는 자신이 배운 기술이 효과적으로 적용되는 것을 보고 기뻐서 내게 전화했다. 호텔 현관 지배인 패티는 교육을 듣고 나서 자신이 겪고 있는 문제를 의논하기 위해 상사의 사무실로 갔다. 패티가 교육에서 배운 걸 시도해 보고 싶다고 하자 상사는 해 보라고 했다. 패티는 심호흡을 한 후, "지배인님께서 8시에서 8시 반 사이에 프런트 오피스에 오시면 오전 직원들이 너무 긴장합니다. 하루 중 가장 바쁜 시간대여서 지배인님이 성과를 확인하러 온다고 생각하는 듯해요. 지배인님이 오시는 것 때문에 서비스 제공이 지연되고 효율성이 떨어지지 않을까 몹시 걱정입니다."라고 말했다.

패티는 건전한 대면적 나-메시지를 전달했다. 총지배인은 자신이 직원들을 신경 써서 하는 행동임을 알릴 필요성을 느꼈다. 프런트 오피스에 가는 시간대는 중요한 게 아니었다. 총지배인은 패티에게 상황을 알려 줘서 고맙다며 바쁜 시간대에 가는 것은 삼가겠다고 말했다. 상황은 생각보다 쉽게 마무리되었다. 사실 많은 경우가 그렇지만, 항상 그런 것은 아니다. 대립하는 상황, 자신의 행동이 다른 사람에게 문제가 된다는 사실을 알게 되는 것을 좋아하는 사람은 없다. 자신의 결점을 인지하게 되면 누구나 어느 정도는 죄책감과 당혹감에 압도당한다. 잘못을 격렬히 부인하거나 자신의 행동이 완벽하게 정당하다고 느낄 수도 있다.

한 가지는 거의 확실한데, 대면하는 상황에서는 어떤 형태든 불쾌하거나 불편한 반응을 경험하게 된다는 점이다. 물론, 너-메시지가 이런 반응을 많이 도출한다. 그러나 교과서처럼 완벽한 대면적 나-메시지조차 상대방에게 어느 정도의 불쾌감은 주게 된다. 그래서 대면으로는 충분하지 않다. 피할 수 없는 상대방의 반응에 대응해야만 한다.

6장에서는 문제를 겪는 고객의 말을 경청하는 것의 가치를 다시 살펴볼 것이다. 이제 '대면하기'에서 '당신의 나-메시지에 반응하는 고객을 돕기'로 기어를 바꿀 필요가 있다. 듣기 기술 중에서도 특히 적극적 경청은 적절한 대응이다. 기어를 바꿔 고객의 말을 듣지 않고 대면적 메시지를 반복하거나 확장한다면 문제는 더 나빠질 확률이 높다.

기어 바꾸기의 핵심은 적극적 경청이다. 주장하기에서 경청하기로 태도를 바꾸는 것은 "제 말이 당신의 감정을 상하게 했군요. 당신이 우려하는 바가 뭔지 이해하고 싶습니다."라는 의미를 지닌 매우 중요한 메시지다. 경청은 상대방이 감정을 터뜨리는 분출구가 되고 갈등을 효과적으로 해소하는 환경을 제공한다. 경청은 상대방을 향한 관심을 표하는 동시에 많은 경우 상대방의 저항을 충분히 낮춰 주므로 이후 기어를 다시 바꿔 당신의 대면 메시지를 더 명확히 하거나 확장해도 된다. 사실 갈등이 어느 정도 해소될 때까지 혹은 근본문제를 파악해 갈등해소 프로세스를 진행할 수 있을 때까지 대립 – 경청 – 대립 – 경청 등으로 여러 차례 기어 바꾸기를 해도 괜찮다.

기어 바꾸기의 예를 살펴보자. 이 시나리오에서 인쇄 업체의 셀러인 데브라는 인가된 교정쇄를 늦게 돌려주는 고객을 대면하기로 마음먹는다. 데브라가 어떻게 초반에 대면적 나 – 메시지를 보내고 나서 적극적 경청을 하고 어디서 다시 기어를 바꿔 자기주장을 펼치는지 주목하라.

셀러(1) 안녕하세요, 존. 데브라예요. 문제가 있습니다. 교정쇄 검토와 승인을 거절하실 때마다 프로젝트 마감일을 맞출 수 있을지 걱정됩니다. 인쇄기도 돌리지 못하고 있고요. 결국 다른 프로젝트의 기한도 늦춰져요.

고객 이봐요, 데브라. 변경 사항은 어제 로리 씨에게 전달했어요. 그리고 여기는 신제품 발표 때문에 정신이 없어요. 브로셔는 많은 걱정거리 중 하나일 뿐입니다.

셀러(2) 존, 정신없이 바쁘고 브로셔 말고도 신경 쓸 일 많으신 거 이해합니다. 변경 사항 전달해 주신 것도 알고 있고요. 그런데 새 교정쇄가 있어야만 인쇄 시작할 수 있는 거 아시잖아요.

고객   데브라, 한 달 전 저한테 이 프로젝트를 넘기면서 연례 세일즈 회의 때까지 준비하라고 했을 때부터 일이 잘못된 거예요. 신제품 사진도 안 나왔고 크리에이티브팀은 사본을 바꿨고 사장님이 셀러 특별 인센티브를 추가하셨는데 그것도 제가 써야 하고, 관련 캠페인도 제가 만들어요. 거기다 다음 주에 회의도 있다고요.

셀러(3)   굉장한 압박을 느끼고 계신 거네요.

고객   맞아요, 될 수 있으면 지름길로 가야죠.

셀러(4)   그러면 변경 사항은 이미 요청하셨으니까 교정쇄 승인이랑 서명 단계는 생략하셔도 되겠네요.

고객   맞습니다.

셀러(5)   알겠어요. 존. 이해됐어요. 그런데 제가 걱정하는 건 이겁니다. 망치면 안 되는 중요한 프로젝트인데 너무 서둘렀어요. 전화로 전달해 주신 변경 사항을 로리가 잘못 해석했을 수도 있는데 그런 위험을 감수하고 싶지 않습니다. 사소한 실수 하나가 브로셔의 정확성과 품질을 훼손할 수도 있는데, 위험을 감수하기엔 당사에 너무나 중요한 프로젝트 아닙니까. 이 정도 규모의 프로젝트는 최종 승인 전까지 인쇄를 시작할 수 없습니다.

고객   데브라 씨, 변동이 그렇게 크지 않아요. 혼선은 없을 겁니다.

셀러(6)   존, 변경 사항이 새 교정쇄를 찍을 만큼은 아닌 점 전적으로 이해합니다. 그런데 이보다 사소한 변경이 잘못돼서 고객이 최종 제품을 마음에 안 든다고 한 적이 있어요. 지금 이 상황에서 그런 위험을 떠안고 싶지는 않네요.

고객	알았습니다. 그럼 어떻게 하는 게 좋을까요? 한 시간 내에 생산 업체와 다음 주 일정 확인하러 회의에 들어가는데 오늘 종일 할 수도 있어서요.
셀러(7)	이건 어때요? 시간이 없으시니까, 제가 직접 새 교정쇄를 검토하고 오늘 한 시에 가지고 갈게요. 그 회의에서 이삼십 분 정도 휴식 시간을 갖고 저랑 같이 변경 사항 검토하면서 원하시는 게 맞는지 확인해 주세요. 그러면 오늘 인쇄에 들어갈 수 있어요.
고객	알겠어요, 데브라. 데브라 씨가 맞는 것 같네요. 한 시에 뵙죠.

데브라는 대화를 시작하면서 (1) 매우 직접적이고 효과적인 나-메시지를 보내고 있다. 그러고 나서 (2) 적극적 듣기를 통해 존의 우려를 이해함을 증명한다. 대응(3)과 (4)도 존의 관점에서 문제를 완전히 이해하고 있음을 보여 주는 적극적 경청이다. 그다음 (5)에서 자신에게 무엇이, 왜 필요한지 존을 이해시키기 위해 다시 자기주장을 한다. (6)에서는 다시 적극적 경청으로 자신이 존을 이해하고 있음을 알리고 자기 입장을 명확히 한다. 마지막 (7)에서는 해결책을 묻는 존에게 모두에게 효과적일 것으로 생각되는 해결책을 제시한다.

시너지 세일즈 교육에서 경험한 바에 의하면, 많은 셀러가 일이 잘못되어도 빠져나갈 구멍이 있기 때문에 상황을 직면하는 위험을 감수하지 않는다. 여기서는 승인된 교정쇄가 없다는 점이다. 셀러는 옳고 고객이 틀렸다고 주장할 수 있다. 셀러가 단언할 수도 있다. 승인된 교정쇄 없이는 브로셔를 인쇄할 수 없다. 그러나 이런 승-패 접근법은 고객과 견고한 관계를 구축하는 방법이 아니다.

게다가 상대방의 우려를 경청하고 인정하는 듣기 기술을 사용하지 않으면, 이런 상황은 누군가는 지고 누군가는 이기는 갈등 상황으로 치닫기 쉽다. 그래서 기어 바꾸기 기술이 중요한 것이다.

단언적, 예방적, 대응적, 감사의, 대면적 나-메시지는 당신의 니즈, 관점, 감정을 더욱 효과적으로 소통하는 새로운 도구를 제공한다. 당신의 마음을 읽을 수 있는 사람은 없다. 진실한 자기표현은 수반되는 위험에 비해 그 효익이 압도적이다. 더욱 정직하고 진실하게 행동하려는 용기는 시너지 파트너십이라는 새로운 차원의 관계를 연다.

◉ 타인과 개방적이고 솔직하고 진실하게 소통할 때 스스로 더욱 강해짐을 느끼고 책임감과 자신감 또한 상승할 것이다.

◉ 당신의 과거 학습이 자기표현을 제한하고 있다.

◉ 상대방의 감정을 상하게 할 가능성과 이후 벌어질 결과 때문에 당신은 대화 중에 진심을 공유하지 않는다.

◉ 전문 셀러의 가면을 벗고 더욱 진정성 있게 행동할 때 구매자도 똑같이 할 수 있는 환경이 조성된다.

◉ 타인과 진실하게 소통하는 가장 효율적인 방법은 다음의 나 – 메시지를 통해서다.

+ 단언적 나-메시지
+ 예방적 나-메시지
+ 대응적 나-메시지
+ 감사의 나-메시지
+ 대면적 나-메시지

◉ 상대방의 수용 불가능한 행동 때문에 상대방을 대면할 때, 목표로 해야 할 세 가지는 다음과 같다.

+ 문제 완화하기
+ 상대방의 자존감 지켜 주기
+ 관계 유지하기

◉ 대면적 나 – 메시지의 세 부분은 다음과 같다.

+ 수용할 수 없는 행동을 비판하지 않고 설명하기
+ 해당 행동이 당신에게 미치는 실질적 영향
+ 상황에 대한 당신의 감정

◉ 상대방을 대면하고 난 후 기어를 바꿔 상대방의 말을 경청하고 상대방이 겪는 문제와 근심을 이해할 필요가 있을 수도 있다.

7장

진실한
커뮤니케이션의 효과

진실한 커뮤니케이션의 효과

라본은 1장에서 나왔던 셀러로 셀러관리자와의 문제 때문에 성과에 영향을 받고 있었다. 회사에서 7년간 좋은 성과를 내 왔지만 셀러관리자의 압박과 참견을 견디지 못해 모든 걸 포기하고 그만둘 생각이었다. 라본은 스스로 부족하다고 느끼며 자신의 능력을 의심했다.

라본은 시너지 세일즈 교육을 들으며 큰 위험을 감수하고 상사 문제에 직면하기로 마음먹었다. 라본은 상황이 더 나빠질까 매우 걱정스러웠다. 이후 두 달간 코칭을 받으며 상사와 여러 차례 대면했고 자신의 문제를 적극적으로 소통했다. 대화는 둘의 관계를 바꿔 놓았다. 상사는 비판하거나 통제하려 하지 않고 매우 협조적으로 바뀌었고 라본은 상사의 의견에 마음을 열게 되었다. 나는(칼 자이스) 그 회사의 연례 세일즈 회의에서 라본을 보고 놀랐다. 라본은 만족스러워 보였고 자신 있게 행동했다. 실적도 개선되었다. 라본은 6개월 만에 매출을 16% 초과 달성했고 그해 말, 지역 내 최고 셀러가 되었다.

분명한 건 급격한 변화가 저절로 일어난 것은 아니라는 점이다. 라본은 절망적인 상황을 바꾸려고 용기를 내어 자신의 니즈를 상사에게 전했다. 주변에서 벌어지는 일에 반응하기보다 주도적으로 나섰다.

진실하고 개방적이며 솔직한 커뮤니케이션은 효과적인 관계 구축에 귀중한 도구일 뿐 아니라 개인적으로도 보상이 따리오는 일이다. 진실을 말하는 능력은 자신 있고 유능한 셀러임을 보여 주는 신호다.

무언의 대화 연습하기

. . . .

6장에서 교육 중에 활용했던 무언의 대화를 제시했다. 참석자들에게 일단 대화가 어떻게 흘러갈지 예측하고 머릿속에 떠오르지만 입 밖으로 내지 않을 말을 종이에 적으라고 했다. 이번에는 같은 예시에서 나-메시지를 사용해, 하지 못했던 말을 전하면 대화가 어떻게 흘러갈지 적어 봤다.

기억할지 모르겠지만 톰은 시간 맞춰 연락하지 않는 세일즈 지원 담당자 마크와 문제를 겪고 있었다.

마크   여보세요, 마크 존슨입니다.

톰   마크, 톰입니다. 연결이 바로 되어서 다행입니다. 보이스 메일로 넘어갈 때는 정말 절망스러워요.

마크	죄송합니다. 새 마케팅 프로그램 때문에 정신이 없어요. 항상 회의 중인 거 같다니까요.
톰	압박이 엄청난가 보군요.
마크	뭐 새로울 게 있겠어요?
톰	네, 요즘에는 계속 그런 것 같네요. 마크, 들어 보세요. 해결하고 싶은 문제가 있어요.
마크	뭔데요?
톰	XYQZ 주문 건 디자인 때문에 제가 전화도 하고 메시지도 세 개나 남겼어요. 전화를 다시 안 주셔서 정말 걱정스러웠습니다. 내일 오전 10시에 그쪽하고 미팅이 있거든요.
미크	죄송해요, 톰. 하지만 말씀드렸듯이 제가 지금 바빠서 정신이 없고 존슨 씨한테 최종 승인을 받아야 하는데 존슨 씨를 찾을 수가 없어요. 오늘 오후 4시까지 처리해서 팩스로 보내드릴게요.
톰	다시 말씀드리지만, 마크 씨가 바쁜 것도 존슨 씨를 찾기 어려운 것도 이해합니다. 들어 보니 종일 숨 쉴 틈도 없이 일만 하고 계신 것 같네요.
마크	네, 이해하시네요. 얼마나 더 이렇게 버틸 수 있을지 모르겠어요.
톰	회의가 많아서 현장 요청에 대응해 주시지 못하면 어떻게든 시스템을 바꿔야 할 것 같네요. 마크 씨 직무가 있는 게 그런 이유인데, 일을 진행하려면 제가 마크 씨를 기다려야 해서 굉장히 좌절스러워요. 상사한테 말해서 마크 씨를 지원할 사람이 있는지 알아볼게요. 어쨌든 마크 씨가 제 전화를 받지 않을 때 제가 몹시 낙담한다는 걸 다시 말씀드리고 싶어요.

마크   알겠습니다. 죄송해요. 전화도 더 잘 받고 잘 모르면 최소한 모른다고 말씀드릴게요. 이게 문제가 되면 대안을 논의해 봅시다. 이제 존슨 씨를 찾으러 갈게요. 한 시간 내에 다시 전화 드리겠습니다.

톰   고마워요, 마크. 문제해결에 적극적으로 임해 주셔서 감사합니다. 제가 어떻게 도움이 될 수 있을지 알아볼게요.

172쪽의 대화와 상당히 다르다. 참석자들은 대화를 다시 써 본 경험이 깨달음을 주었다고 한다. 나－메시지로 자신이 느끼는 바를 정확하게 전달할 때 상대방은 더 솔직하게 말할 수밖에 없고 그 결과 대화를 적어 보는 것만으로도 근본문제들이 해결됨을 알 수 있다.

위 예시에서 톰이 선언적, 예방적, 대면적, 감사의 나－메시지를 사용하고 있음에 주목하라. 톰은 자신이 마크의 관점을 이해하고 있음을 보여 주기 위해 마크의 말을 경청하기도 한다.

자신이 생각하는 바를 말하는 진실한 소통에는 용기가 필요하다. 이는 진심을 말하는 데 따라오는 결과에 직면하는 용기라기보다 과거에 학습된 것을 극복하는 용기다. 예를 들어, 어렸을 때 친구나 가족들 앞에서 당당하게 자기 생각을 말했는데 사람들이 당신을 비웃고 무시했다면 '신념 말하기'를 떠올릴 때 고통이 연상될 것이다. 마찬가지로, "당신은 내 시간을 배려하지 않았어요."와 같은 너－메시지를 사용해 자기 신념을 전했는데 상대방이 기분 나빠서 그 반응에 대처해야 했을지도 모른다. 이런 예시와 당신이 살면서 겪은 다른 수많은 경우를 통해서 당신은 어떤 신념을 형성했다. 이 신념을 극복하기 위해서는 용기가 필요하다.

7장은 당신이 스스로 만든 한계에서 벗어나 타인 앞에서 더욱 진실한 사람이 될 기회를 제공한다. 고객, 셀러관리자와의 관계에서 이루어지는 진실한 소통의 예와 세일즈에 성공하기 위해 중요한 필수 요소를 보여 줄 것이다. 당신에게 필요한 건 세 가지 대상을 향한 헌신이다.

첫째는 자기 자신에 대한 헌신이다. 당신이 생각하는 진실을 말하고 전보다 더 깊은 수준으로 진실을 말하라. 시도하라. 진실을 말하는 것은 관계에 기적을 가져다준다.

둘째는 제품과 서비스에 대한 헌신이다. 전에도 이런 말을 들은 적이 있겠지만 되새길 필요가 있다. 정직함integrity은 시너지 파트너십의 필수 요소다. 당신이 제품이나 서비스에 헌신하지 않고 당신의 제품이나 서비스에서 구매자가 효익을 얻을 것이라 믿지 않는다면 성공적인 "보따리장수"는 될 수 있을지 몰라도 관계의 필수 요소인 진실성을 더할 수는 없다. 구매자는 당신과의 신뢰를 가로막는 장애물이 있음을 알아챌 것이며 당신도 그 과정에서 스스로 위태롭게 만들 것이다.

셋째는 고객 서비스에 대한 헌신이다. 당신의 제품이나 서비스는 고객에게 효익을 제공하고 당신은 고객과의 관계에 가치를 더한다. 그 가치는 고객만족을 향한 당신의 헌신이다. 이는 조직 내에서 '시스템에 직면하는 것'을 의미할 수도 있다. 고객을 만족시키는 최상의 서비스를 제공하려면 직원들은 사내의 위험도 감수해야 한다.

이러한 헌신에 대한 자신의 태도를 정하면 다음에 필요한 행동을 하는 데 도움이 된다.

우리 교육 과정에 참여한 제이미는 상세한 입찰요청 시식을 작성해 달라는 고객에게 좌절감을 표했다. 개인적 연락은 삼가고 서식만 작성해 달라고 말했다고 한다. 제이미는 출장관리 회사의 직원이었는데, 이 회사에서 성공하려면 개인적 접촉이 중요했다. 진실한 소통을 위해 헌신해야 할 세 가지로 제이미는 자기 자신, 제품, 서비스를 꼽았다. 제이미는 쉬는 시간에 고객에게 전화를 걸어 자신이 얼마나 좌절하고 있는지 말했다. 결과적으로 돌아오는 주에 해당 고객과 만나 니즈를 살펴보기로 했고 이는 제이미에게 상세하고 맞춤화된 제안서를 작성할 기회였다.

돈은 주요 자동차부품 제조사의 셀러로 타인과 더욱 진실한 관계를 형성하는 데 헌신하기로 했다. 3일 뒤 돈의 헌신은 시험대 위에 올랐다. 한 고객이 생산라인을 바꿀 예정이라 최근에 넣은 발주를 취소하겠다는 메시지를 보냈다. 처음 겪는 상황이었지만 돈은 미흡한 서비스 때문에 고객이 속이 상했음을 감지했다. 돈은 고객에게 전화를 걸어 최근 주문을 취소하는 것은 수용 가능한 해결책이 아니라며 미팅을 하고 싶다고 했다. 고객은 돈의 태도에 적잖이 놀란 눈치였고 문제를 의논하기로 했다. 결과적으로 돈은 매년 십오만 달러의 매출을 올려주는 고객을 유지할 수 있었다.

획기적인 발전은 타인을 대면하는 위험을 감수할 때 일어난다. 과거 학습된 한계를 뛰어넘어야 진실한 소통을 할 수 있다. 그래야만 생산적인 관계로 가는 길목에 놓인 장애물을 제거하고 새로운 가능성을 열 수 있다.

이제 세일즈와 구매 프로세스에서 진실한 소통과 나-메시지가 직접 적용되는 세 가지 경우인 '상대방의 행동이 문제를 초래할 때', '셀러와 구매자의 관계를 시작할 때', '제품과 서비스의 효익에 대해 말할 때'를 각각 살펴보자.

상대방의 행동이 문제를 초래할 때

. . . .

구매자와의 문제, 지원 부서와의 문제, 셀러관리자와의 문제, 이렇게 세 경우로 나눠서 해결해 보도록 하자.

구매자의 행동에 문제가 있을 때

많은 셀러가 좌절하는 상황은 구매결정을 이행하는 데 필요한 관련 정보를 구매자가 제공해 주지 않을 때다. 이 시나리오를 예시로 사용하자.

무어 제조Moore Manufacturing는 최근 자사의 컴퓨터 주문입력 시스템을 업그레이드하기로 했다. 무어 제조는 하이테크 전자Hi‐Tech Electronics를 선택했고 업그레이드를 고대하고 있으며 해당 계약은 하이테크 전자에서 처리 중이었다. 하이테크사의 고객 담당자 낸시는 무어사의 고객 서비스 담당자인 잭이 업그레이드 일정을 계획하는 데 필요한 정보를 제공해 주지 않아 좌절하고 있다. 잭은 2주 전 프로젝트 회의에서 일주일 내로 낸시에게 관련 정보를 전달해 주기로 약속했었다.

낸시의 니즈가 충족되지 않는 상황이다. 낸시는 잭에게 좌절하고 분노한 상태지만 잭의 기분을 상하게 하고 싶지는 않았다. 아직 공식적으로 계약이 체결되지 않아 낸시에게 특히 민감한 상황이었다. 내일 예정된 프로젝트팀 회의에서 관련 정보가 필요했다. 관련 정보가 없으면 하이테크사가 약속을 제때 이행하지 못해 고객을 심기를 건드릴까 걱정이었다. 낸시는 오전에 회사에 가면서 옵션을 검토해 보았다. 하나, 상대방의 행동을 받아들인다. 둘, 스스로 변화한다. 셋, 잭이 변화하도록 영향을 미치려고 시도한다.

낸시는 잭의 행동을 받아들일 수 없다는 결론을 내렸고 회의 시작 전에 정보가 전달되기만을 바랐다. 그러면 정보 부족을 잭의 탓으로 돌려 프로젝트 관리팀에 자기 잘못이 아니라고 말하고 무어사가 일정 지연으로 화를 내도 하이테크사 입장에서는 변명거리가 있었다. 하지만 위험이 너무 컸다. 마찬가지로, 자신이 어떻게 변화해야 문제가 해결될지도 알 수 없었다. 잭과의 관계에서 긴장감을 느꼈으나 원인은 알 수 없었다. 잭의 상사인 마빈과 접촉하는 것도 고려했지만 승자와 패자를 가르고 문제만 더 초래하는 조치임을 깨달았다. 그래서 문제를 해소하는 방법으로 잭에게 대면적 나-메시지를 보내기로 했다. 낸시의 대면 목표는 다음과 같았다.

---

① 문제를 ― 주로 고객의 행동 변화를 통해 ― 완화한다.
② 고객의 자존감과 자존심을 지킨다.
③ 고객과의 관계를 유지하고 가능하면 개선한다.

낸시는 수용할 수 없는 상대방의 행동을 비난조가 아닌 어조로 설명하고 상대방의 행동이 자신에게 미치는 영향을 구체적이고 명확하게 설명하며 그 영향에 대한 자신의 감정을 표현한 '나-메시지'를 고안했다. 사무실에 도착한 낸시는 잭에게 전화를 걸었다. 다음은 둘이 나눈 대화다. 잭의 관점을 이해하고 있음을 잭에게 알리는 낸시의 '기어 바꾸기' 기술에 주목하라.

잭   네, 여보세요. 잭 반즈입니다.
낸시   잭, 하이테크의 낸시 테일러입니다. 의논하고 싶은 문제가 있는데 잭 씨가 어떤 반응을 보일지 좀 걱정되네요.

잭   아, 무슨 일이시죠?

낸시   잭, 내일 프로젝트 회의에 필요한 자료를 아직 못 받았는데 지
        난주에 약속하신 자료예요. 그 자료 없이는 현실적인 실행 일
        정을 짤 수가 없어서 걱정이 되네요.

잭   죄송해요, 낸시. 시스템을 업그레이드 결정으로 혼란이 빚어졌
        어요. 많은 사람이 이번 업체 변경을 달가워하지 않아요. 게다
        가 제 비서도 휴가 중입니다. 기다리는 수밖에 없어요.

낸시   시스템 업그레이드 결정 때문에 문제가 많은가 보군요.

잭   당연하죠. 아직 계약도 체결 안 했는데 안 그래도 빡빡한 일정
        에 업그레이드 일정을 끼워 넣으라고 하니까요. 뭐라도 조치를
        해야죠.

낸시   왜 이렇게 서두르는지 이해가 안 가시겠군요, 특히 이렇게 부
        서에 일도 많은 때에.

잭   그래요. 낸시.

낸시   알았어요. 잭. 지금 상황이 어떤지 이제 이해가 되네요. 그런데
        문제는 설치 계획 때문에 내일 오전에 프로젝트 회의가 있다
        는 겁니다. 두 회사가 설치를 서두르기로 합의해서 계약서 없
        이 진행하고 있는 거예요. 내일 회의에 그 자료가 필요합니다.
        지금 정리해 두면 앞으로 골치 아플 일이 크게 줄어들 겁니다.

잭   알았어요. 오늘 오전에 오시면 내일 필요한 정보를 구두로 전
        달해 드리겠습니다. 보내 주신 질문에 다 답할 시간은 도저히
        안 나서요.

낸시 서식에 작성해 달라고 요청한 분량이 문제였군요. 알았습니다. 11시 30분까지 갈 테니 회의에 필요한 자료를 같이 봐 주십시오.

잭 저는 좋습니다. 그럼 그때 뵐게요.

낸시 그리고 잭, 생각이 나서 말인데요. 걱정하고 계시는 다른 문제들도 오늘이나 가까운 시일 내에 의논하고 싶습니다. 이 결정으로 압박감을 많이 느끼시고 일정에도 의구심을 가지고 계신 거 같아요. 걱정하고 계신 바가 뭔지 이 일정이 잭 씨의 부서에 어떤 영향을 미치는지 제가 잘 이해하면 모두에게 일이 수월해질 겁니다.

잭 저는 좋습니다. 여기에는 아무도 이해하는 사람이 없는 것 같아요. "그냥 해!" 이런 식입니다. 곧 뵐게요.

위험을 감수하고 상황에 직면한 낸시는 회의에 대비하고 잭이 '승리'할 수 있도록 했다. 게다가 이 과정에서 프로젝트 진행에 차질을 빚을 수 있는 다른 정보까지 발견했다. 잭과의 관계를 개선하고 성공적인 시행을 담보하는 파트너십을 위한 토대를 마련하고 만족한 충성고객을 만들었다. 낸시가 진실한 소통을 하지 않았다면 이런 일은 일어나지 않았을 것이다.

동료의 행동에 문제가 있을 때

오늘날 세일즈의 성공에는 셀러와 구매자의 관계 외에도 다양한 관계가 영향을 미친다. 큰 조직이든 부동산 중개업체 같은 작은 회사든 다 마찬가지다. 기업 고객은 시너지 세일즈 교육이 창출하는 가장 큰 가치가 부서 간 관계의 개선이라고 말한다. 부동산 셀러들은 이 교육 과정에서 배운 기술이 구매자와 계약 조건에 합의한 이후로도 세일즈에 계속 영향을 미치는 대출 기관, 권리대행 업체 등과의 관계 개선에 도움이 된다고 한다.

이제 고객이 아닌 다른 사람과 문제가 있는 상황에 대처해 보자. 연속성을 위해 잭과 낸시의 상황을 다시 활용하자. 이번에는 두 달 후 잭이 낸시에게 전화를 걸어 하이테크의 고객지원 교육 부서와 문제가 있다고 한다. 해당 부서는 항상 막판에 교육 날짜를 바꾸고 얼마 전에는 교육자가 엉뚱한 날 나타나기도 했다. 잭이 부서장인 랄프에게 사안을 전했지만 변화가 없는 듯 보인다. 그래서 문제는 이제 낸시에게 넘어온다.

낸시는 자신의 상사에게 사안을 말해 상사를 통해 랄프가 고객에게 더 잘 대처하도록 하는 게 본능적인 조치임을 깨달았다. 어쨌든 낸시의 고객은 감정이 상했고 '고객 서비스'라는 명목은 누군가와 싸울 때 사용하기 좋은 도구다. 이로써 잭 문제는 확실히 처리할 수 있을 것이다. 과연 그럴까? 낸시는 승 – 패 접근법의 결과를 떠올린다. 구체적으로 말하면 패자는 승자에게 분노하고 랄프의 분노는 다양한 형태로 발현될 수 있다. 낸시가 랄프에게서 얻는 건 기껏해야 순응이다. 랄프는 내키지 않더라도 잭을 만족시키기 위한 최소한의 조치를 할 것이다. 그뿐이지, 고객만족을 개선하는 헌신을 바랄 순 없다.

마찬가지로 낸시는 위험이 존재하는 걸 알면서도 포기할 수 없다. 낸시에게 랄프 부서와의 관계는 매우 중요하다. 낸시에게는 랄프의 지원이 필요하다. 랄프는 오랫동안 이 회사에서 일하며 아주 강력한 '제국'을 형성했다. 하이테크사 제품의 기술적 특성 때문에 상당한 고객지원 교육이 필요하고 랄프는 탄탄하고 기술이 뛰어난 직원들을 보유하고 있다. 고위 경영진은 매우 기술 지향적이며 랄프가 뭘 하든 크게 상관하지 않고 놔두었다.

어쨌거나 고객이 랄프와 접촉하게 되는 시점은 계약이 체결된 후이기 때문이다. 세일즈 부서가 자기 몫을 다하고 나면 고객지원 인력을 교육하는 것은 랄프의 부서에 달려 있다. 사실 랄프는 어느 조직에서나 찾을 수 있는 신성한 소Sacred cow[3]같은 존재다.

낸시는 고객만족에 대한 헌신과 잭에 대한 헌신에서 랄프에게 대면적 메시지를 보내기로 결심한다.

랄프　랄프 맥과이어입니다.

낸시　안녕하세요, 랄프. 낸시 테일러입니다.

랄프　안녕하세요, 낸시. 무엇을 도와드릴까요?

낸시　랄프 씨, 무어에서 교육 일정을 막판에 자꾸 바꾸신다고 잭 씨가 언짢아하세요. 방금 저한테 전화하셔서 이제 제가 상황을 알아봐야 하네요. 제가 이것 때문에 힘들어요. 안 그래도 어렵게 잡은 일정인데 자꾸 변동이 생기는 것도 걱정됩니다.

랄프　알겠어요, 낸시. 제가 처리할게요.

낸시　처리한다고 말씀만 하시면 안 돼요, 랄프. 무어에서 일이 어떻게 진행되고 있는 건지 알려 주세요.

랄프　대학 설치 건 막바지에 요청 사항을 처리하느라 정신이 없어요. 경영 문제 때문에 그게 우선순위고요. 이 프로젝트가 끝날 때까지 저희로서는 최선을 다하고 있는 겁니다.

낸시　그러니까 랄프 씨가 말하는 건 대학 건 때문에 다른 프로젝트

3　성우聖牛 : 지나치게 신성시되어 비판이나 의심이 허용되지 않는 관습 · 제도를 이르는 표현

에 막판 변동사항이 발생하고 있다는 건가요?

랄프　이해하셨네요!

낸시　정말 마음에 안 드네요. 시간적 압박 때문에 무어 건에 시간을 많이 들였는데, 다른 고객 건 때문에 문제가 발생하다니 마음이 편치가 않아요. 제가 보기엔 이해가 안 되지만, 랄프 씨가 중간에 껴 있는 상황인 건 알겠어요.

랄프　괜찮아요. 수년 동안 그런 식이었으니까요. 더 중요한 일이 생기기 전까지는 모든 게 우선순위인거죠. 걱정 마세요. 결국 다 해결됩니다.

낸시　그러니까 랄프 씨는 이게 안고 가야 할 부분이니까 이 상황에서 최선을 다해야 한다고 보시는군요. 행간을 읽자면, "괜히 풍파를 일으키지 마라."라는 말씀으로 들리네요.

랄프　낸시 씨는 할 일을 하시면 돼요. 대학 프로젝트가 완료될 때까지 무어 건은 유동적으로 진행해야 한다는 말이에요.

낸시　글쎄요, 그러면 우리 니즈는 충족되지만, 잭의 니즈는 충족되지 않죠. 그쪽에서 막판에 생기는 변동사항 때문에 문제가 많이 발생하고 있어요. 지금 인력도 부족하고 교육에 맞춰서 직원들 일정을 조정하는 것도 골치 아픈 일이에요. 일정이 바뀌면, 화가 머리끝까지 나죠. 그리고 경영 문제는, 거기 회장이 밥(하이테크 회장)이랑 테니스를 쳐요. 그래서 우리가 거기 들어간 거고, 계약서 없이 시작한 거죠. 이 문제가 회장님들한테까지 가서 밥 회장님까지 관여하게 되면 안 됩니다. 랄프 씨가 겪고 있는 문제가 뭔지 이해가 되네요. 제 생각에는 저랑 랄프 씨가 같이 자리를 마련해서 잭 씨의 말을 좀 들어 보는 게 좋겠습니다. 다른 해결책이 있는지 같이 생각해 볼 수도 있고요. 어떠세요?

랄프   알겠습니다. 미팅 잡으시고 제 비서에게 알려 주세요. 도움이 될지는 모르겠네요.

낸시   네, 회의적이신 것도 이해합니다. 이 문제 때문에 시간 내 주시는 것도 감사해요. 고맙게 생각합니다. 어떻게 고객 서비스에 대한 우리의 헌신을 개선할 수 있을지에 대해서도 랄프 씨 의견을 듣고 싶네요.

결과적으로 낸시는 무어 문제를 해결하는 데 중요한 진전을 이끌어냈고, 랄프와의 관계를 개선할 가능성과 중요한 지원 부서와의 대화의 문을 열었다. 기업과 조직은 매년 수백만 달러를 들여 고객 서비스 교육을 하고 있다. 이 중 대부분의 돈이 고객과 접촉하는 직원들의 '미소'와 '예의'를 교육하는 데 들어간다. 진짜 고객 서비스는 조직의 깊은 내부로부터 나온다. 하지만 조직 대부분은 낸시와 같은 사람들이 마음 편히 시스템을 바꿀 수 있는 환경을 조성하지 않는다. 이런 사람들은 홀로 물살을 거슬러 올라가는 연어가 된 듯한 기분을 느낀다. 조직 내 문제에 기인한 고객 서비스의 실패 사례는 끝이 없는데, 놀랍게도 개개인이 위험을 감수하고 조직문화의 한계를 넘어서 진실한 소통을 할 때 이 같은 문제가 쉽게 해결되기도 한다. 낸시가 자신의 문제를 해결하려 한 시도가 그 예다.

셀러관리자와 문제가 있을 때

대면하기 가장 어려운 사람은 아마 상사일 것이다. 많은 셀러가 권위 있는 인물을 두려워한다. 셀러는 파급효과와 보복을 두려워한다. 상사를 기분 나쁘게 하면 자신의 자리, 승진 등이 날아가지 않을까 걱정하고 최소한 다음 성과평가에서 부정적인 평가를 받을까 우려한다. 문제가 있는 사람이라는 꼬리표가 달릴까 걱정하는 사람도 있다.

아이러니하게도 이러한 두려움은 조직 내 다양한 직급의 사람들 사이에 골고루 퍼져 있다. 최근 나는(칼 자이스) 포춘지 500대 제조사 중 한 곳의 셀러들에게 시너지 세일즈 교육을 하기로 계약했다. 처음 몇 개의 교육 과정은 말단first-level 셀러인 구역 세일즈 담당자를 상대로 진행했다. 교육 중 상사와 대면하는 내용에 다다르자 셀러들은 상사인 지역 담당자를 대면할 방법은 없다고 주장했다. 지역 담당자는 독재적이고 솔직한 소통에 열려 있지 않다고 했다. 상사에 대한 셀러들의 설명을 듣고 나서 이 회사의 지역 담당자들은 이마 한가운데 눈이 달리고 송곳니에서 피를 뚝뚝 떨어뜨리며 돌아다니는 괴물일 거라는 확신이 들었다.

이후 지역 담당자로부터 교육을 해 달라는 요청을 받았는데, 놀랍게도 이들 모두 정상인처럼 보였고 정상인처럼 행동했다. 상사를 대면하는 부분에 이르자 이들 역시 자신들의 부하 직원들과 마찬가지로 상사에 대해 똑같이 반응하고 똑같이 설명했다. 이들의 설명을 토대로, 역내 담당자에 대해서도 똑같이 이마 한가운데 눈이 달리고 송곳니에서 피가 떨어지는 괴물 이미지를 가지고 강연장을 나왔다. 보기 좋은 이미지는 아니었다. 역내 담당자를 만났을 때 이들 역시 자신이 아는 최고의 방법으로 맡은 바를 수행하려는 평범한 인간이라는 것을 알게 됐다. 예상했겠지만, 이들도 자신의 상사인 지방 담당자를 대면하는 것에 대해 논의할 때 똑같이 반응했다. 뿐만 아니라 지방 담당자들 역시 세일즈 이사를 대면하는 것에 대해 같은 우려의 목소리를 냈다.

상사를 대면할 때 인간으로서 느끼는 두려움은 특정한 조직이나 산업, 국가에만 한정되지 않는다. 권위 있는 인물에 두려움을 느끼는 이유는 우리가 승패를 가르는 문화에서 자란 결과다. 자신에게는 적용되지 않는다고 느낀다면 자동차 백미러에 경찰차 헤드라이트가 보일 때 느껴지는 감정을 상상해 보라. 자신이 죄를 지었든 아니든 대부분 두려움을 느낀다.

셀러관리자와 대면한 예로 1장에 나왔던 하워드의 상황으로 돌아가 보자. 자동차 금융 회사의 셀러인 하워드는 상사가 계속해서 신용 부서를 지원할 것을 강요해 힘들었다. 하워드는 끊임없이 일정을 바꿔야 했다. 다음의 대화에서 하워드가 어떻게 태도를 바꿔 셀러관리자의 문제를 경청하는지 주목하라.

하워드(1)	린다, 잠깐 시간 있어요? 의논하고 싶은 문제가 있습니다.
린다	그럼요, 하워드, 무슨 일인가요?
하워드(2)	고맙습니다. 사실 얘기를 꺼내려 하니 좀 긴장이 되는데, 저한테는 점점 큰 문제가 되고 있어서 해결하고 싶어요. 세일즈 부서에서 저를 차출해서 신용 부서 지원을 맡기실 때 저는 일정을 바꿔야 해서 감정이 상하곤 해요. 어제는 돈 스콧의 새 영업점 건으로 재무 담당자와 미팅이 있었는데 취소해야 했어요.
린다	불편하신 거 이해해요, 하워드. 그런데 딜러들을 지원하

는 게 우리의 우선순위잖아요. 요즘 같은 경기에 금융 처리가 늦어져서 거래가 날아가는 위험은 딜러들이 감수할 수 없어요. 유감이지만 우리가 어떻게 할 수가 없어요.

하워드(3) 그러니까 신용 처리가 늦어질 때 발생하는 문제 때문에 신용 부서 지원이 우선순위가 되어야 한다는 거죠?

린다 맞아요, 하워드. 어쨌든 메리 씨가 꼼짝 못 할 때는 사람들이 달려들어서 도와줘야죠. 그게 팀워크잖아요.

하워드(4) 아주 헌신적이시네요.

린다 네, 저는 그래요. 문제가 되나요?

하워드(5) 당연히 팀워크에 대한 헌신은 문제가 되지 않죠. 막판에 제가 책임을 다하지 못하고 일정을 바꿔야 한다는 게 문제예요. 그렇게 끌려 다니는 거 심기도 불편하고 제 고객들한테 바보같이 보이기도 하고요.

린다 저도 유감스럽게 생각해요. 단지 하워드 씨가 저희 부서를 너무 잘 알고 제가 의지할 수 있는 유일한 분이라서 그래요.

하워드(6) 이해합니다, 린다. 메리는 금융 관련 요청 때문에 정신없이 바쁘고 우리는 딜러들에게 처리 시간을 개선하겠다고 약속했으니 신속한 해결책으로 대응해야 하죠. 여기서는 제가 바로 그 해결책이고요.

하워드(7) 알겠어요. 하지만 이런 식으로는 제가 힘들어요. 우선, 계속 이런 식으로 하면 직원들에게 세일즈 부서는 중요한 부서가 아니라는 메시지를 던지는 겁니다. 둘째로 딜러들 앞에서 제 신용에도 영향이 가고요. 마지막으로 다른 일을 하느라 막상 제 업무는 하지 못하는 그런 긴급한 상황에서 일하고 싶지 않습니다. 몇 달 내에 톰(지역 셀러관리자)이랑 실적 가지고 절 괴롭히실 텐데, 그때 팀이 저와 관련된 결정을 하는 게 아니잖아요. 저 역시 팀워크를 믿지만 개인의 책임이라는 것도 있는 겁니다. 제 책임은 신용 부서 사무실에서 금융 사무를 하는 게 아니라 세일즈를 하는 거예요.

린다	정말 하워드 씨에게 문제가 되는 일이군요, 그렇죠?
하워드(8)	네, 그래요. 정말 힘들어요.
린다	알겠습니다. 아이디어가 있으신가요?
하워드(9)	네, 있어요. 일단 저하고 린다 씨하고 메리 씨가 같이 문제를 살펴보는 걸 제안하고 싶어요. 메리 씨 일에도 영향이 있으니까 메리 씨도 관여했으면 좋겠습니다. 같이 의논해 보면 모두에게 괜찮은 아이디어가 나올 겁니다.
린다	알겠어요. 메리 씨한테 전해 주시고 금요일 점심 이후로 잡죠.
하워드(10)	좋아요. 그리고 린다 씨, 마음을 열고 다른 옵션도 들어 주셔서 감사합니다. 이렇게 솔직하게 의논할 수 있어서 감사하네요.

하워드는 자신의 감정을 표현하고 (2)에서 대면적 메시지를 통해 효과적으로 대화의 장을 마련한다. 대응(3)과 (4)에서는 태도를 바꿔 자신이 린

다를 이해하고 있음을 보여 주기 위해 린다의 말을 경청한다. (5)에서 초반에 꺼냈던 자신의 문제를 재차 주장하고 (6)에서 린다의 입장을 요약한다. 자신이 린다의 입장을 완전히 이해함을 린다가 느낄 때 (7)에서처럼 큰 그림을 제시하는 것이, 그렇지 않을 때보다 쉽다. 그때까지 하워드는 린다의 말을 경청하고 린다의 관점을 이해하고자 하는 자신의 의향을 증명한다. 하워드와 린다의 미팅은 다음 장에서 다뤄질 패자 없는 갈등해소를 위한 6단계에서 활용할 것이다.

일이 제대로 진행되지 않을 때 당신은 상사를 대면할 책임이 있다. 그렇게 하는 게 당신이 성공을 가로막는 장애물에서 자유로워지는 유일한 방법이다. 장애물을 그대로 두고 자신을 피해자라 여기며 상사, 본인, 심지어 주변 사람들에게 분노하는 선택을 할 수도 있고 자신의 인생에 대한 책임을 받아들이고 셀러로서 성공하는 선택을 할 수도 있다. 스스로 강해지고 가장 어려운 상황에서도 이 도구를 기꺼이 활용하라. 솔직한 자기표현에 따라오는 보상도 있음을 알게 될 것이다.

효과적인 직면은 생산적이고 시너지 효과를 내고 상호 간에 보상이 따르는 관계를 구축하는 데 필수적인 도구다. 구매자, 세일즈 프로세스에 영향을 미치는 다른 사람들, 관리자와의 문제를 모두가 승승win‑win하는 방식으로 해결하는 유일한 방법이자 시너지 패러다임의 기본 원칙이다.

셀러와 고객의 관계를 시작하는 방법

. . . .

셀러와 고객 중 누구나 먼저 관계를 시작할 수 있다. 고객은 "당신에게 있을 수도 있는 뭔가가 내게 필요하다."라는 말로 관계 프로세스를 시작한다. 소매 영업 환경에서 가장 흔하다. 셀러는 "당신에게 필요할 수도 있는 뭔가가 내게 있다."를 암시하는 메시지로 관계 프로세스를 시작한다.

관계를 시작하는 주체가 셀러일 때는 진실한 나-메시지가 유용한 경우가 많다. 이 경우 셀러는 고객의 관심을 끌 확률이 높은 메시지를 전할 준비가 돼 있어야 한다. "당신에게 필요할 수도 있는 뭔가를 내가 가지고 있다."라는 문장에서 가장 중요한 부분은 '당신에게 필요할 수도 있는'이다. 시장에서 많은 셀러가 판매하는 것에 집중하지만 고객은 그 속에 있는 게 무엇인지 듣고 싶어 한다. 고객에게 가장 중요한 부분은 '필요할 수도 있는'이다. 이 부분은 셀러가 각 고객의 니즈를 살펴보기 전에는 자신의 제품이나 서비스를 사용할 수 있을지 모른다는 점을 암시한다. 이런 식으로 셀러는 첫 마디에서 드러날 수 있는 오만함에 대한 전형적인 고객의 저항을 피할 수 있다.

여기 고객이 관계를 시작하는 데 동의할 확률을 높이기 위해 셀러가 활용할 수 있는 강력한 메시지나 말문을 열게 하는 말door opener이 몇 가지 있다.

① 돈을 절약할 수 있는 가능성에 대한 메시지

"이자가 더 낮은 주택 담보 대출에 관한 정보가 있는데요."

"급여 준비 비용을 줄일 수 있는 회계 소프트웨어에 관한 정보가 있습니다."

② 신제품 및 서비스와 그 효익에 대한 메시지

"유니폼 교체 비용을 줄일 만한 수술 가운에 대해서 말씀드리고 싶어요."

"고객님의 서비스 마케팅에 도움이 될 만한 저희 800서비스에 대한 정보를 공유하고 싶습니다."

③ 제품이나 서비스가 구매자의 업무 능력 향상에 도움이 됨을 암시하는 메시지

"저희 세일즈 교육이 어떻게 현장 셀러의 실적을 개선하는 데 도움이 되는지 말씀드리고 싶습니다."

"협력 업체의 파일을 처리하는 시간을 단축할 수 있는 개인 컴퓨터 시스템에 관한 정보가 있어요."

④ 셀러에게 고객에게 유용한 새로운 정보가 있다는 메시지

"문제를 조사하는 시간을 줄일 수 있는 저희 시스템에 관한 새로운 정보가 있습니다."

"이 신제품에 관한 정보를 리뷰해 드리고 싶은데요, 직원 교육을 더 효과적으로 하는 데 도움이 될 만한 제품입니다."

⑤ 고객이 겪고 있는 문제의 해결을 암시하는 메시지

"리셉션 구역에 카펫 문제를 해결할 만한 새 클리닝 제품이 있습니다."

"홍보 자료를 더 융통성 있게 만들 수 있도록 해 주는 컬러 인쇄 프로세스를 리뷰해 드리고 싶습니다.

보시다시피 각각의 메시지는 고객에게 일정 효익을 약속하고 있다. '당신에게 필요할 수도 있는'에 제품의 효익을 담은 메시지를 전달함으로써 당신은 고객에게 큰 영향을 미칠 수 있다.

제품이나 서비스의 효익 말하기
· · · ·

셀러 대부분은 기능과 효익의 차이점을 알고 있으나 놀랍게도 제품이나 서비스의 기능을 설명하는 데 엄청난 시간을 할애한다. 물론 고객은 제품이 어떻게 만들어지고 어떤 기능이 있는지 알 필요가 있지만 해당 정보만으로는 제품의 진가를 알 수 없다. 가치는 제품이나 서비스가 고객을 위해 할 수 있는 것, 효익에 대한 구매자의 인식에서 창출된다.

기능은 제품이나 서비스를 묘사하는데 많은 경우 명사로 표현된다. "이게 뭔가요?"라는 질문에 답을 주는 물리적 특징이다. 각 기능은 제품이나 서비스에 대해서 뭔가를 말해 준다. 신차의 기능은 조수석 에어백이다. 각 기능의 효익은 "나에게 의미하는 바는 무엇인가"라는 질문에 답하는 개인화된 가치다. 신차의 구매자는 "조수석 에어백은 고객님의 배우자와 아이들도 고객님만큼 안전하게 모십니다."라는 말을 들을 필요가 있다. 그러니 "이 차는 조수석 에어백을 갖추고 있습니다."보다는 "이 차는 고객님의 안전뿐 아니라 동승자의 안전까지 챙기는 조수석 에어백을 갖추고 있습니다."라고 말하는 게 훨씬 낫다.

이제 한 단계 나아가서 효익을 설명하는 말의 효과를 강화해 보자. 다음 문장을 크게 읽어 보라.

> ① 이 차는 고객님의 안전뿐 아니라 동승자의 안전까지 챙기는 조수석 에어백을 갖추고 있습니다.
> ② 고객님의 안전뿐 아니라 동승자의 안전까지 챙기는 조수석 에어백이 마음에 쏙 드실 겁니다.
> ③ 우리는 고객님의 안전뿐 아니라 동승자의 안전까지 챙기기 위해 이 차에 조수석 에어백을 디자인했습니다.
> ④ 고객님의 안전뿐 아니라 동승자의 안전까지 챙기는 조수석 에어백을 추가한 이 차가 마음에 드시리라 생각합니다.

문장 ①은 최소한의 효과를 지닌 일반적인 문장이다. 일반적인 광고에서는 괜찮지만, 셀러와 고객 사이에 다리를 놓아 주지는 않는다. 문장 ②는 '너-메시지'로, 저항을 유발할 수도 있다. 자신이 뭔가를 해야 한다거나 느껴야 한다는 말을 들으면 저절로 "당신 말이 맞는지 어디 한번 볼까?"라는 반발심이 일어난다. 문장 ③은 일반적인 "우리"라는 표현을 사용했다. 이 예시에서 "우리"는 거대하고 비인격적인 자동차 회사를 의미한다. 고객을 사로잡지 못하는 모호한 지칭이다.

문장 ④는 '나-메시지'로 효익의 영향을 개인화한다. 고객은 당신에게서 구매하는 것이고 당신과 고객의 관계는 세일즈 프로세스의 필수 요소라는 점을 기억하라. 다른 진실한 소통과 마찬가지로 '나-메시지'를 통해 전달되는 효익은 고객이 셀러를 신중하게 준비해 프레젠테이션하는 로봇이 아닌 감정과 생각을 지닌 사람으로 볼 수 있게 해 준다.

여기 다른 예가 있다.

---

① 우리 헬스클럽에는 심기능을 강화하는 기구가 30개 넘게 있어서 줄을 서서 기다리실 필요가 없습니다.

② 심기능을 강화하는 기구가 30개 넘게 있어서 줄을 서서 기다리실 필요가 없기 때문에 아주 좋으실 겁니다.

③ 우리가 이 헬스클럽을 30개가 넘는 심기능 강화 기구를 추가해 디자인했기 때문에 줄 서서 기다리실 필요가 없습니다.

④ 심기능을 강화하는 기구가 30개 넘게 있어서 줄 서서 기다리실 필요가 없는 점을 좋아하시리라 생각합니다.

마지막 예시 문장이 얼마나 개인적으로 들리는지 다시 주목하라. 조금만 바꿨을 뿐인데 그 효과는 크다.

고객은 신뢰할 수 있는 셀러와 거래하기를 원한다. 진실한 소통은 신뢰를 구축하는 데 필수적이다. 게다가 자연스럽고 진심으로 행동할 때, 자신의 니즈가 충족될 때, 셀러는 자신의 역할에 더 만족하고 또 그 역할을 더 성공적으로 해낼 수 있을 것이다. 위험을 감수해 전문 셀러의 가면을 벗고 내면의 자연스럽고 유일무이한 나를 드러내라. 놀라운 결과를 보게 될 것이다.

- 타인과 진실하게 소통하는 것은 자기 삶에 대한 책임을 오롯이 자기가 지는 것이며 이는 더 큰 자긍심, 자신감, 개인적 효과성으로 이어진다.

- 나–메시지는 상대방의 감정을 상하게 할 위험을 최소화해 보통 대화 중 꺼내지 않는 말을 쉽게 하도록 한다.

- 진실한 소통과 나–메시지가 세일즈–구매 프로세스에서 직접적으로 적용될 수 있는 세 경우는 다음과 같다.
  + 고객(상대방)의 행동이 문제를 초래할 때
  + 당신이 세일즈–구매 프로세스를 시작할 때
  + 제품이나 서비스의 효익에 관해 이야기할 때

- 고객만족을 효과적으로 달성하는 열쇠 중 하나는 서로 대면하고 운영상의 장애물을 없애려는 조직 내 개인의 의욕이다.

- 세일즈–구매 프로세스를 시작하는 가장 좋은 방법은 "당신에게 필요할 수도 있는 뭔가를 내가 가지고 있어요."라는 문장을 토대로 '나–메시지'를 구성하고 전달하는 것이다.

- "나"를 사용한 언어는 제품이나 서비스의 효익에 관한 메시지의 효과를 크게 강화한다.

8장

모두가 승자가 되는
갈등해소법

모두가 승자가 되는 갈등해소법

갈등은 부인하지 않는다면
포용과 이해로의 초대다.
우리가 갈등을 보듬고 이해하면,
갈등은 우리를 긍정적인 성장과
변화로 이끄는 위대한 선물이자
우리를 더욱 강하고 에너지 넘치는
존재로 만드는 기회가 된다.
- 토마스 크럼

조지는 집적회로를 주문 제작하는 첨단기술 제조사의 세일즈 엔지니어다. 당사 매출의 95%는 한 고객에서 발생한다. 배송 기한은 통상적으로 6주에서 12주가 걸리지만 4주 만에 제조와 인도까지 완료한 적이 있다. 이제 구매 담당자는 충분한 압박만 가하면 모든 주문에 대한 배송을 4주 안에 완료할 수 있으리라 생각한다. 구매 담당자는 "당신네 업체를 더는 이용하지 않을 겁니다."라든지 "배송 기한을 줄이지 않으면 다른 업체를 알아볼 거예요."라는 등의 위협적인 말을 계속하고 있다.

조지는 이 고객사의 다른 사람들 특히, 제품 디자인을 함께 하는 엔지니어들과 좋은 관계를 유지하고 있다. 또 이 고객사와의 비즈니스 잠재력이 상당함을 알고 있기에 구매 담당자와의 갈등이 향후 매출 증대에 영향을 미칠까 노심초사하고 있다.

상황에 직면할 용기를 가진 사람이 아무도 없다. 조지는 이미 어려운 문제를 악화시키고 싶지 않다. 고객사의 엔지니어와 다른 직원들은 조지의 회사와의 거래를 늘리고 싶어 하지만 조직 내에서 구매 담당자가 가진 힘 때문에 문제에 대해 아무런 조치도 하지 않을 것이다. 조지의 상사는 이미 확보한 물량을 잃을까 두려워한다. 그래서 아무 일도 벌어지지 않는다.

갈등에 대한 두려움으로 모두가 지금 상황을 받아들이는 암묵적 모의에 가담한다. "원래 그런 거다."라든지, "현재 상황에서 할 수 있는 최선을 하라."라는 말을 듣는다. 구매 담당자는 절대 바뀌지 않을 것이고 구매 담당자를 건너뛰는 방법은 없다. 상황이 왜 이런지에 대해 각자 자신에게 유리한 이야기를 만든다. 벌어지고 있는 일과 조치를 할 수 없는 이유를 정당화하는 방법이다.

예를 들어, 조지는 일이 잘못되면 무조건 지원 부서를 탓하고 비난한다. 이 접근법은 내부 지원에 영향을 줘서 조지의 고객에게 피해를 주는데, 지원 부서도 방어를 해야 하기 때문이다. 다른 요인을 탓하는 것은 가장 쉬운 방법이다, 미흡한 의견을 줬다고 고객을 탓하거나 정보를 잘 처리하지 않았다고 세일즈 부서를 탓하고 인력 부족과 업무 과다를 '허리띠 졸라 매기'라는 지시의 탓으로 돌린다. 이는 문제와 사안에 대한 끝없는 회의로 이어진다. 회의 시간은 엄청나게 소요되나 실질적 문제는 논의되지 않고 좌절감은 더욱 높아진다.

고객사 내에서도 암묵적 모의가 유지된다. 조지의 회사와 거래를 늘리고 싶어 하는 엔지니어와 직원들은 "구매 담당자의 권위에 의문을 제기해서는 안 된다는 것은 모두가 안다. 구매 담당자는 이 회사와 25년을 함께한 사람이고 공급 업체와의 강경한 협상으로 회장에게 인정받는 사람이다. 어쨌든 공급 업체 간 경쟁을 부추기는 것이 품질과 서비스를 개선하고 비용은 줄이는 최고의 방법이다."라고 상기하며 책임을 회피한다. 그러니 조지의 회사를 지지하는 사람들은 평지풍파를 일으키지 않기로 한다.

그 결과, 창의력과 혁신을 촉진하고 비용은 줄이는 공급 업체와의 파트너십을 구축할 수 없게 된다. 파트너십은 조지의 회사가 장기 기획에 더욱 몰두하고 향후 니즈를 더욱 효과적으로 예측하는 데 도움이 될 것이다.

딱하게도 회사를 위해 최선을 다하는 구매 담당자는 아무것도 모른 채 일하고 있으며 그에게 새로운 옵션을 살펴볼 기회는 주어지지 않는다. 구매 담당자에게 그의 행동이 어떤 결과를 낳았는지 나서서 말해 줄 만큼 용기 있는 사람도 없다. 구매 담당자는 자기가 초래한 문제를 인식하지 못하고 자신의 방식을 고수하며 회사를 위해 잘하고 있다고 생각한다.

타인을 대면하는 것에 대한 두려움과 갈등에 솔직하게 대처하지 않아서 발생하는 일이다. 이런 상황은 오늘날 조직에 만연하고 세일즈, 고객만족, 수익성에 지대한 영향을 미친다.

세일즈에 몸담은 사람은 누구나 갈등을 겪는데, 갈등은 비즈니스의 일부고 그런 점에서 삶의 일부이기도 하다. 의견의 차이와 불일치는 피할 수 없다. 전통적인 승-패 패러다임의 원칙에 기반한 문화에서 자란 탓에 실제로 사람들은 대부분 갈등을 두려워한다. 누군가는 승리하고 누군가는 패배하는 다툼이나 싸움 형태의 갈등을 흔히 경험해 왔기 때문에 우리 모두 갈등으로 부서지고 깨진 관계의 상처에서 비롯되는 감정이나 정서를 잘 알고 있다.

갈등에 대한 두려움은 다양한 형태로 나타난다. 사람들은 상당 기간 지속된 관계가 손상될까 두려워하고, 파급효과와 타인의 복수를 두려워하고, 상대방이 감정 상해 할까 걱정한다. 바보같이 보이거나 이기적으로 비춰질까 두려워하고 '태도가 부정적'이라고 팀 내 따돌림을 당할까 두려워한다.

이러한 걱정과 두려움 때문에 갈등을 어떤 대가를 치르더라도 반드시 근절하거나 피해야 하는 질병으로 보는 경우가 많다. 사람들은 다음 둘 중 한 가지 전략을 동원한다. 하나는 갈등을 피하고, 갈등이 존재함을 인정하지 말고, 차이와 불일치를 논하지 말라는 '타조 접근법', 다른 하나는 '평화를 위해서는 뭐든 하겠다는 접근법'이다. 이 두 가지 전략은 셀러의 모든 관계, 즉 구매자와의 관계, 지원 부서와의 관계, 셀러관리자와의 관계 모두에 심각한 영향을 미친다.

갈등을 둘러싼 기존의 사고방식과 행동은 본능적이지만 오늘날 복잡한 시장에서는 효과적이지 않다. 세일즈 프로세스에 관여하는 개인의 네트워크가 확장되고 고객과의 장기적 관계를 지향하는 경향이 뚜렷해지면서 갈등에 접근하는 새로운 방식과 관련 기술이 중요해졌다.

시너지 패러다임에서 갈등은 장애물을 제거하고 관계를 개선하는 기회다. 양측이 모두 승리하면서 갈등을 제거하는 게 정말로 가능함을 믿어야 한다. 시너지 패러다임에서 지는 사람이 없는 효과적인 갈등해소를 위한 세 가지 지침이 있다. 첫째, 갈등을 모든 관계의 정상적인 부분으로 받아들여라. 둘째, 모두가 승리하는 갈등해소에 헌신하라. 셋째, 이 장에 기술된 6단계 방법을 활용해 상호 간 수용 가능한 해결책을 찾아라. 이 지침은 갈등에 좀 더 편안해지고 갈등을 더 효과적으로 해결하는 열쇠다. 이제 하나씩 더 자세히 살펴보자.

갈등을 모든 관계의 정상적인 부분으로 받아들여라

. . . .

갈등은 모든 관계에서 불가피하고 건강한 기능을 한다. 갈등의 부재는 사실상 고객을 대면하기 두려운 셀러, 상사에게 도전하기 두려운 부하 직원 등 어느 한쪽이 다른 한쪽을 두려워하고 있음을 의미할지도 모른다. 핵심은 갈등을 피하고 부인하는 것이 아니라 실질적으로 관계에 유익한 방식으로 갈등에 접근하고 갈등을 해소하는 방법을 배우는 것이다. 당신이 누군가와 갈등을 겪고 있다는 느낌은 그 관계에서 뭔가가 잘못되었다는 신호다. 그러므로 갈등을 통해 관계를 개선하고 보다 높은 수준의 만족을 가져다줄 창의적인 사고를 자극할 수 있다.

갈등을 정상적이고 더 나아가 건강한 부분으로 받아들이려면 과거 자신의 경험을 바탕으로 자신이 갈등을 어떻게 느끼는지 돌아봐야 한다. 과거 학습의 피해자가 되기보다 갈등을 해결하는 신기술을 습득할 자유를 느껴 보라. 교육 과정 중 어떤 남성이 다음과 같이 설명했다.

자라면서 제가 누군가와 갈등을 겪을 때 어머니는 그들 수준으로 떨어지지 말라고 당부하셨죠. 싸우지 않는 성숙한 사람이 되라는 어머니의 훈육 방식이었습니다. 좋은 사람은 갈등을 빚지 않는다고요.

최근에야 이 신념이 제 삶에 어떤 영향을 끼쳤는지 깨달았습니다. 타인과의 갈등을 초래하는 문제에 직면하기보다 습관적으로 문제를 회피하고 관계를 끊곤 했죠.

나는 평생 타인과의 갈등을 회피하고 상대방의 눈높이에 맞추지 않은 채 갈등에 오만한 자세로 대처해 문제를 악화시켰습니다. 결과적으로

저는 냉담한 사람, 거리를 두는 사람으로 보였고 상대방도 저를 피하곤 했죠. 관계를 구축하는 건강한 방법이 아니었습니다. 갈등에 말려들 때면 나 자신이 싫어졌어요.

사람들 대부분 비슷한 학습 경험이 있고 갈등이 옳지 않다고 믿는다. 어떻게든 삶에서 갈등을 피하거나 부인하려 한다. 그 결과 문제는 해결되지 않고, 축적된 분노는 실제 문제보다 더 크게 터지고 팽팽한 긴장감이 도는 불편해진 관계는 효과적인 소통을 막는다.

게다가 환영받고 싶은 셀러는 대부분 고객과의 갈등을 해결하지 않는다. 다시 말하면, 과거 학습한 대로 셀러는 고객과 갈등을 겪는 것을 고객이 자신을 좋아하지 않는 것과 동일시한다. 그래서 속으로 고객을 원망하고, 자기 직업을 탓하고, 자기 자신에게 분노할지언정 겉으론 모든 게 괜찮다는 가짜 미소를 짓는다.

중요한 것은 과거 자신의 갈등 이력을 살펴보는 것이다. 시간을 들여 자신의 행동을 제한하는 신념을 파악하면 고객이나 타인과의 문제를 더욱 효과적으로 해결할 수 있을 것이다. 과거의 학습에서 벗어나 갈등을 관계 개선의 기회로 받아들여라. 만약 당신이 갈등을 가치 있는 것으로 인식하면, 갈등을 이해하고 더욱 편안하게 느끼게 되며 갈등을 다루고 해소하는 데 더욱 헌신적이게 될 것이다.

모두가 승리하는 갈등해결에 헌신하라

· · · ·

갈등을 해소하는 세 가지 방법이 있다. 첫 번째와 두 번째 방법은 전통적인 승-패 패러다임을 대표하는 방법, 세 번째는 패자 없는 시너지 패러다임을 대표하는 방법이다.

방법 1 : 당신은 이기고 상대방은 진다.

이 접근법은 힘을 사용해 상대방에게 특정 해결책을 강요하는 방법이다. 방법 1을 사용하는 사람은 기본적으로 "우리 관계에서 보상과 처벌의 형태로 힘을 가할 수 있는 사람은 나니까 내가 이길 거야."라는 생각을 가지고 있다. 상대적으로 힘이 없는 사람은 "당신의 해결책을 받아들이겠지만 내게 힘을 사용한 당신에게 적개심이 들어. 기회가 생기면 복수할 거야."라고 말한다.

다음은 갈등을 해소하는 방법 1의 예시다.

① 의료기기 회사의 셀러인 톰과 유통업자는 새 판매 프로그램을 두고 의견이 충돌한다. 유통업자는 프로그램을 디자인하는 과정에서 자신이 빠져 감정이 상한 상태고 프로그램의 효과성에 의문을 제기한다. 톰은 본사에서 이미 자료를 만든 후였기 때문에 자신도 선택의 여지가 없었으며 해당 프로그램의 비용은 유통업자의 마케팅 비용으로 청구될 것이라고 유통업자에게 알린다. 톰과 회사는 이기고 유통업자는 지는 상황이다.

② 잡지 출판사의 광고 담당자인 메리는 편집 부서에 광고 하나를 새로 추가해 달라고 황급히 요청한다. 편집 부서장 마이크는 마감일이 시급한 다른 건 때문에 부담이 되어 그럴 수 없다고 한다. 메리는 마이크를 통하지 않고 곧장 마이크의 상사에게 거래 잠재력이 상당한 고객이라고 약속한다. 마이크는 직원들을 주말에라도 나오게 해서 해당 광고를 내보내라는 지시를 받는다. 메리는 이기고 마이크는 진다.

③ 소프트웨어 제조사의 셀러관리자인 앤서니는 셀러인 켈리에게 감사audit를 하러 온 세일즈 이사와 만날 시간을 비워 놓으라고 요청한다. 이미 두 건의 프레젠테이션 일정이 잡혀 있는 켈리는 일정을 변경하고 싶지 않다. 켈리가 세일즈 이사와의 미팅에 참여하길 원하는 앤서니는 켈리에게 일정을 변경하라고 지시한다. 앤서니는 이기고 켈리는 진다.

방법 2 : 상대방은 이기고 당신은 진다.

관용적 갈등해소 접근법에서는 한 사람이 자신의 니즈를 주장하기보다 상대방의 요구에 굴복한다. 관계를 상실하는 것에 대한 두려움, 감정적인 갈등에 대한 반감, 좋은 사람이 되고 싶은 욕망 등의 이유로 상대방이 이기는 것을 허용한다.

다음은 갈등을 해소하는 방법 2의 예시다.

① 산드라는 비즈니스 서식 회사의 셀러로 고객인 데니스와 문제를 겪고 있다. 데니스가 새 서식의 레이아웃을 승인해서 인쇄를 마쳤는데 데니스의 상사가 이를 받아들이지 않고 있다. 데니스는 자신을 보호하기 위해 추가 비용 없이 재인쇄해 주지 않으면 경쟁자와 거래를 하겠다고 산드라를 협박하고 있다. 산드라는 어쩔 수 없이 데니스의 요구를 들어주기로 한다. 산드라는 지고 데니스가 이긴다.

② 대릴은 교육 회사의 고객 담당자로 리더십 훈련 프로그램을 구입한 고객사로부터 맞춤형 워크북을 준비해 달라는 요청을 받는다. 대릴은 프로그램 개발 책임자인 스티븐에게 고객사의 요청을 전달하지만 교육 자료를 맞춤 제작할 시간이 없다는 답변을 받는다. 대릴은 지고 스티븐이 이긴다.

③ 자동차 대리점의 셀러인 베티는 상사에게 쉬는 날 나와 달라는 요청을 받는다. 베티는 이미 아이들과 시간을 보내기로 약속했다고 답한다. 그러자 상사가 베티의 태도와 업무에 대한 헌신에 의구심을 제기하고 베티는 일정을 바꾸기로 한다. 상사는 이기고 베티는 진다.

방법 3 : 당신도 이기고 상대방도 이긴다.

방법 1과 2는 어느 한쪽을 니즈가 충족되지 않은 분노한 패자로 만드는 방법이다. 1장에서 살펴보았듯이 분노의 결과는 전통적 패러다임의 한계다. 방법 3은 힘이 아니라 완전히 다른 가정을 기반으로 하는 패러다임에 기초한다. 모든 개인의 니즈가 똑같이 중요하다는 가정이다. 각 당사자의 힘이 동등하든 아니든, "나의 니즈와 당신의 니즈를 모두 충족하는 해결책을 함께 찾읍시다. 우리 둘 다 이기고 아무도 분노한 패자가 되지 않을 겁니다."라고 하듯 상대방의 니즈에 관심을 기울인다.

방법 3의 가장 큰 장점은 관계에 해를 끼치지 않고 보통은 개선한다는 점이다. 적개심과 부당함이라는 감정이 상호 존중과 개인의 니즈에 대한 관심으로 대체된다. 방법 3의 중요한 효익은 이 외에도 더 있다.

관계가 더욱 건강해지고 생산적으로 바뀐다.

갈등을 편안하게 느끼는 셀러는 갈등을 피하려고 하지 않는다. 고객, 상사, 타인과의 관계 기저에 있던 문제들이 수면 위로 올라와 건설적인 방법으로 해소된다. 이렇게 되면 세일즈의 성공을 가로막고 있던 많은 장애물이 제거된다. 상호 신뢰를 토대로 개방적이고 진솔한 소통을 특징으로 하는 관계가 구축된다.

셀러관리자와의 관계, 지원 부서와의 관계에서 핵심 문제가 해결되고 서로 비난하며 급한 불씨를 끄거나 의도를 숨기지 않는다. 셀러는 서로 협업하며 우수한 고객 서비스를 제공하는 팀을 이끌게 된다. 문제가 발생하면 팀원들은 서로 신뢰하며 갈등을 해결하고 고객을 포함해 모두가 만족하는 결정을 내린다.

결정을 이행하려는 의지가 강화된다.

의사결정 프로세스에 직접 참여하고 나서 결정을 이행하고자 하는 의지가 강해진 경험은 누구나 해 봤을 것이다. 어느 한 사람이 독자적으로 내린 결정을 강요받을 때 저항하게 되는 것과 달리 의사결정에 참여하면, 함께 결정한 해결책에 대해 주인의식을 느끼게 된다. 개개인이 결정 과정에 대한 책임이 있을 때, 결정의 효과적인 이행에도 책임을 느끼게 된다.

결정의 질이 올라간다.

방법 3은 갈등에 관여된 모든 사람의 창의력, 경험, 지능을 동원한다. 고객이든, 셀러관리자든, 세일즈 프로세스에 관여된 누구든, 모든 당사자의 니즈를 고려해야 하므로 "백지장도 맞들면 낫다."라는 생각은 특히 맞는 말이다. 어떤 문제에 대한 한 사람의 시각이 다른 사람의 시각과 같을 리 없고 상대방의 니즈를 안다고는 가정조차 할 수 없다. 그러므로 독단적인 의사결정은 결정의 질을 제한한다.

의사결정이 더 신속해진다.

셀러 대부분은 수주 혹은 수개월간 고객이나 타인과의 갈등에 대한 해결책을 찾지 못했던 경험이 있을 것이다. 셀러가 용기를 내어 상대방에게 접근하면 몇 분 만에 원만한 해결책이 나온다. 방법 3은 갈등을 겪는 사람들이 니즈와 감정을 솔직하게 드러내고 문제에 직면하고 신속하게 가능한 해결책을 찾도록 도움을 준다. 더 나아가 개별적으로 활동했던 당사자들이 찾지 못했던 많은 정보를 수면 위로 끌어올려 빠른 의사결정을 내릴 수 있게 도움을 준다.

방법 3에는 모두가 승리하는 갈등해소에 대한 의지와 갈등해소 6단계에 대한 지식이 요구된다.

상호 수용 가능한 해결책을 찾는 여섯 단계

· · · ·

모두가 승리하는 혹은 패자가 없는 갈등해소법은 단순히 문제해결에 대한 태도나 철학이 아니라 상호가 수용 가능한 해결책 도출하는 여섯 단계로 구성된 체계적인 방법이다.

1단계 : 해결책이 아닌 니즈의 관점에서 문제 정의하기

1단계는 갈등해소에서 가장 중요한 단계다. 문제를 정의할 때 판단이나 비난을 해서는 안 된다. 나–메시지의 활용이 니즈를 표현하는 가장 효과적인 방식이다. 당신의 니즈와 감정에 대해 말한 후 상대방의 니즈에 대해 당신이 이해한 바를 말로 표현하라. 갈등을 보는 상대방의 관점을 모른다면 물어라. 적극적 듣기 기술을 활용해 당신이 상대방의 관점을 이해하고 있음을 상대방에게 알려라.

여섯 단계를 효과적으로 작동시키는 열쇠는 니즈와 해결책의 차이점을 이해하는 것이다. 사람들은 너무나 자주 자신의 근본 니즈를 상대방에게 알리는 데 실패해 갈등을 빚는다. 상대방에게 자신의 니즈를 알리지 않고 이를 충족하기 위한 행동(해결책)을 한다. 만약 서로의 해결책이 양립할 수 없는 것으로 드러나면 갈등이 생긴다.

니즈가 파악되면 갈등은 더 쉽게 해소된다. 니즈를 파악하려면 당신이 견지하는 입장을 내려놓아야 한다. 당신의 입장은 당신의 니즈를 표현한 것이 아니라 아마 갈등에 대한 당신의 해결책일 것이기 때문이다. 당신의 입장을 지키고 '옳은 것을 추구'함으로써 당신과 상대방의 니즈를 모두 충족시킬 수 있는 옵션을 제한하고 있을지도 모른다. 특정 해결책에 대해 "그

해결책이 당신에게 무엇을 해 주는가?"라고 질문함으로써 니즈를 파악할 수 있다. 예를 들어, 세일즈 교육 담당자인 앤과 세일즈 이사인 마크 사이에 갈등이 있다고 치자. 앤은 한 주 활동을 검토하기 위한 금요일 오전 회의를 원했지만 마크는 특정 시간대에 고정된 일정을 잡고 싶지 않았다. 앤은 마크가 협조적이지 않다고 생각했고 마크는 앤이 요구하는 게 많다고 생각했다. 이 갈등은 둘의 관계와 소통, 관계의 효과성에 영향을 미쳤다.

"그 해결책이 당신에게 무엇을 해 주는가?"라는 질문을 받고 나서야 둘은 진짜 니즈를 발견했다. 앤은 자신의 성과에 대해 지속적으로 피드백을 받고 진행 중인 일에서 소속감을 느끼길 원했고 금요일 오전 회의는 이 니즈를 충족하기 위한 해결책이었다. 한편 현장 세일즈 인력 지원을 위해서 마크는 더 이상의 미팅을 피해야 했다. 둘은 자신들의 니즈를 파악하고는 한 주에 한 번 오전에 일을 시작하기 전 미팅을 하기로 결정했다. 양쪽 모두에게 수용 가능한 완벽한 해결책이었다.

갈등 상황에서 사람들은 눈가리개를 쓴 말처럼 다른 선택지를 보지 못하고 무슨 수를 써서라도 자신이 옳음을 입증하려 한다. 많은 셀러가 효과적인 다른 옵션을 생각할 수 있는데도 특정 해결책을 고집한 적이 있음을 인정했다. 문제는 자기 입장을 방어하는 데 너무나 많은 노력을 들인 나머지 어리석어 보이거나 틀린 것처럼 보이기 싫어서 물러서지 않으려 한다는 데 있다.

어릴 때 들었던 코끼리를 더듬은 맹인 이야기를 기억하는가? 맹인에게 코끼리가 어떻게 생겼는지 설명해 달라고 했더니 코끼리 다리에 팔을 두르고는, "코끼리는 나무의 몸통처럼 생겼네요."라고 답했다. 다른 맹인은 코끼리 코를 잡더니 "코끼리는 뱀처럼 생겼어요."라고 말했다. 또 다른 맹인이 코끼리의 넓은 옆구리를 만지더니 "너희 둘 다 틀렸어. 코끼리는 외양간의 측면처럼 커다랗게 생겼어."라고 했다. 누가 맞고 누가 틀린 걸까?

사실 각자의 관점에서 보면 다 맞는 말이고 상대방의 관점에서 보면 모두 틀린 말이다. 갈등도 많은 경우가 그렇다. 조직 내 개인 혹은 부서가 전체 상황에 대해 각각 제한된 관점을 가지고 있지만 마치 자신의 관점이 유일하다는 듯 자기 입장만 방어한다. CEO도 마찬가지다. 조직 내에서 다른 관점을 제시하는 데 대한 두려움 때문에 많은 경우 아주 제한된 시각을 갖고 있다. 그 결과 상황을 전혀 모르는 상태에서 중요한 결정을 내리곤 한다.

양 당사자가 갈등 상황에서 각자의 해결책을 보호할 때 해소가 불가능해 보이는 상황이 전개된다. 여기가 바로 사람들 대부분이 '타협'하는 시점이다. 결과적으로 아무도 만족하지 못하고 관계 내의 분노는 지속하게 된다. 타협은 패자 없는 갈등해소법이 아니다. 양측이 갈등에 대한 해결책을 요리조리 바꿔 보다가 마지못해 받아들일 만한 해결책을 생각해 냈을 때 하는 행위가 타협이다. 양측 모두 뭔가를 잃은 듯한 느낌을 받는다.

패자가 없는 갈등해소의 필수 요소는 '옳은 것을 추구함'을 내려놓고 자신의 갈등해결책을 미뤄 놓고 각자의 니즈를 파악해 모두를 만족시키는 해결책을 찾는 능력이다. 먼저 니즈에 집중하고 두 번째로 해결책에 집중하는 것이다.

2단계로 넘어가기 전에 양 당사자가 문제의 정의를 수용해야 한다. 상대방에게 문제의 정의를 수용할지, 거부할지 물어봐도 된다. 마지막으로 모두가 승리하도록 모두의 니즈를 충족시키는 해결책을 찾고 있음을 상대방이 명확하게 이해하도록 하라.

2단계 : 가능한 해결책 도출하기

2단계는 갈등해소에서 창의적인 부분이다. 곧바로 좋은 해결책을 생각해 내기는 어렵지만 초반에 나온 해결책들은 거의 항상 더 나은 해결책으로 이어진다. 먼저 상대방에게 가능한 해결책을 물어보고 당신의 해결책을 제안하라.

특정한 해결책을 평가하고 논의하기 전에 가능한 많은 해결책을 생각해 내라. 절대로 상대방의 해결책을 평가하거나 비판하지 마라. 이는 창의적인 프로세스를 방해한다. 대신 모든 해결책을 적고 검토는 나중에 하라.

합리적으로 실행 가능한 해결책을 충분히 도출했거나 더 생각나는 해결책이 없다면 이제 3단계로 넘어갈 때다.

3단계 : 해결책 평가하기

진지하게 비판적인 사고를 해야 하는 갈등해소 단계이다. 제안된 해결책에 결점이 있는가? 해결책이 효과가 없을 만한 이유가 있는가? 시행하거나 수행하기가 너무 어려운가? 여기서는 진정성이 중요하다는 사실을 기억해야 한다. 내면을 들여다보고 솔직하게 감정을 표현하라.

4단계 : 상호가 수용 가능한 해결책 결정하기

한 가지 혹은 복수의 해결책에 대한 상호 간의 의지를 확인해야 한다. 타협이 아니다. 타협은 모두에게 '절반의 승리와 절반의 패배'가 돌아가는 것이다. 전에 언급했듯이, 보통 타협은 한 가지 해결책에 갇혀 있다가 그 해결책을 변경할 때 이루어진다. 양 당사자를 모두 만족시키는 한 가지 해결책을 찾는 데 매진하라. 보통 모든 사실이 드러나면 모두가 선호하는 해결책도 뚜렷해진다.

상대방을 압박하거나 설득하려고 시도하는 실수를 저지르지 마라. 무엇보다 당신의 아이디어에 대한 반발심을 불러일으키고 두 번째로 수용 가능한 해결책이라 하더라도 상대방이 자유롭게 선택한 게 아니라면 시행되지 않을 확률이 높다. 결정에 가까워졌다고 느끼면 해결책을 말하여 양쪽이 모두 이해하도록 하라.

5단계 : 해결책 시행하기

물론 해결책을 고안했다고 이 해결책이 시행된다는 보장은 없다. 모두가 해결책에 동의하면 즉시 누가 무엇을 언제까지 할 것인지 시행에 관해 의논해야 한다. 가장 건설적인 태도는 시행하지 않을 시 결과에 대해 질문하기보다 양측 모두 해당 결정을 시행하리라고 신뢰하는 것이다.

6단계 : 결과 평가하기

패자가 없는 의사결정 프로세스에서 나온 첫 번째 해결책이 최고의 해결책이 아닌 것으로 판명될지도 모른다. 간혹 해결책을 수행하면서 수정이 필요한 결점을 발견한다거나 더 나은 해결책을 찾아서 첫 해결책을 반려할 수도 있다. 이러한 결과에 대해 상대방이 어떻게 느끼는지 물어보고 당신이 어떻게 느끼는지도 표현하라.

이제 앞서 설명했던 조지와 고객인 존의 갈등 상황으로 돌아가자. 조지의 고객 중 존의 회사는 매출의 95% 차지하고 있고 조지는 존의 회사와 거래량을 늘리고 동시에 더 나은 서비스도 제공할 수 있음을 알고 있다. 그러나 존은 계속해서 조지와 다른 사람들을 압박하고 위협해서 방어적으로 만들고 그의 행동은 절망감의 원천이 되고 있다. 모두가 서로 통제권을 쥐려는 전통적인 승-패 게임을 하고 있다. 존의 감정을 상하게 하고 6백만 달러의 수입을 잃게 될까 두려워 지금까지 아무도 상황에 직면하려 하지 않았다.

조지는 자신이 존에게 상당한 적개심을 품고 있다는 사실을 깨달으면서 변화가 필요함을 느낀다. 존과의 거래량이 상당했기 때문에 존과 거의 매일 대화해야 했는데, 대화가 끝나면 항상 얻어맞은 듯한 기분이었다. 존의 압력과 위협은 조지에게 큰 타격을 주었고 조지는 살얼음판을 걷는 듯했다. 조지의 적개심은 다양한 방식으로 표출되었다.

우선 조지는 존의 회사에 납품하는 집적회로를 설계, 제조, 배송하는 타 부서에 항상 감정이 상한 듯 보였고 존이 불평할수록 조지의 감정은 더 상했고 목소리는 더 커졌다. 조지와 운영 부서 사이에 팽팽한 긴장감이 돌았다. 조지는 개입해서 문제를 해결하지 않는 상사에게도 실망감을 느꼈다. 사적인 대화를 할 때 자신의 상사를 '나약'하고 '줏대 없다'고 표현했다. 일하러 가는 게 더는 즐겁지가 않았다.

게다가 일터에서의 불만이 가정생활에도 영향을 미치고 있었다. 항상 피곤했고 아내도 조지의 '기분'과 '과민반응'에 대해 이야기하는 날이 많아졌다. 결국 조지는 자신의 능력과 가치를 의심하게 됐다. 지금까지 조지는 존과의 문제를 해결하지 못했고 경색된 사내 관계와 지속적인 불만 때문에 자기 자신에게 의구심이 들었다. 이는 문제를 악화시키고 영속화한다. 갈등을 부인하거나 회피하거나 혹은 갈등에 승-패의 자세로 대처하는 셀러에게 빈번히 벌어지는 결과다. 관계에서 당신의 니즈를 충족시키지 못하면 결과적으로 발생하는 적개심이 다양한 방식으로 발현된다. 여기에는 언급하지 않았지만 건강도 여기에 포함된다.

조지는 자신의 선택지를 살펴보았다. 자신은 계속 존의 행동을 받아들이거나 스스로 변화하거나 존이 변하도록 영향을 미칠 수 있었다. 조지는 세 번째 선택지를 골라 존에게 전화를 걸어 미팅을 준비해 달라고 했다. 여기 듣기 기술, 진정성 있는 소통 기술, 갈등해소법 3의 6단계를 활용하면 미팅이 어떻게 흘러가는지 살펴보자.

조지　　존, 오늘 미팅을 위해 시간을 내주셔서 감사해요. 진솔하게 대화할 때가 됐다는 생각이 들었습니다. 우리 사이에 문제를 해결했으면 좋겠습니다. 우리뿐 아니라 회사를 위해서도 이 관계를 잘 다듬어 갈 방법을 찾겠다는 제 의지를 알아주셨으면 합니다.

존　　　조지, 어떤 문제에 대해서 말씀하시는 건가요?

조지　　존, 저희 회사와 거래를 중단하고 다른 회사와 거래하겠다고 계속 그러실 때마다 힘들어요. 원하시는 품질을 보장하는 제 능력에도 영향이 가고 비용 초래로 이어지기 때문에 걱정이 됩니다.

첫 번째 메시지에서 조지는 양측이 모두 승리하는 방향으로 문제를 해결하겠다는 자신의 의지를 전달함으로써 대화의 장을 마련한다. 이제 그 의지를 증명해야 할 것이다. 두 번째 메시지에서는 세 부분으로 구성된 대면적 나-메시지를 전한다. 그러고는 태도를 바꿔 존의 말을 들을 것이다.

존 이봐요, 당신이 뭐라도 된다고 생각하는 거요? 내가 그쪽 회사
랑 계속 거래하지 않았으면 제대로 하는 게 없었을 거요! 누가
감시하지 않으면 믿을 수가 없어요.

조지 뒤에서 계속 쪼지 않으면 일이 진행되지 않을 거라고 확신하
시는군요.

존 맞아요. 보세요. 우리가 지금 그쪽에 매년 6백만 달러를 쓰고
있는데, 당신은 지금 우리가 당신네 회사에 묶여 있다고 생각
하죠. 내가 일을 꿰뚫고 있지 않으면, 우리가 보고 있지 않을 때
기회만 있으면 지름길로 가 놓고 우릴 탓할 겁니다. 어쨌든 당
신 같은 사람이 제대로 하는지 감시하는 거, 그게 내 일이에요.

조지 그러니까 우리가 상황을 악용할까 걱정하시는 거죠, 그렇게 하
지 못하게 하는 게 존 씨의 일이니까요.

존 그렇죠!

조지 또, 모든 공급 업체가 그런 취급을 받아야 한다고 생각하시죠.

존 다 그런 건 아니에요, 조지. 그쪽 회사처럼 거래량이 많은 업체
만 그렇죠. 전에도 봤어요. 한 업체랑 거래량이 많으면, 그 점
을 이용한다니까요.

조지 3년 전, 계약서를 쓸 때 의논했던 파트너십이라는 아이디어를
믿지 않으신다는 말씀이시네요.

존 파트너십! 헛소리죠! 거래 따 내려고 당신네들이 마구잡이로
쓴 용어고, 무슨 뜻인지 알지도 못하잖아요. 계약서 쓴 지 6개
월 만에 폴(본래 조지의 일을 맡았던 셀러)은 전근 가고 당신이 문
앞에 떡하니 나타났죠. "당신과 일할 사람이 여기 있으니 싫

으면 관두죠."라는 거죠. 파트너한테 그렇게 하면 안 되죠. 새 ZX-190 보드는 첫 대량 주문 건이었는데 10주에서 12주가 걸린다 해 놓고. 당신 상사에게 전화했더니 4주 만에 되더군요. 나를 바보로 만들었어요. 그래 놓고 파트너십이라니!

조지 휴! 초반에 신뢰를 형성하는 게 중요한데, 그때 우리가 큰 실망을 안겨드렸군요. 우선, 폴과 관계를 형성했는데 제가 나타났군요. 그다음 ZX-190 사건이 벌어졌고 목소리가 커야만 일이 잘 진행된다고 느끼신 거죠. 그렇죠?

존 그래요, 조지. 내가 계속 지켜보지 않으면 당신이 무슨 일을 벌일까 걱정됩니다.

조지 알겠습니다. 그러니까 강조하신 점이 세 가지네요. 첫째로 한 공급 업체하고 대부분의 거래를 하는 데 위험이 있다고 생각하시고 둘째로 초반에 실망한 적이 한두 번 있어서 이용당할까 걱정이 깊어지셨고 마지막으로 ZX-190 프로젝트 때문에 상사 앞에서 곤란을 겪으셨군요.

존 이해하셨네요.

조지는 존의 말을 듣고 존을 제대로 이해하고 나서 편안함을 느꼈다. 이제 다시 자신의 주장을 펼치고 문제에 대해 소통할 수 있다. 존의 말을 경청함으로써 존에게 말할 수 있는 장을 마련했으므로 더 상세히 말할 수 있게 된다.

조지 존, 우리 사이에 이런 걸림돌이 있어 유감입니다. 다시 한번 말쓸드리지만, 압박이나 협박은 효과적으로 작용하지 않아요. 사실상 원하시는 바가 오히려 위태로워집니다. 그렇게 하시니까 최적의 가격에 양질의 제품을 공급한다는 것을 신뢰하지 못하고 계시잖아요. 그렇게 압박하시면 두 가지 일이 발생해요. 일단 사람들이 말을 듣지 않아요. 비난하시는 거 저도 진절머리가 났고 뭘 해도 만족하지 않으시니까 왜 애를 쓰나 싶고요. 둘째로 보드 생산할 때 무리를 하게 됩니다. 불필요한 초과근무도 많아지고 확인도 두세 번씩 하고 다른 비용도 발생하는데, 결국 다 그쪽으로 넘어가죠. 우리 둘의 소통방식 때문에 다른 직원들이 대처하는 데 시스템상에 큰 낭비가 생겨요. 그리고 우리 쪽에서 불확실성이 생기니까 이게 또 그쪽에 만드는 낭비도 있을 겁니다. 그러니까 제 말은 우리가 이러는 게 아무 효과가 없다는 거예요.

존의 행동이 자신에게 미치는 영향을 조지가 어떻게 구체적으로 설명하는지 주목하라. 그러나 조지가 존의 말을 듣지 않고 그의 입장을 이해하지 못했다면 이런 기회는 없었을 것이다.

존   그러면 당신이 제안하는 바가 뭡니까?

조지   한 발짝 물러서서 전체 그림을 봅시다. 제가 이해한 바로는 이용당하지 않는 것, 존 씨에게 영향을 끼치는 우리 회사의 의사결정에 참여하는 것, 최저 가격에 양질의 제품을 공급받는 것을 원하시는군요. 추가하고 싶으신 게 있나요?

존	이봐요, 조지. 핵심은 필요할 때 합리적인 가격에 신뢰할 수 있는 제품을 받아서 생산라인에 놓는 겁니다. 그게 다예요. 그렇게 되게 만드는 게 제 일이에요.
조지	알았어요. 좋습니다.
존	아, 다시 한번 강조하고 싶은데요. 우리가 단일 공급 업체에서 주문 제작한 제품을 받을 때는 아주 큰 위험을 감수하는 겁니다. 백업backup이 없으니까요. 그쪽에서 망치면, 생산라인 가동을 아예 중단해야 하는데 큰 비용이 들어요.
조지	그러니까, 정말 모험이라는 말씀이시군요. 입장을 명확히 알겠습니다. 상황을 개선하고 위험을 줄일 방법을 찾고 싶네요. 제게 필요한 건 세 가지입니다. 만족한 고객, 생산 요구 조건 등의 정보, 마지막으로 일이 제대로 안 되고 있다는 것을 보여 주는 정확한 자료입니다. 좋든 싫든 우리는 파트너십 관계입니다. 이제 양쪽 문제를 다 알게 됐네요. 문제를 해결할 만한 아이디어가 있으신가요?

이로써 '1단계 : 문제 정의하기'는 마무리된다. 조지는 경청을 통해 존의 모든 니즈를 수면 위로 끌어올리고 존에게 피드백을 주어 자신이 존의 말을 들었음을 확인시키는 데 성공했다. 동시에 솔직하고 간결하게 자신의 니즈도 전달했다. 1단계를 제대로 수행하려면 프로세스 중 그 어떤 단계보다 더 많은 시간이 소요될 수 있다. 하지만 갈등해소 과정을 위한 견고한 토대를 마련하는 데 필수적인 단계이기 때문에 괜찮다. 투자한 시간은 향후 보상받을 것이다. 이제 '2단계 : 가능한 해결책을 도출하기'로 넘어갈

시간이다. 조지가 먼저 존에게 아이디어를 요청하는 것에 주목하라. 이는 당신이 상대방의 의견을 존중하고 이 시점에서는 상대방의 의견을 판단하기보다 듣는 게 중요하다는 것을 보여 준다. 게다가 모두에게 적합한 해결책이 있다면, 그 해결책은 상대방에게서 나오는 게 낫다. 그 해결책에 대한 상대방의 의지를 강화하기 때문이다.

> 존   소통을 더 많이, 더 잘할 필요가 있는 것 같네요. 매주 미팅을 하거나 매일 전화를 해서 진행 상황을 의논하는 게 좋겠습니다. 이 방식으로 그쪽을 감시할 수도 있고요.
>
> 조지   알겠습니다. (미소를 지으며 존이 제안한 두 가지 해결책을 적는다.) 더 생각나는 거 없으세요?

상대방의 해결책을 듣고 말이나 몸짓으로 잘 알았다고 표현한 후 "더 있으세요?"라고 묻는 건 좋은 행동이다. 해결책을 단번에 결정하지 않겠다는 의미이기 때문이다. 이 시점에서는 모든 가능한 해결책이 나오도록 하는 게 중요하다.

> 존   글쎄요. 딱히 없네요. 한 가지를 제외하고는….
>
> 조지   뭔가 주저하시고 계시군요.
>
> 존   서식을 하나 만들어서 매일 팩스로 정보를 주고받으면 어떨까 생각 중이었어요.
>
> 조지   알겠습니다. 그것도 생각해 볼 수 있겠네요.
>
> 존   있잖아요, 조지. 저한테 좋은 방법은요. 양사에서 관련된 모든

직원이 한 달에 한 번 미팅을 하는 거예요, 그러면 제 짐도 덜 수 있고요. 아, 저랑 조지 씨는 매주 만나서 상황을 점검하고요.

조지와 존은 몇 가지 선택지를 알아봤고 이제는 존이 조지에게 적합한 해결책을 제안하고 있다. 존은 이미 '3단계 : 해결책을 평가하기'로 넘어가서 자신이 생각하고 있던 해결책을 제시했다. 이제 조지가 자신의 의견을 내놓을 차례다.

조지　　존, 사실 저도 그 제안이 마음에 듭니다. 저 역시 관계 개선의 기본은 신뢰 강화라고 생각해요. 그리고 신뢰를 회복하는 유일한 방법은 소통입니다. 그러니까 저도 그 아이디어가 마음에 들어요. 전화나 팩스를 매일 하는 건 부담스러울 수 있으니 주간 회의가 낫겠어요. 관계자들이 참여해야 한다는 데도 동의합니다. 그러면 주간 회의에는 우리 다 동의하는 것 같네요. 언제 시작하실래요? 누가 참여하는 게 좋을까요?

이제 둘은 대안도 평가했고 '4단계 : 상호 수용 가능한 해결책 결정하기'도 마쳤다. 조지의 마지막 질문은 누가 무엇을 언제까지 할 것인지 결정하는 '5단계 : 해결책 시행하기'로 가는 초대장이다.

존　　이렇게 제안드릴게요. 누가 월간 회의에 참석하는 게 좋을지, 어젠다는 어때야 할지 의견을 받읍시다. 그러고는 우리 둘이 다음 주에 만나서 계획을 마무리하죠. 주간 회의에서 뭘 논의할지 의논도 하고요. 어때요?

조지   훌륭합니다. 하나 추가할 게 있다면, 계획을 시행하고 나서 잘
        되고 있는지 평가하는 목적으로 90일 내로 같이 미팅을 했으
        면 좋겠어요. 이 해결책으로 우리 사이에 근본적인 문제들이
        해결될 수 있도록 합시다.

여기서 조지는 '6단계 : 결과 평가하기'를 수행하기 위한 미팅을 잡는다.

존   알겠습니다. 좋은 생각이에요. 금요일에 전화 주시면 다음 주
        회의를 준비하도록 하죠.

조지   금요일에 전화하겠습니다. 존, 기꺼이 대화에 응해 주셔서 감
        사합니다. 마음이 한결 가벼워졌습니다. 이제 스트레스도 덜
        받고 긴장도 덜 하면서 훨씬 더 효과적으로 일할 수 있으리라
        는 확신이 들어요. 감사합니다.

상대방의 협조와 문제를 해결하려는 의지에 항상 감사를 표하라.

이 예시에서 조지와 존은 시너지 패러다임에 존재하는 가능성을 보여 준
다. 갈등에 대처하는 기존 사고방식에서 벗어나 용기를 내어 새로운 접근법
을 시도하고 이 책에 나온 기술을 활용해 새로운 방식으로 타인과 관계를 형
성할 때 놀라운 결과가 도출될 수 있다. 구매자, 셀러관리자, 성공에 영향을
미치는 지원 부서와의 갈등을 해결하는 데 계속해서 원시적인 접근법을 사
용하기에는 오늘날의 세일즈 활동이 너무나 복잡하고 도전적으로 바뀌었다.

- 개인 간의 갈등은 셀러의 효과성effectiveness을 크게 제한하고 조직의 세일즈, 고객 서비스, 수익성에 큰 영향을 미친다.

- 대부분의 사람은 갈등해소에 대한 전통적 승–패 접근법과 그 결과에 기반한 문화에서 성장한 탓에 갈등을 두려워한다.

- 갈등은 어떤 대가를 치르더라도 피하려 하는 경우가 많다. 사람들은 다음 둘 중 한 가지 전략을 동원한다. 하나는 갈등을 피하고, 갈등이 존재함을 인정하지 말고, 차이와 불일치를 논하지 말라는 '타조 접근법', 다른 하나는 타인에게 친절하고 문제를 일으키지 말라는 '평화를 위해서는 뭐든 하겠다는 접근법'이다.

- 이 두 전략 모두 효과적인 세일즈에는 파괴적이다.

- 시너지 패러다임에서 패배자를 만들지 않고 효과적으로 갈등을 해소하는 세 가지 지침은 다음과 같다.
  + 갈등을 관계의 정상적인 부분으로 받아들여라.
  + 모두가 승리하는 갈등해소에 헌신하라.
  + 6단계 방법을 활용해 상호 간에 수용 가능한 해결책을 찾아라.

- 모든 관계에서 갈등은 불가피하고 건강한 역할을 한다. 중요한 것은 갈등을 회피하고 부인하는 게 아니라 실질적으로 관계에 유익한 방식으로 갈등에 접근하고 갈등을 해소하는 방법을 배우는 것이다.

- 갈등을 해소하는 세 가지 접근법이 있다.
  + 방법 1 : 내가 이기고 상대방은 진다.
  + 방법 2 : 상대방이 이기고 나는 진다.
  + 방법 3 : 내가 이기고 상대방도 이긴다.

- 방법 1과 방법 2는 한쪽 당사자를 니즈가 충족되지 않은 분노한 패자로 만드는 반면 방법 3은 관계를 훼손하지 않고 사실상 개선한다.

- 방법 3의 주요 장점
  + 관계가 더욱 건강해지고 생산적으로 변한다.
  + 결정을 시행할 의지가 강해진다.
  + 결정의 질이 높아진다.
  + 결정이 더욱 신속하게 이루어진다.

◈ 방법 3의 6단계

+ 해결책이 아닌 니즈의 측면에서 문제를 정의한다.

+ 가능한 해결책을 도출한다.

+ 해결책을 평가한다.

+ 상호 간에 수용 가능한 해결책을 결정한다.

+ 해결책을 실행한다.

+ 결과를 평가한다.

9장

기다리기보다
만들어 나가는 미래

기다리기보다 만들어 나가는 미래

만들어진 길을 따라가지 말고
길이 없는 곳으로 가서
길을 개척하고 행적을 남겨라.
- 작자 미상

시너지 패러다임의 기술을 습득하는 것은 여정이다. 효과적인 관계 구축에 더욱 능숙해지기 위해 발걸음을 내딛는 것은 지속적인 연습과 성장, 개선의 과정이다. 영국의 소설가인 서머셋 모옴은 "평범한 사람들만이 항상 최고의 상태에 있다."라고 말했다.

이제 여정을 떠날 때다. 하지만 여정은 반드시 당신이 주도해야 한다. 누구도 당신을 위해 나서 줄 수 없다. 개구리 프레디와 친구 이야기를 들어 보라.

어느 오후 개구리 프레디가 먼지 가득한 길을 폴짝폴짝 내려가고 있는데, 길가에 바퀴 자국에서 도와달라는 비명이 들렸다. 가까이서 살펴보니 개구리 하나가 바퀴 자국에 끼어 있었다. 개구리는 프레디에게 도움을 요청했고 프레디는 망설임 없이 직접 뛰어 들어가 새 친구에게 어떻게 빠져나오는지 보여 주었다. 프레디는 먼저 이중 공중제비를 한 뒤 멋진 자세로 착지했다. 그러나 친구 개구리는 수차례 시도 끝에 못 하겠다고 말했다. 프레디는 다시 바퀴 자국으로 들어가 빠져나오는 다른 방법을 보여 주었다. '공중회전을 수반한 비틀기' 점프로 바퀴 자국에서 빠져나와 안전하게 착지했다. 이번에도 친구 개구리는 여러 차례 시도했지만 자신에게 적절한 방법이 아니라며 포기했다. 그래서 프레디는 다시 바퀴 자국으로 들어가서 아주 간단한 '백조 점프'를 했다. 친구 개구리는 '백조 점프'를 여섯 번이나 시도했지만 실패했고 바퀴 자국에 영영 끼어 있어도 괜찮다며 프레디에게 애써 줘서 고맙다고 하기에 이르렀다.

얼마 후, 프레디는 가장 좋아하는 수련 잎에서 쉬고 있다가 누군가 뒤에서 오는 소리를 듣고 몸을 돌려 폴짝폴짝 빠르게 다가오는 친구 개구리를 보았다. 친구 개구리가 근처 수련 잎으로 오자 프레디는 어떻게 바퀴 자국에서 빠져나왔는지 물었다. 그러자 친구 개구리는 "마차가 오고 있었어!"라고 외쳤다.

마차가 오고 있는 게 아니라 이미 여기 있다. 이제 세일즈에 대한 전통적 접근법이라는 바퀴 자국에서 나와야 할 때다. 게임은 바뀌었고 성공의 규칙도 바뀌었다. 바퀴 자국에서 나오지 않는 개인과 조직은 설 자리를 잃고 있지만 이것은 다가올 미래에 비하면 아무것도 아니다. 아주 간단하다. 새로운 규칙을 배우지 않으면 새로운 게임에서 살아남지 못할 것이다.

마치 지금까지 미식축구 선수였던 것과 같다. 당신과 당신의 회사는 미식축구 규칙을 기반으로 일정 수준의 성공을 달성했다. 당신은 미식축구의 기본에 대해 교육을 받았거나 스스로 배웠다. 경기장의 크기와 레이아웃부터 공의 모양, 경기의 순서, 득점하는 법까지 모든 걸 알고 있다. 블로킹, 태클, 패스, 캐치, 킥까지 경기 방법도 다 알고 있다. 회사 전체가 미식축구를 기반으로 형성됐고 회사의 모든 전략, 교육, 언어, 인센티브도 미식축구에 기반을 두고 있다.

이제 어느 날 아침 일어났더니 팀 전체가 메이저 리그 야구팀을 소유한 개인에게 팔렸다고 가정하자. 당신과 팀원들은 이제 야구를 한다. 어떤 변화가 필요할지 생각해 보라. 당신이 알고 있는 모든 것, 익숙한 모든 것을 버려야 한다. 새로운 규칙을 배우고 새로운 기술을 연마해야만 한다. 새로운 게임인 야구를 지원하기 위한 새로운 문화가 형성되어야 한다.

세일즈 세계에 일어날 변화도 이만큼 극적이다. 세일즈 패러다임의 전환은 완전히 새로운 게임을 만들었다. 변화가 일어나지 않았더라면 하고 바라거나, 좋았던 시절에 매달리거나, 변화의 증거를 부인하거나, 변화를 거부할 수 있다. 핵심은 1장에 나온 요소들이 새로운 게임을 요구하고 있다는 점과 전통적 접근법은 한정적이고 제한적이며 부적절하기까지 하다는 점이다. 이러한 변화에 민감하게 대응하지 않는다면 당신의 생존 여부가 위태로워진다. 역사에는 패러다임 전환 시 새 규칙에 적응하지 못하고 생존에 실패한 개인과 조직의 예가 가득하다.

개인과 조직이 변화의 필요성을 분명하게 보기 어려운 이유가 많이 있다. 그 이유들은 업무를 하는 다양한 방법을 찾는 데 필요한 데이터를 효과적으로 수집하고 분석하는 능력을 사실상 제한하는 장애물이다. 사실 당신은 이미 개인적으로 이런 장애물을 경험하고 있을지도 모른다. 세일즈 활동에 필요한 극적인 변화와 연관되어 있기 때문이다. 한 가지 확실한 건 당신의 조직은 적어도 하나 이상의 장애물을 경험하고 있다는 것이다.

패러다임에 대한 무지

마치 카메라의 필터처럼 우리는 패러다임을 통해 삶을 바라보고 우리의 패러다임에 맞지 않으면 들어오는 정보를 왜곡하거나 아예 거부하는 경향이 있다는 사실을 기억하라. 이를 증명하기 위해 우리는 세미나에 참석한 사람들에게 방을 둘러보고 파란색 물건을 찾아보라고 했다. 그다음 눈을 감고 주황색 물건을 말해 보라고 했다. 전형적인 반응은 주황색 물건을 기억하지 못하는 것이었다. 파란색을 찾도록 학습되어서 다른 가능성은 보지 못했다.

당신의 패러다임도 같은 방식으로 작용하고 세일즈에 관해 과거 훈련받은 것 때문에 새로운 패러다임이 요구하는 변화의 필요성을 보지 못할 수도 있다. 개인과 조직은 이 책에 나온 정보를 일부 무시하거나 심지어는 거부하는 경향을 보일 것이다. 세일즈에 대한 전통적 접근법으로 성공해온 사람들은 특히 그러할 것이다. 이들은 과거에 자신을 성공으로 이끌어준 것들을 포기하고 새로운 규칙에 맞춰 변화하는 위험을 감수하는 데 더 큰 어려움을 겪을 것이다.

패러다임에 대한 무지는 당신을 과거의 포로로 만들고 삶의 가능성을 제한한다. 패러다임을 바꾸지 않으면 미래는 예상 가능한 범위로 좁혀진다.

타인이나 외부 환경 탓하기

일이 잘못될 때 자연스러운 반응은 미흡한 결과를 두고 다른 사람을 탓하는 것이다. 요즘 같은 시기에 가장 만만한 희생양은 경제다. 우리 세미나에서 셀러들은 어떻게 경제가 자신들의 역량을 제한하는지 설명하는 데 많은 시간을 할애했다. 경쟁, 제품 디자인, 품질, 가격, 고객 서비스, 상사, 마케팅 부서, 심지어 정부까지 탓했다. 조직도 같은 변명을 하거나 조직 내에서 희생양을 찾아 성과 부족을 탓한다. 실제로 고장 난 것은 시스템인데 유능한 임원을 해고한 사례가 얼마나 많은지 보면 놀랍다.

실적을 두고 외부 환경을 탓하는 것을 멈추면 전통적 세일즈 패러다임이 끝났다는 사실이 더욱 또렷하게 보일 것이다. 그러면 당신은 스스로의 힘으로 패러다임을 바꾸고 자신의 삶에 대한 책임감을 느끼게 될 것이다. 그 사실을 받아들이면, 새로운 기술을 적용하고자 하는 의욕이 더욱 강해지고 성과도 극적으로 개선될 것이다.

더 열심히 일하기

패러다임 전환의 또 다른 장애물은 더 열심히 일하라는 정신이다. 지금까지는 더 열심히 일하면 떨어졌던 실적이 자연스럽게 개선됐다. 하지만 게임이 바뀌었으니 이제는 사실이 아니다. 많은 셀러와 세일즈 담당 임원들이 게임 자체가 바뀌었고 새로운 게임에 필요한 신기술을 배워야 한다는 사실을 받아들이기보다 단순히 더 열심히 일하는 것이 정답이라고 믿고 있다. 이제 야구 경기를 해야 할 미식축구팀이 미식축구를 전보다 더 열심히 연습하는 것과 같다.

전통적 패러다임은 이제 작동하지 않는다. 이전의 패러다임에서 행했던 행동들 역시 더 이상 효과적이지 않다. 더 열심히 일하는 것은 기차의 속도를 높이는 것과 같다. 결과는 같을 것이고, 그저 같은 결과를 더 빨리 얻을 뿐이다. 기차의 방향을 통제하는 것은 선로이기에 새로운 선로를 깔지 않는 한 같은 결과를 얻게 된다. 새로운 세일즈 게임은 개인과 조직이 새로운 선로를 깔기를 요구한다.

부인하기

여전히 개인과 조직은 문제의 존재를 부정함으로써 스스로 변혁을 가로막고 있다. 간단히 말해서 문제나 사안을 다룰 의지가 없고 상황을 개선할 새로운 방법이 있을 수도 있다는 사실을 인정하지 않는다. 여기서 개인은 타인의 의견이나 코칭을 수용하는 것이 나약함의 표시일까 봐 두려워하면서 자기 방식을 고집한다. "어떤 대가를 치르더라도 나는 그렇게 할 것이다."가 이들의 좌우명이다. 기존의 패러다임에서 성공을 거뒀던 많은 셀러가 시장의 변화를 부인하고 있다. 자신을 성공으로 이끌어 준 바퀴 자국에 끼인 채 변화를 두려워하고 있다. 문제를 제기하는 사람을 팀 플레이어가 아니라고 낙인찍거나 엉뚱한 사람을 탓하는 문화를 조성하는 등 조직도 똑같은 행동을 하고 있다. 어느 경우든 "죽어라 일하고 문제는 꺼내지 마라. 일이나 잘하고 파장은 일으키지 마라."라는 메시지다.

변화를 부정하는 개인과 조직은 계기판에 기름이 없다는 신호가 뜰 때까지 확인하지 않는 사람들이다. 이제 신호가 들어왔다! 오늘날 세일즈는 새로운 기술을 요구하고 있고 이 책은 경고 신호다.

우리가 세일즈를 하는 방식을 영원히 바꿀 혁명이 시작됐다. 개인과 조직에 광범위하게 영향을 미치는 혁명이다. 세일즈에서 성공의 기준은 이제 새로운 게임이 요구하는 규칙과 기술에 빠르고 효과적으로 적응하는 사람들에 의해 다시 세워질 것이다. 기존의 환경에 자신을 맞추기보다 적극적으로 자신의 환경을 만들어 갈 때다.

패러다임 전환은 새로운 가능성을 연다. 콜럼버스는 신세계를 발견하고 패러다임 전환을 촉진해서 당시에 문명인들이 상상하지 못했던 기회의 문을 열어젖혔다. 1492년 이전의 평범한 상인에게 신세계에서 창출될 수 있는 막대한 부, 제품, 가능성에 관해 물으면, 당시 그들이 살던 시대의 배경 속에서 반응할 수밖에 없을 것이다. 대부분이 자신들 앞에 놓인 가능성을 제대로 이해하지 못했을 것이다. 대부분의 인간에게 현재 패러다임의 경계를 넘어서 생각하는 것은 어려운 일이다.

마치 애벌레에게 나는 것에 관해 묻는 것과 같다. 애벌레는 비행을 설명할 수 없다. 애벌레는 당신에게 애벌레들은 날지 않는다고 답할 것이다. 애벌레는 땅을 기어 다니며 애벌레가 날기를 신이 바랐다면 날개를 줬을 것이다. 그래서 애벌레는 비행의 가능성조차 생각하지 못한다. 변태의 과정을 거치고 나비가 되고 나서야 나는 게 어떤 건지 설명할 수 있다. 나비들은 어떻게 애벌레가 날게 되었는지 설명할 수 있다.

잠깐 새로운 세일즈 패러다임에서 셀러로서의 삶을 상상해 보라. 다음의 가능성을 고려하라.

당신은 셀러라는 자신의 직업을 사랑한다. 셀러라는 직업은 좋아하는 일을 하며 수입을 올릴 기회를 제공해 준다. 당신의 일은 고무적이고 도전적이며 삶에서 만족의 원천이다. 성취감과 자신감을 느끼며 일에 대한 자부심 또한 명백히 드러난다. 게다가 일에 대한 열정이 삶에 다른 부분으로도 흘러 들어간다. 사람들은 당신의 열정과 생기에 감탄한다.

당신이 일에서 가장 즐거움을 느끼는 부분 중 하나는 다른 사람들과의 관계다. 고객은 구매결정을 내릴 때 당신의 조언과 의견을 신뢰하고 당신을 파트너로 대한다. 이러한 관계는 의도를 숨기지 않고 상대방의 니즈에 관심을 기울이는 솔직한 소통의 자유로운 흐름을 통해 형성된다. 문제가 발생하면 직면하고 당신과 고객이 서로 존중하고 관계의 가치를 감사히 여기는 가운데 해결한다. 이러한 시너지 관계를 구축하는 데 자신감을 갖고 있어 신규 고객을 발굴하고 친구나 기존 고객에게서 추천을 받는 것이 어렵지 않다.

조직 내 사람들과의 관계나 세일즈 프로세스 중 접촉하는 사람들과의 관계도 견고하다. 당신의 상사는 협조적이고 이해심이 있으면서도 당신이 더 높은 수준의 성과를 달성하도록 도전하게 하고 능력을 강화하도록 도와준다. 상사는 당신이 최고의 성과를 달성하도록 코치해 주며 당신은 상사를 신뢰하고 상사의 의견을 높이 산다. 당신과 상사의 관계는 조직 내에서 모범이 된다. 타 부서도 당신을 지원해 준다. 협업과 팀워크는 고객만족에 대한 당신의 의지를 더욱 강화하고 팀 구성원 모두가 팀워크에 자신이 기여하는 바가 존중받는다고 느낀다.

개인적 성장과 자기 발전에 헌신한다. 삶의 만족도와 성과를 개선하는 새로운 방법을 발견하는 기쁨을 누린다. 조직이나 외부 업체가 지원하는 세일즈 교육 세미나에 열정적으로 참석한다. 고무적이고 흥미로우며 도전적인 교육 프로그램들은 업무적 성과를 높이는 새로운 도구를 제공하고 교육을 통해 배운 기술과 개념은 삶에 다른 영역에도 적용할 수 있다. 교육이 당신에게 균형 잡힌 개인으로 성장할 기회를 제공한다고 느낀다.

고객만족에 헌신하는 조직문화에서 일하며 고객만족을 달성하는 과정에서 셀러의 역할이 존중받는다. 당신과 함께 일하는 팀원들은 공동의 목표를 가지고 있으며 팀은 각 구성원의 기여를 존중한다. 팀은 선구적 사고와 실무적 적용 능력을 고루 갖추고 있다. 당신과 동료 팀원들은 품질, 고객 만족, 우수한 재무적 성과에 대한 의지를 공유한다. 서로의 삶에 차이를 만들어 내고 자신이 조직과 고객에 기여하는 공동체의 일부임을 느낀다.

천국, 열반, 이상향을 묘사한 게 아니다. 새로운 세일즈 패러다임에서 가능한 모습을 보여 준다. 불가능하게 느껴져도 괜찮다. 애벌레들은 어떻게 나는지 모른다는 사실을 기억하라. 그리고 "역사적으로 일어난 적 없었던 일이 앞으로도 일어나지 않으리라 믿는 것은 인간의 존엄성에 대한 불신을 주장하는 것이다."라는 마하트마 간디의 말을 생각하라.

신기술의 가치를 접하고 나면 개인과 조직은 쉽게 예전 모델을 버릴 수 있을 것이다. 통화 대기와 응답 기능, 보이스 메일 기능을 사용할 수 없다고 가정해 보라. 전화를 거는데 신호만 가고 응답이 없을 때 느낄 좌절감을 떠올려 보라. 우리는 이 신기술이 제공하는 편리함과 효율성에 익숙해졌다. 이렇게 상대적으로 단순한 기술도 우리의 일상을 영원히 바꿔 놓았고 이전 단계의 기술로 돌아가는 것은 원시적으로 보일 것이다. 이 책에서 기술하는 새로운 세일즈 모델과 '기술'도 마찬가지다. 셀러들이 시너지 세일즈 방법으로 세일즈 활동을 하며 얻는 효익과 개인적 가치를 경험하면 이전의 세일즈 방식으로 절대 돌아갈 수 없으리라.

이제 세일즈의 패러다임 전환을 떠받치고 있는 주춧돌을 하나씩 들여다보고 어떻게 일부 개인과 조직이 새로운 게임에 적용하고 효과적으로 미래를 준비하고 있는지 살펴보자.

셀러와 구매자의 관계

·····

잠재적 구매자 및 기존 고객과 이전과는 크게 다른 관계를 구축하기 위해 헌신하지 않는다면, 간단히 말해 시장에서 살아남지 못할 수도 있다.

1장에서는 1980년대와 1990년대 초의 비즈니스 환경에서 발생한 문제들이 구매자와 셀러 간에 새로운 관계 모델을 요구했음을 살펴보았다. 고객과 다른 사람들과 대화해 본 결과, 미래에도 이와 같은 상황이 지속되고 실수가 허용될 공간은 더욱 없을 것이므로 위험은 더 커진 듯했다.

마이클 벤더는 1980년대 후반 제너럴 모터스(GM)의 AC 델코 분점의 세일즈 교육 담당자였다. 그는 자사의 유통 네트워크에서 일어나는 세일즈 활동에 대한 급진적인 새로운 접근법의 필요성을 인식하고 자신의 신념을 지지하도록 경영진을 설득했다. 그 결과 제너럴 모터스의 직원 천 명 이상이 우리의 시너지 세일즈와 고객 관계 과정을 교육받게 되었고 마이클 벤더는 그것을 관리하게 됐다.

지금은 독립적인 컨설턴트로서 프랑스에서 새로운 세일즈 모델 연구에 헌신하고 있는 그는 새로운 모델이 AC 델코에 가져다줄 가치를 봤을 뿐 아니라 시장에서 이 세일즈 모델이 시급하게 필요하게 되리라 예상한다. 벤더는 다음과 같이 말했다.

"셀러들이 직면한 도전과제들은 매우 다양하고 상당히 많아서 오래전에 계획한 접근법과 진부한 해결책은 소통의 문제와 세일즈의 손실로 이어질 수밖에 없고 궁극적으로 회사의 생존을 위태롭게 할 것이다. 오늘날 시너지 패러다임의 철학을 배우고 이에 대한 탄탄한 기본기를 갖추는 것이 셀러의 전제 조건이라고 할 수 있다.”

벤더는 변덕스러운 비즈니스 환경이 구매자에게도 영향을 미침을 강조
한다.

“급변하는 시장은 셀러만큼이나 구매자도 불편하게 하며 계속해서 낡
은 세일즈 도구를 사용하는 셀러들에 대해서는 더 큰 의구심이 들게 한다.”

시너지 패러다임의 효익을 탐구한 또 다른 개척자는 사스크텔의 알렉
스 커이다. 마케팅 교육 담당자였던 그는 1985년을 시작으로 시너지 세일
즈 과정을 사스크텔에 도입했다. 그의 목표는 캐나다의 통신 산업에 대한
규제 완화로 회사가 직면한 경쟁 시장에 대비해 셀러와 다른 직원들을 준
비시키는 것이었다. 그때부터 사내에서 2천 명이 넘는 직원들이 프로그램
에 참여했다. 커는 이렇게 말한다.

“1990년대의 시장은 우리가 예상했던 것보다 경쟁이 심하다. 성공의
열쇠는 고객과 시너지 관계를 유지하는 조직의 능력에 있다. 1985년부터
1990년까지 우리가 직원들에게 제공한 교육은 준비 작업이었다. 시너지
세일즈의 기술들을 새롭게 하고 조직문화 내에서 지속적으로 강화할 필
요가 있다.”

미래에 구매자와 셀러 간 더욱 견고한 파트너십이 필요하다는 데 동의
한 또 다른 사람은 디트로이트에 있는 제너럴 모터스의 금융자회사 GMAC

의 세일즈 담당 이사인 데이비드 보르셸트다. 1980년대 중반까지 보르셸트는 제너럴 모터스 딜러와의 관계 강화라는 업무를 담당하는 새로운 직무를 GMAC 각 지점에 설치한 팀의 일원이었다. 보르셸트와 팀원들은 전통적 세일즈 접근법이 자신들이 만드는 직무 범위에서 효과적이지 않으리라는 사실을 깨달았다. 그들은 시너지 세일즈를 활용해 새로운 관리자들에게 건강하고 장기적인 관계를 구축하고 유지하는 데 필요한 기술을 교육했다. 보르셸트는 미래에 이 관계 관리 기술의 필요성이 더욱 증대될 것으로 내다봤다. 그는 이렇게 말했다.

> "모든 분야의 구매자가 거래하는 사람의 수를 제한하고 기존에 거래하던 사람들과의 파트너십은 더욱 견고해지기를 바랄 것이다. '오늘 한 건'을 노리는 경우는 점점 사라질 것이다. 즉 경쟁자 간 기술의 이용 가능성이 증대됨에 따라 가격대가 좁아지면서 가격은 덜 중요한 요소가 될 것이다. 구매결정에서 관계가 점점 더 중요해질 것이다."

미래 비즈니스의 도전과제는 구매자와 셀러의 관계에 대한 압박을 가증시킬 것이다. 향후 수년간 조직이 직면할 셀러와 고객 간에 끊임없는 관계 개선을 요구하는 주요 이슈를 살펴보자,

첫째는 전사적 품질관리TQM;Total Quality Management 운동과 이 운동에서 우선순위인 고객 지향 문화다. 단순한 유행이 아니고 이달의 경영 철학도 아니다. 전사적 품질관리는 비즈니스를 하는 새로운 방식으로의 발전이다. 품질 운동의 주요 지지자인 W. 에드워즈 데밍은 미래에 효과적으로 생존하기 위한 조직의 운영 방식의 변혁, 혁신을 촉구한다. 이는 조직문화

의 구성 요소로 자리 잡은 지속적인 개선의 점진적인 과정이다. 또, 계속해서 중요한 자리를 차지할 것이다. 전사적 품질관리의 중요한 열쇠는 셀러와 다른 사람들이 고객과 구축하는 관계다. 솔직하고 개방적인 소통과 효과적인 문제해결 기술은 이러한 환경에서 셀러에게 필수 요소다.

게다가 오늘날 제품과 서비스의 기술적 복잡성이 구매자와 셀러 간에 더욱 장기적이고 깊은 관계를 요구하고 있으며 미래에 이것이 바뀔 조짐은 보이지 않는다. 제품과 서비스의 맞춤화 경향 역시 그렇다. 이제 셀러와 조직은 단순히 팔고 나면 끝인 세일즈를 할 수 없다. 조직 간의 상호 의존적 속성은 더욱 강력한 유대를 요구하고 있다. 셀러와 구매자는 서로의 회사에 대해 더욱 철저히 이해해야 하고 그러기 위해서는 독점적으로 가지고 있던 정보를 공유해야 할 것이다. 경쟁적인 시장에서 오차 범위는 줄어들고 있으며 구매결정에서 실수를 하기에는 실수의 비용이 너무 크다.

기술이 더욱 복잡해지면서 단일 공급자와의 파트너십을 발전시키는 경향은 지속될 것이다. 마찬가지로, 신기술을 입힌 신제품과 서비스의 개발로 견고한 구매자-셀러 관계의 필요성이 더욱 증대될 것이다.

마지막으로 글로벌 시장에 내재한 예측 가능한 문화적 이슈로 말미암아 더욱 긴밀한 구매자-셀러 관계가 필요해질 것이다. 셀러는 이제 문화적 다양성이라는 무대 위에서 고객 관계를 관리하는 기술을 갖춰야 한다. 마이클 벤더는 AC 델코를 맡기 전에 제너럴 모터스 유럽 지사에서 10년간 일하며 문화적 차이의 영향을 경험했다. 글로벌 시장에 대해 벤더는 이렇게 말했다.

"기업들은 서둘러 국경선을 넘는 포지셔닝을 하고 있다. 글로벌 시장

진출의 위험은 기업들이 글로벌 환경에서 성공적으로 경쟁하기 위해 필요한 요소들을 진출 계획에 넣지 않았다는 점이다. 딱하게도, 많은 기업이 기존의 사고를 확장하기만 하면 된다고 믿는다. 그러나 유럽 고객들이 이러한 접근법을 수용하고 있지 않기 때문에 이는 재앙으로 이어질 뿐이다."

벤더가 말하는 기존의 사고란 셀러-구매자 관계에 대한 전통적인 접근법을 말한다. 벤더는 이렇게 덧붙였다.

"대부분의 비교 문화 세일즈 프로그램은 구매자와 셀러 간의 의견 불일치가 아닌 오해를 해소하기 위해 고안되었다. 양 당사자가 같은 언어를 사용하고, 유창하게 구사하는 경우에 그렇다. 셀러는 다문화적 상황에 적응해야 한다. 유럽 셀러라면 성공하기 위해 낡은 방식을 포기하고 시너지 패러다임으로 이동해야 할 것이다."

벤더는 시장의 세계화가 구매자와 셀러 간 새로운 이해와 협업을 촉구한다고 다시 강조한다.

오늘날 새로운 종류의 구매자-셀러의 관계 발전을 촉진한 조직과 셀러가 직면한 이슈들은 미래에 우리가 겪을 일에 비하면 빙산의 일각일 뿐이다. 구매자-셀러 관계에 접근하는 방식을 바꾸지 않고 있다면 게임에 참여하지 않고 있는 거나 다름없다. 앞으로도 변하지 않는다면, 게임에 다시 참여하는 게 불가능해질지도 모른다.

셀러와 관리자의 관계

· · · ·

시너지 패러다임에서 가장 개선 가능성이 큰 부분이 바로 셀러와 관리자의 관계다. 대부분의 셀러에게 이 관계는 좌절과 분노의 원천이다. 그들은 셀러관리자와의 관계 때문에 개인적 동기, 창의력, 열정, 의지가 꺾이곤 한다고 말한다. 좋아 봐야 중간 정도 혹은 받아들일 만한 정도이고 실적 개선을 위한 동기의 원천은 아니다. 셀러가 관리자와의 관계를 긍정적이고 힘이 되는 파트너십으로 보는 경우는 아주 드물다.

여기서 메시지는 간단하다. 개인과 조직의 효과성을 극대화하기 위해서는 셀러와 셀러관리자의 관계에 급진적인 변화가 있어야만 한다. 다른 방법은 없다. 변화는 근본적이고 광범위해야 한다.

살펴볼 이슈가 몇 가지 있다. 먼저 새로운 구매자와 셀러의 관계에는 결정 권한이 있는 개인이 포함되어야 한다. 구매자는 심부름꾼과 일하고 싶어 하지 않는다. 자기 일에 대한 충분한 교육을 받고 파트너십과 관련된 결정을 내릴 권한을 가지고 있는 셀러와 일하고 싶어 한다. 급변하는 시장 또한 자율성을 가진 셀러를 요구하고 있다. 새로운 게임이 경기를 뛰는 사람들에게 의사결정 능력을 요구하고 있다.

둘째, 셀러들은 조직 내 타 부서 동료들과 마찬가지로 직장에서 급진적이고 새로운 가치를 주장한다. 더 많은 책임을 부여받고 스스로 업무 방향을 설정하고 싶어 한다. 자신에게 영향을 미치는 의사결정에 참여하고 싶어 한다. 자신의 업무가 더욱 보람 있고 성취감 있으며 타인에 기여하는 일이기를 바란다. 오늘날 셀러들은 앞으로는 더욱 자신의 의견, 태도, 신념이 존중받고 존엄한 대우를 받기를 원할 것이다. 셀러관리자들은 이러한 니즈가 충족될 수 있는 근무 환경을 제공해 주어야만 한다.

대부분의 조직에서 셀러와 관리자의 관계를 개선하는 전형적인 해결책은 임파워먼트다. 세일즈 인력의 임파워먼트는 교육 프로그램, 연례 세일즈 회의, 경영 전략 회의에서 항상 논의되는 주제다. 그러나 대부분의 임파워먼트는 연극에 불과하다. 기업 문화에서 임파워먼트는 셀러에게 행해지는 것이다. 또 다른 형태의 통제다. 그래서 많은 셀러에게 임파워먼트는 고위 경영진이 자신들에게 시키고 싶은 것을 하게 만드는 또 다른 수단에 불과하다. 전형적인 임파워먼트는 미묘한 관리, 조종이라는 인상을 준다.

셀러관리자를 교육할 때 임파워먼트를 정의해 보라고 요청했다. 관리자들은 셀러가 더 생산적으로 일하고, 더 큰 책임감을 가지고, 자신의 문제는 자기가 해결하고, 더 주도적으로 행동하고, 효과적인 업무 수행을 위해 더 배워 목표 세일즈 할당을 달성하도록 하는 것이라는 답변을 내놓았다. 당신이 필요하다고 생각하는 것을 상대방이 하도록 만드는 뭔가를 임파워먼트라고 하는 듯 보인다. 임파워먼트가 이뤄지는 과정에서 셀러의 의견이 반영되지 않는다면 셀러가 저항할 것이라는 점을 기억하라.

임파워먼트는 사실 오늘날 시장과 미래를 위한 준비에 매우 중요한 셀러와 셀러관리자의 관계를 변화시키는 열쇠다. 그러나 여기서 말하는 임파워먼트는 새로운 의미를 지닌다. 진정한 임파워먼트에는 개개인이 능력을 발휘할 수 있도록 격려받는 근무 환경을 조성하는 것이 요구된다. 여기에는 관계의 상호 의존적 속성과 개인의 행복에 집중하는 것, 자기주도self-direction와 자기책임self-responsibility을 허용하는 것, 한계를 제한하는 신념을 검토하고 바꾸는 기회를 제공하는 것을 포함한다. 여기서 키워드는 상호의존성이다. 임파워먼트가 제대로 이뤄지는 환경은 임파워먼트를 주는 사람이나 받는 사람 모두 임파워먼트에 대한 책임이 있는 환경이다.

우리의 문화는 관리자나 리더의 역할을 크게 강조하지만 부하직원(팔로워)에게도 책임이 있다. 그래서 셀러와 셀러관리자의 관계를 바꾸는 것은 셀러관리자만의 책임이 아니다. 셀러 또한 자신의 관리자와의 관계를 변화시키는 데 책임을 다해야만 한다.

셀러는 관리자에게 권한을 이임하고 일이 잘못되었을 때는 불평하는 경향이 있다. 사실 다른 많은 분야도 마찬가지다. 예를 들어, 우리는 미국의 경제 위기를 대통령 한 사람의 탓으로 돌린다. 팔로워들은 리더를 임명하고 리더가 구원해 주거나 위기에서 건져 주기를 기다린다. 자기 삶에 대한 책임을 받아들이기보다 타인에게 권한을 넘겨주고 잘못된 것에 대해 타인을 탓하는 게 더 쉽다. 일반적으로 셀러들은 상사가 가지고 있는 권한을 두려워하고 상사와의 관계에서 지나치게 수동적이다. 세일즈 인력의 임파워먼트가 제대로 이뤄지려면 셀러들이 임파워먼트에 수반된 책임을 기꺼이 받아들여야만 한다.

마찬가지로 관리자들은 관계를 변화시키는 데 있어 자신의 역할을 수용해야 한다. 셀러 관리에 대한 전통적 접근법은 쓸모가 없다. 셀러관리자는 오늘날 자신의 효과성effectiveness을 강화하는 새로운 기술을 개발해야 한다. 결국, 셀러관리자의 가장 기본적인 역할은 셀러가 가지고 있는 역량과 잠재력을 발휘하고 효과성을 극대화할 수 있는 조건을 만들어 주는 것이다.

코베이 리더십 인스티튜트의 공동창립자이자 전 회장인 윌리엄 마레는 현재 관리자들의 코칭 기술을 교육하는 독립 컨설턴트로 활동하고 있다. 마레는 사람들이 '코칭'의 장점이라 여기는 생각들을 다듬는 게 중요하다고 믿는다. 그는 말한다.

"오늘날 세일즈 성과를 개선하는 데 필수적인 코칭은 사람들에게 익숙한 지시적 방식이 아니다. 경기 상황이 잘 보이는 기자석에 앉아 선수들을 들여보내는 코치처럼 미식축구에서 사용되는 코칭이 그 예다. 이는 임파워먼트가 이뤄지는 방식이 아니다. 셀러를 위한 성공적인 코칭은 테니스 코치들이 사용하는 방식이다. 테니스 게임에서는 사실 경기 중 코칭을 하지 않는 게 규칙이다. 대신 코치는 선수의 경기 준비를 돕고 퍼포먼스에 대한 피드백을 준다."

마레 코치는 자원을 제공하고 개인이 최고 수준의 성과를 달성할 수 있는 조건을 조성해 준다. 이 코칭 방식은 셀러가 원하는 자기방향과 자기책임을 가능하게 한다. 이것이 진정한 임파워먼트다.

오늘날 스트레스가 높은 비즈니스 환경에서 요구되는 세일즈 효과를 창출하기 위해서 셀러와 셀러관리자의 관계는 변해야 한다. 셀러관리자들은 코치로서의 자신의 새 역할에 능숙해져야 한다. 일단 관리에 대해 배운 많은 부분을 잊고 새 기술을 채택할 의지가 있어야 한다. 나아가 셀러도 관리자와 더욱 생산적인 관계를 형성하는 데 헌신해야 한다. 자신의 효과성을 극대화하는 임파워먼트 관계를 발전시키는 데 대한 책임을 받아들일 필요가 있다.

세일즈와 구매 프로세스에 관여하는 사람들과의 관계

점점 더 복잡해지는 시장은 계속해서 셀러에게 좌절감을 더해 줄 것이다. 거의 모든 세일즈 분야에서 세일즈 프로세스에 관여하는 사람들은 늘어날 것이다. 큰 조직의 경우 일반적으로 양질의 제품과 서비스를 제공하는 데 영향을 미치는 지원 부서의 구조가 더 복잡하고, 사람도 더 많다. 게다가 작은 사업을 운영하는 기업인부터 부동산 중개업자와 보험 셀러들까지, 세일즈를 마무리하고 고객에게 서비스를 제공하는 데 관여하는 사람이 늘어났다.

조직 내 권위가 무너지는 경향은 미래에도 지속될 것이다. 게다가 전문화specialization를 선호하는 경향이 더 뚜렷해지면서 기존 세일즈와 서비스 주기에 전보다 더 많은 사람과 부서가 필요해지고 있다.

알렉스 커는 "기술이 발전하면서 고객과의 소통에 대한 필요성이 증대될 것이다. 기술자부터 제품 디자인, 고객 교육, 지원 분야 관계자들까지 전보다 더 많은 사람이 고객과 관여하게 될 것"이라고 설명했다.

마이클 벤더 역시 다른 관점에서 같은 핵심을 짚고 있다. 그는 이렇게 말했다.

"성장을 위해 국경을 넘나드는 회사가 신사업을 구상한다고 반드시 사람을 더 고용하는 것은 아니라는 점을 잊지 말아야 한다. 이는 고객과 직접적으로 접촉하는 조직 내 비세일즈 인력의 증가로 이어지고 있다. 이 사람들이 시너지 패러다임 교육을 받지 않고 이에 대한 의지가 없다면 회사는 재구매를 잃을 위기에 처할 것이다."

여기서 진짜 메시지는 세일즈의 효과성이 오늘날 그리고 미래에는 더더욱 직접적인 권한이 없는 개인의 노력을 조정하는 셀러의 능력에 달리리라는 점이다. 셀러는 각각 어젠다를 가지고 있는 상호 의존적인 개개인과 소통한다. 고객만족에 헌신한다는 데는 모두 동의하겠지만, 각각 다른 방식과 기준으로 성과를 도출하고 측정한다. 셀러의 성공은 세일즈 프로세스에 영향을 미치는 개인과 생산적인 파트너십을 구축하고 유지하는 능력에 달려 있다.

여기서 구분해야 하는 것은 동의와 일치의 차이다. 동의는 개개인이 양립 가능한 혹은 조화로운 관계에 있는 상태다. 보통 수용과 합의, 불화나 갈등의 부재를 뜻한다. 동의는 변화에 수반되는 의견 불일치의 위험 때문에 현 상태를 수용하는 것이다.

한편, 일치(alignment)는 생성 행위(a generative act)다. 같은 파장 위에서 각각의 힘들을 직선으로 만드는 존재 방식이다. 속성 자체가 상승효과, 즉 시너지 효과를 내포한다. 즉 도출되는 결과물은 각 당사자가 달성했을 결과물보다 더 훌륭하다. 일치에는 보통 동의 기저에 숨어 있는 의견 불일치에 직면하는 것이 요구된다.

셀러들이 개인, 단체와 조화롭고 양립 가능한 관계 속에서 소통할 수 있는 이유는 의견 불일치를 밖으로 드러내지 않는다는 암묵적 동의가 있기 때문이다. 모두가 문제없이 잘 지내기 때문에 자신들은 태도가 좋은 팀이라고 말하는 고객을 여럿 보았다. 이것만 보면 적신호다. 교육 중에 암묵적 커뮤니케이션 연습을 해 본 결과 관계 저변에 엄청난 적개심이 깔려 있음을 발견했다. 그리고 나서 문제를 해소하고 정렬을 이끌어내 보다 더 생산적인 팀으로 만들 수 있었다.

아래 두 예시가 동의와 일치의 차이를 잘 보여 주고 있다.

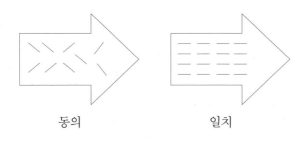

동의   일치

세일즈의 효과성에 영향을 미치는 조직 내외의 개인과의 관계에서 동의는 미해결된 문제를 남기는데, 이 문제들이 업무를 완료하려면 반드시 넘어야 하는 미로를 형성한다. 이런 문제를 찾으라면 당장이라도 세 개 정도는 나오겠지만, 동의를 유지하기 위해 사람들은 이를 우회하여 일할 방법을 찾는다. 이들 장애물 중 상당수가 일상적인 '원래 그런' 현실이 된다.

당신의 세일즈 효과성에 영향을 미치는 개인이나 조직과의 일치를 생성하기 위해서는 다음의 네 단계가 필수적이다.

1단계 : 뚜렷한 비전, 세일즈 성과와 높은 수준의 고객만족에 대한
의지를 가져라.
2단계 : 현 상태와 평범한 업무 방식을 수용하지 마라. 새로운 가능성
과 개인 및 조직의 효과성을 높이는 방안을 기꺼이 탐구하라.
3단계 : 진정성을 가지고 소통하라. 진실을 말하고 성공을 제한하는
'신성한 소'를 대면하라.
4단계 : 모두가 승리하는 결과에 헌신할 때 수면 위로 떠오르는 문
제들을 해소하라.

고객만족의 중요성, 시장의 경쟁적 속성, 고객의 니즈에 대한 신속한 대응의 필요성, 기술, 세계화의 영향 등 오늘날 셀러가 직면한 도전과제들은 새로운 의미의 협업을 요구한다. 단순한 합의는 더 이상 수용 가능하지 않다. 다른 사람들과의 일치만이 향후 수년간 생존을 위해 필요한 수준의 개인 효과성과 조직 효율성을 가능하게 할 것이다.

세일즈 교육

셀러관리자와 임원은 주목하라. 오늘 직원 교육과 개발에 헌신하지 않는다면 내일은 당신의 자리에 다른 누군가가 앉아 있을지도 모른다.

셀러는 주목하라. 회사에서 자기계발의 기회를 제공하든 안 하든, 지속적으로 자기계발을 하지 않는다면, 미래에는 아마 현재 수준의 성과를 달성하지 못할 것이다.

교육은 이제 시간과 비용이 있을 때 하면 좋은 그런 것이 될 수가 없다. 개인의 역량 개발은 생존을 위한 필수 요소다. 기술적 복잡성, 변화의 속도, 시장의 경쟁적 속성이 개인과 조직 모두에 교육과 역량 개발을 우선순위로 둘 것을 요구하고 있다.

오늘날의 시장, 미래의 시장에서는 더더욱 그렇다. 가격이나 기술적 우위로 경쟁할 수 없게 된다. 경쟁력 유지의 기반은 셀러와 다른 사람들이 고객과 형성하는 관계, 이들이 고객에게 제공하는 서비스의 품질이다. 서비스로 경쟁하려면, 사람이 필수 구성 요소가 된다. 사람이 중요해질 때 교육은 필수다. 셀러 교육을 할 것인가 말 것인가는 더 이상 질문 거리가 아니다. 효과적인 교육은 생존의 전제 조건이다.

과거 농경사회에서의 성공은 원재료인 종자를 확보하고 곡식을 수확하는 능력으로 측정했다. 이후 산업사회에서는 효과적인 원재료 확보와 상품 제조가 중요했다. 서비스사회에서는 원재료가 인간의 내재적 역량이고 이 역량을 확보하고 개인과 조직의 효과성을 높이는 데에서 경쟁우위가 나온다. 성공의 기준은 더 이상 수확한 곡물의 양이나 제조한 상품의 수가 아니다. 오늘날의 성공은 조직 내외 인간관계의 질로 측정한다.

세일즈 성과와 고객만족은 세일즈와 양질의 제품 및 서비스 제공에 영향을 미치는 고객 그리고 조직 내 관계의 효과성에 달려 있다. 오늘날 비즈니스 환경에서 인간관계가 더욱 복잡해지면서 인간의 상호의존성은 더욱 효과적인 조직을 만들기 위해 탐구해야 할 다음 영역이 되었다. 새로운 규칙과 기술에 적응하지 못하는 사람은 지난 20년간 기술의 진보를 따라오지 못한 사람들처럼 먼지 속에 남겨질 것이다.

이러한 도전과제들은 교육에 새로운 차이를 요구하고 있다. 셀러를 교육하는 기존 방식은 셀러의 부족한 부분을 파악하고 그 부분을 셀러가 개선할 수 있도록 하는 비법과 기법을 제공한다. 우리가 성과 기반 교육이라고 부르는 이 교육은 주어진 패러다임 내에서 성과를 강화한다. 그러나 패러다임을 바꾸거나 성과를 획기적으로 개선하도록 피교육자를 고무시키지는 않는다. 행동의 변화를 유도할 수는 있지만 이 역시 기존의 신념이라는 배경 내에서 구현된다. 이런 형태의 교육은 기껏해야 행동을 약간 개선해주는 정도다.

그러나 변혁적 교육은 개인을 지배하는 패러다임을 변화시킨다. 개개인이 패러다임의 보이지 않는 한계를 넘어설 수 있도록 함으로써 그들의 성과에 상당한 영향을 미친다. 이러한 속성의 교육에는 보통 세 개의 구성 요소가 있다. 일단 교육 참가자들에게 기존의 패러다임을 살펴보는 기회를 제공한다. 그 결과 자신의 패러다임이 만든 경계를 이해하고 그 경계의 영향을 이해할 수 있게 된다. 이는 과거 학습한 한계를 넘어서는 데 필수적인 단계다. 두 번째로, 변혁적 교육을 통해 개인은 새로운 패러다임을 설계할 수 있고, 이 패러다임은 성과의 획기적인 개선을 촉진하는 새로운 행동 패턴을 요구한다. 마지막으로 교육은 새로운 행동 패턴을 개발하는 데 필요한 기술을 제공해야 한다.

교육에 있어서 이 새로운 차이는 사람들이 현재 맥락에서 벗어나 적극적으로 새롭게 사고하도록 돕는다. 변혁적 교육의 참여자들은 특정한 행동을 강화하는 기법을 배우기보다 현재 환경에서 더욱 효과적일 수 있는 행동을 탐구하게 된다.

일반적으로 주어진 어떤 상황에서 우리의 행동은 과거의 유사한 상황에서 학습했던 내용에 영향을 받는다. 이는 우리의 미래를 단순한 과거의 확장으로 제한한다. 변혁적 교육은 개인과 조직이 과거의 학습에서 벗어나 새로운 가능성을 발견할 수 있게 한다.

여기 앞서 언급한 차이를 좀 더 쉽게 이해시켜 주는 예가 있다. 서커스단의 아기 코끼리들은 땅속에 박혀 있는 말뚝에 묶여 있다. 말뚝을 빼낼 만큼 강하지는 않기 때문에 자신의 움직임이 밧줄의 길이만큼 제한돼 있음을 빠르게 깨닫는다. 그만큼만 갈 수 있다고 믿게 된다. 어른 코끼리들 역시 말뚝에 묶어 놓고 관리한다. 땅에 박힌 말뚝을 쉽게 빼고 달아날 수 있는데

SYNERGISTIC SELLING

9장 기다리기보다 만들어 나가는 미래

도 그렇게 하지 않기 때문이다. 어렸을 때 말뚝을 빼낼 만큼 강하지 않다는 믿음이 학습된 결과다. 과거 우리의 학습, 패러다임도 우리에게 똑같이 작용한다.

전통적인 성과 기반의 교육은 자신이 알고 있는 세계의 범위, 즉 밧줄에 묶여 움직일 수 있는 범위 안에서 효과적으로 일하는 방법을 가르쳐 준다. 변혁적 교육은 기존의 신념과 과거 학습된 바를 시험하고 과거 경험으로 학습된 한계를 넘을 수 있도록 도와준다.

오늘날 비즈니스 환경의 복잡성은 변혁적 교육을 통해 개인과 조직이 직면한 도전과제에 더욱 효과적으로 대응하기를 요구하고 있다. 적절한 교육 없이 셀러에게 업무를 수행하도록 하는 것은 이제 용납되지 않는다. 중요한 질문은 어떤 교육이 성과를 극대화하느냐다.

세일즈의 시너지 패러다임은 새로운 규칙을 가진 새로운 게임을 의미한다. 시장은 새로운 패러다임을 창조했다. 우리는 미식축구 정신을 가지고 야구를 하고 있다. 이제 팀원 모두가 새로운 기술을 훈련(training)해야 한다. 기존의 성과 기반의 교육(블로킹과 태클링을 개선하는 교육)은 적절하지 않다. 개개인이 미식축구에서 야구로 생각을 바꾸도록 도와주고 야구 기술을 제공해 주는 변혁적 교육만이 효과적으로 작용할 것이다.

셀러만 시너지 관계를 형성하는 기술을 배우는 게 아니라 고위 경영진, 지원 부서 직원도 새로운 모델에 대한 교육을 받아야만 한다. 이는 변혁 촉진에 필요한 문화적 변화에 필수적이다.

변화가 하루아침에 이뤄지지는 않을 것이다. 반드시 시너지 기술의 지속적인 강화와 지속적 개선을 위한 지속적 코칭이 수반되어야 한다. 시너지 패러다임에서 효과적으로 일하려면 과거에 배운 것을 대부분 잊어야 한다. 셀러는 전통적 모델에서의 성공을 위해 특정한 방식으로 행동하도록 학습했다. 이제 셀러의 발밑에 깔려 있던 카펫은 치워졌다. 위험을 감수하고, 불편함에 익숙해지고, 변화에 내재한 두려움을 돌파하는 극적인 변화가 필요하다. 관리자가 코치로 역할을 바꿀 필요성이 증대되었다.

마지막으로, 시장에 나갈 셀러를 효과적으로 준비시키려면, 세일즈 조직에 교육 기능이 잘 조합되어야 한다. 민간모기지보증보험공사Mortgage Guaranty Insurance Corporation의 기업발전총괄 이사이자 세일즈 교육 임원 협회의 회장인 데보라 트와델은 이렇게 말했다.

"세일즈 교육이 전략 기획 과정에 들어가 있지 않으면 현장보다 항상 세 발자국 늦을 수밖에 없다. 미래의 니즈를 예측한 교육 시행 계획을 세워 비즈니스 계획을 지원해야 한다. 그렇게 해야 실제 현장에서 일어나는 일과 일치하는 교육을 개발하고 세일즈 조직에 제공할 수 있다. 현장에서 벌어지는 일을 분석한 다음 교육을 하고 발전 계획을 마련하는 기존의 대응은 급변하는 시장에서 매우 중요한 대응 시간에 민감하지 않은 처사다."

트와델의 지적은 어떻게 세일즈 패러다임의 전환이 조직 전체에 광범위한 영향을 미치는지 보여 주는 또 다른 예다. 오늘날 세일즈의 효과성을 극대화하려면 세일즈 시스템 전체가 바뀌어야 한다.

미래에도 그래야 할 것이므로 세일즈 교육과 자기계발에 대한 의지 강화와 기초적인 성과 개선 교육보다 변혁적 교육, 적절한 메시지를 적시에 전하기 위해 교육을 전략적 기획 과정에 연결하기 등이 요구된다.

조직문화

헌신적인 개인이 성장할 수 있는 고무적이고 협조적인 문화를 제공하기 위해 조직이 책임을 다해야 할 때이다. 조직은 선택지가 있다. 의식적으로 필요한 변화를 만들어 나가기 위한 계획을 수립할 수도 있고 비즈니스 환경의 요구에 따라 변화를 강요당할 수도 있다. 세일즈의 변혁을 통해서만 미래에 경쟁력을 확보하거나 유지할 수 있다. 문화를 바꾸는 것은 세일즈의 변혁을 위한 필수 단계다.

문화의 힘을 설명하기 위해 2000년까지 지구상의 만성적이고 지속적인 기아 퇴치에 헌신하는 비영리기관 헝거 프로젝트The Hunger Project의 책임자 조안 홈스의 말을 인용하는 게 좋겠다. 헝거 프로젝트의 성공은 배고픔과 굶주림에 대한 지배적인 생각, 즉 문화를 바꾸는 능력에 달려 있다. 헝거 프로젝트는 문화가 사람들의 사고와 행동에 미치는 영향을 오랫동안 연구했다. 1988년 헝거 프로젝트 봉사자를 위한 글로벌 회의에서 홈스는 이렇게 말했다.

"이 시대, 현시대의 분위기는 우리의 행동을 제한하고 형성하고 결정하는데, 시대의 분위기가 우리가 존재하는 방식을 제한하고 형성하기 때문이다. 우리 시대의 분위기는 우리가 가능하다고 생각하는 것을 결정하고, 달성할 수 있다고 생각하는 것을 결정한다. 우리는 불가피하게 이러한 분위기에 의해 빚어진다. 시대 분위기는 우리의 생각을 빚는다. 우리의 말과 인식, 평가, 결론, 행동을 빚는다. 모든 것을 빚는다."

홈스는 패러다임의 힘에 관해 이야기하고 있으며 홈스가 말한 '우리 시대의 분위기'는 조직문화에도 적용된다. 연설 말미에 홈스는 이렇게 덧붙인다.

"우리는 대화하고 있는 상대방이 시대 분위기의 산물이라는 점을 기억할 필요가 있다. 상대방은 시대적 분위기 속에서 허용되는 것만 생각한다. 그래서 시대 분위기보다도 사람 때문에 낙담하기가 쉽다. 하지만 그 사람은 우리 앞에 놓인 과제의 훌륭한 예시다. 새로운 분위기에서 다르게 사고하는 것이 허용된다면, 상대방 역시 그렇게 할 것이다. 우리는 모두 특정한 사고를 허용하는 분위기의 산물이기 때문이다."

홈스의 지적은 세일즈의 시너지 패러다임으로의 변화를 지원하기 위해 조직의 문화를 바꾸는 것이 얼마나 중요한지 보여 준다.

먼저, 조직문화는 세일즈의 효과성을 형성하고, 두 번째로 셀러는 조직문화의 산물이므로 문화를 재편하는 데 강조점을 두어야 한다. 세일즈 성과를 새로운 차원으로 끌어올리는 획기적인 발전은 전통적 승-패 패러다임에 내재한 장애물과 장벽들이 제거될 때 이루어질 수 있다.

그러한 장애물이 생긴 원인 중 하나는 전통적 위계질서다. 1장에서 살펴보았듯 위계질서는 오늘날 비즈니스 환경의 니즈를 다루는 데 제한적confining이고 부적절하며 효과적이지 않다. 이러한 이유로 많은 혁신적인 조직들이 새로운 조직구조를 탐구하기 시작했다. 잰 칼즌은 1987년 자신의 저서 《Moments of Truth(진실의 순간)》에서 스칸디나비아 항공사에서 있었던 '피라미드를 납작하게 만드는' 경험에 대해 말한다.

"고객 지향을 구축하고 '진실의 순간(고객과의 접촉이 일어나는 순간)'에 좋은 인상을 남기려는 비즈니스 조직은 피라미드를 납작하게 만들어야만 한다. 즉 고객의 니즈에 직접적이고 신속하게 대응하기 위해 책임의 위계적 단계를 제거해야 한다."

'높은 관여'와 '빠른 커뮤니케이션'을 위해 설계된 새로운 조직구조는 '스스로 경영하는' 실무 그룹이라는 핵심 개념을 기반으로 구축된다. 1990년 5월 7일 포춘지에 실린 "상사가 필요한 자는 누구인가?"라는 제목의 기사에서 저자 브라이언은 이렇게 말했다.

"10년 전에는 사실상 슈퍼팀(자율경영팀을 지칭하려고 고안한 문구)이 존재하지 않았다. 손가락에 꼽는 회사들(프록터 앤 갬블, 디지털 이큅먼트, TRW)만이 실험적으로 팀을 운영하고 있었다. 그러나 미국 휴스턴의 아메리칸 생산성 센터가 출간한 포춘지가 선정한 1000대 기업 중 476개 기업을 대상으로 실시한 최근 설문 조사에 따르면, 인력의 7%만이 자가 경영팀을 조직하였으며 조사 대상 기업 중 절반이 향후 자율경영팀에 크게 의지할 것이라 답했다. 이미 과감히 팀을 꾸린 이들은 인상적인 결과를 도출했다."

1992년 5월 18일자 포춘지에 실린 기사 "내일의 조직을 찾아서"를 쓴 토마스 A 스튜어트는 "한때 새로운 개념이었던 참여적 메커니즘(자율경영팀)은 생산성, 품질, 직무 만족도를 입을 다물지 못할 정도로 지속 개선할 수 있음이 증명됐다."라고 덧붙였다.

듀폰의 스칸디나비아 지사인 듀폰 드 W 네무르 "아그로" A/S의 이사인 척 히츠만은 조직도를 완전히 뒤집고 자율경영 세일즈팀을 꾸린 조직구조를 구축했다.

조직도 맨 위는 고객으로, 직원들이 실제로 누구를 위해 일하는지 상기시켜 준다. 그다음 고객과 직접적으로 접촉하는 셀러가 있다. 다음 단계는 셀러를 지원하는 개인으로 구성되어 있다. 그다음은 기타 지원 기능을 제공하는 행정 직원이다. 마지막에는 직원들의 개인 기능 수행을 지원하는 역할을 맡은 히츠만이 있다.

위계질서를 뒤집는 것만으로 기존 문화에 거대한 변화를 촉진하는 새로운 조직구조가 세워진다. 당신이 일하러 가는 이유 자체를 바꿔 버린다. 당신의 일은 조직도에서 당신 아래 위치한 상사가 아니라 위에 있는 사람들, 즉 고객 혹은 고객을 직접 만족시키는 사람들을 만족시키는 것임이 분명해진다. 당신의 성과에 대한 피드백도 상사가 아니라 고객에게서 받는다. 이 간단한 구조 변화는 조직의 가치에 상당한 영향을 미친다.

조직도를 뒤집어 그리는 것보다 중요한 것은 뒤집은 조직도를 실제 시행에 옮기는 것이다. 히츠만은 뒤집은 조직도 개념을 시행에 옮길 때 세 가지 주요 요소가 있다고 한다.

먼저, 관여된 사람의 성숙도다. 보통 이들은 꽤 오랫동안 함께 일했기 때문에 개인의 자아보다 팀으로서의 성취감을 더 중요시했다. 개개인의 세일즈 접근법이 상당히 달랐음에도 그 차이를 존중하고 서로에게 진심으로 배우고 싶은 듯 보였다.

양질의 소통을 자주하는 것이 두 번째 열쇠다. 분명히 소통은 이런 운영 방식에서 윤활유 역할을 한다. 바로 여기서 시너지 세일즈 커뮤니케이션과 관계형성 기술이 실행 계획의 핵심 요소가 된다. 모두가 승리하는 관계 모델이 적절한 배경을 구축하고 그다음 커뮤니케이션 기술이 '위계질서 뒤집기'와 '자율경영팀'을 일상에서 효과적으로 작동하게 만들었다.

직원들은 끊임없이 소통 기술을 활용하도록 서로를 지원했다.

세 번째 열쇠는 관리자의 역할이다. 히츠만은 권위자가 경찰이 아닌 지원 부대여야 한다고 말했다. 팀 구성원들이 새 모델에 대한 권위자의 의지를 경험하는 게 중요했다. 이는 다양한 방법으로 구현되었다.

한 가지는 권위자가 학습 과정에서 실수를 인정하는 것이다. 어떤 학습 환경이나 경험적 환경에서든 실수는 일어나기 마련이지만 실수에 대한 보복을 두려워하면 이 중대한 변화를 성공적으로 실행하는 데 필요한 위험을 감수하지 않게 되거나 그 속도가 늦어질 것이다. 권위자가 위험 감수를 지지하는 분위기를 조성하는 게 필수적이다. 이것이 우리가 성장하는 유일한 방법이다. 이 점을 강조하기 위해 히츠만은 아이가 걷기를 배우는 순간을 떠올려 보라고 말한다. 부모는 아이가 넘어지는 실수를 한다고 꾸짖지 않는다. 대신 아이를 안아 주고 "괜찮아, 다시 한번 해 보자."라고 한다. 실수를 격려한다. 이런 태도가 사람들이 위험을 감수하고 새로운 모델과 함께 성장할 수 있는 안전한 환경을 제공해 준다.

또 권위자가 항상 의식하고 있는 것이 중요했다. 지속적으로 상기하지 않았다면 예전 방식과 습관으로 쉽게 다시 돌아가 버렸을 것이다. 경청과 진실한 소통 그리고 새로운 관계라는 비전은 조직문화에서 항상 일상적 대화로 나타났다. 변화를 촉진하고 현실로 만든 것은 지시가 아니라 계속해서 변화를 긍정하는 대화였다.

더 나아가 관리자들이 기술을 본보기로 보여 주는 것이 중요했다. 말보다 행동이 중요하다. 새로운 관계 모델은 너무나 생소해서 처음에는 팀원들이 미심쩍어했다. 진정성과 의지를 의심했다. 히츠만과 다른 이들이 학습 과정을 거치고 매일 기술을 활용하는 것을 본 후 팀원들은 의지를 보았고 열정적으로 합류했다. 다시 말하지만 이러한 변화는 지시로 이루어질 수 있는 성격의 것이 아니다.

히츠만과 팀은 새로운 모델로 상당한 성공을 맛보았다. 팀원들은 히츠만이 회사를 떠날 때 성과를 도출했고 직무 만족도는 훨씬 높아졌으며 더 열정적으로 업무에 임하게 되었고 자존감이 높아졌음을 느꼈다고 말했다.

자율경영 세일즈팀은 엄청난 효익을 제공한다. 조사해 보니 조직의 다른 분야에서도 자율경영팀은 성공적이었다. 세일즈 부서만큼 열정적이고 헌신적이고 스스로 방향을 결정하는 직원이 있으면 좋을 부서가 조직 내에 또 있을까? 이런 '슈퍼 세일즈팀'은 문화가 성장하고 발전하는 데 필요한 지원 구조를 제공해 전통적 모델에서 불가능했던 비약적인 세일즈 성과 증대를 가능하게 할 것이다.

조직구조의 재설계는 전통적 위계질서의 한계를 상당 부분 제거해 많은 효익을 가져다주고, 재설계된 조직구조에서는 관계의 질이 중대한 요소가 된다. 시너지 패러다임의 원칙에 기반한다면 어떤 조직구조든 더 효과적일 것이다.

이러한 구조에 더해서, 전통적 문화 안에서 설계되고 시행되었던 모든 시스템이 재평가되어야만 한다. 여기에는 할당 시스템, 인센티브, 보상 계획, 성과평가 절차도 포함된다. 이런 프로그램들의 기준을 바꿔 새 패러다임의 기본 원칙을 반영하기 위해서는 이런 프로그램들의 기본을 바꿔야 한다. 그렇지 않으면 변화에 역효과를 낳는다.

세일즈라는 게임은 바뀌었다. 패러다임의 전환이 일어났고 새 패러다임에는 새 규칙이 있다. 새 규칙에 적응하는 것은 전문 세일즈에 관여된 개인이나 조직에 광범위한 영향을 미친다. 셀러와 구매자의 관계뿐 아니라 셀러와 관리자의 관계, 셀러와 세일즈 프로세스에 관여하는 사람들과의 관계에도 영향을 끼친다. 더 나아가 교육과 자기계발, 조직문화에 대한 태도 역시 새 패러다임의 원칙에 부합하는 사고를 반영하도록 변화해야 한다.

해결하기도 바꾸기도 쉽지 않은 문제들이다. 어느 개인 혹은 조직에게나 변화는 어느 정도의 고통을 수반하기 마련이다. 그러나 이는 변화하지 않음으로써 발생하는 고통에 비하면 아무것도 아니다. 오늘과 내일의 비즈니스 환경은 전문 세일즈의 변혁을 요구하고 있다. 당신의 생존은 필요한 변화를 만들어 내는 당신의 능력에 달려 있다.

- 세일즈의 현 상태를 수용하고 새로운 패러다임으로 진입하지 않는 개인과 조직은 향후 몇 년간 자신의 생존 가능성을 심각하게 저해하는 것이다.

- 변화의 필요성을 인지하는 것을 방해하는 장애물은 아래와 같다.

  + 패러다임에 대한 무지
  + 타인이나 외부 상황 탓하기
  + 더 열심히 일하라는 정신
  + 문제의 존재를 부인하기

- 새 패러다임은 대부분 셀러의 상상 범위를 넘어서는 가능성을 가져온다.

- 새로운 셀러와 구매자의 관계가 요구되는 미래에 조직과 개인이 직면하게 될 이슈는 다음과 같다.

  + 전사적 품질관리 운동
  + 제품과 서비스의 기술적 복잡성
  + 글로벌 시장에 내재한 문화적 이슈

- 임파워먼트(empowerment)는 오늘날 많은 조직에서 잘못 사용하고 있는 용어다. 당신이 원하는 것을 상대방이 하도록 하는 뭔가를 임파워먼트라고 생각한다. 이는 간단히 말해 조종의 다른 형태일 뿐이다.

- 진정한 임파워먼트는 개개인의 역량 실현이 허용되는 환경을 조성하는 것을 포함한다. 셀러관리자와 셀러 모두 임파워먼트가 이루어지는 환경을 조성하는 데 책임이 있다.

- 셀러와의 관계에서 자신의 역할을 코치로 바꾸는 셀러관리자는 개인과 팀의 성과를 모두 강화할 것이다.

- 오늘날 성공은 세일즈 프로세스에 영향을 미치는 사람들과 생산적인 관계를 구축하고 유지하는 셀러의 능력에 달려 있다. 관계에서 동의와 일치alignment의 차이를 이해하는 게 중요하다.

- 세일즈 교육은 이제 여유가 있을 때 셀러에게 제공하는 사치가 아니다. 시장에서 효과적으로 경쟁하기 위한 전제 조건이다.

- '성과 기반 교육'과 '변혁적 교육'을 구분하는 것이 중요하다. 세일즈의 패러다임 변화는 교육에 대한 변혁적 접근법을 요구하고 있다.

⊕ 교육도 전략 기획 과정에 포함해 효과성을 극대화해야 한다.

⊕ 조직문화가 조직이 낳는 성과를 빚는다.

⊕ 전통적 위계질서에 내재한 장애물을 제거하려면 새로운 조직구조가 필요하다.

글을 마치며

몇 년 전,《스포츠 일러스트레이티드》에서 표지기사로 전문 스포츠에서 교육훈련의 중요성을 다루었다. 이 기사를 본 사람들에게 처음 든 생각은 전문 스포츠인들이 교육에 상당한 시간을 할애한다는 사실이었다. 그런데 비즈니스 세계에서 교육은 신입을 위한 것이라는 인식이 있다. 만약 스포츠 선수들이 훈련을 중단하면 어떤 일이 벌어질지 상상이나 할 수 있겠는가?

해당 기사는 고대 그리스의 시인이었던 헤시오도스의 서사시 〈헤시오도스의 지혜〉로 시작된다.

'나쁨을 얻는 길은 순조롭고 가까워서 쉽게 다량으로 얻을 수 있다. 그러나 탁월함 앞에는 불멸의 신들이 땀을 흘려 놓아서 가는 길이 멀고 가파르며 초반에는 험난하다. 정상에 다다르는 길은 힘들지라도 다다르면 수월해진다.'

헤시오도스의 시에는 강력한 메시지가 있다. 그의 시에는 세 가지 주요 생각이 드러난다.

• 평범하기는 쉽다. 저항이 가장 적은 길이며, 많은 사람이 있는 안락한 지대comfort zone다. 우리 사회는 평범함을 실천하는 사람들로 가득하

다. 평범함은 우리의 신념을 고찰하고 의문을 던지지 않고 현실을 있는 그 대로 받아들이거나 패러다임 전환의 가치를 보면서도 변화에 필요한 위험을 감수하기 싫어하는 태도의 결과다.

- **탁월해지려면 노력이 필요하다.** 물리적인 노력으로 흘리는 땀이 아니라 자기 내면을 들여다보고 개인의 변화 여정에 헌신하는 어려운 일을 의미한다.

- **자기 훈련이 열쇠다.** 우리는 습관의 동물이다. 매일 아침 일어나서 모든 상황에 습관적으로 반응하며 하루를 지낸다. 무의식적으로 전에 학습된 삶의 패턴인 자동조종 장치를 작동시킨다. 그러나 삶에서 긍정적인 습관을 만들어 낼 수도 있다. 더 큰 성공, 기쁨, 행복을 자아내는 새로운 구조, 새로운 패턴을 만들 수 있다.

이 책이 당신의 여정에 도움이 되기를 바란다.

매일 파는 인간

사람의 마음을 얻는 시너지 세일즈

2024년 6월 1일 개정신판 1쇄

지은이 칼 자이스 · 토마스 고든
옮긴이 이윤정
펴낸이 김철종
인쇄제작 정민문화사

펴낸곳 (주)한언
출판등록 1983년 9월 30일 제1 - 128호
주소 110 - 310 서울시 종로구 삼일대로 453(경운동) 2층
전화번호 02)701 - 6911 **팩스번호** 02)701 - 4449
전자우편 haneon@haneon.com

ISBN 978 - 89 - 5596 - 977- 1   13320

한언의 사명선언문

Since 3rd day of January, 1998

Our Mission – 우리는 새로운 지식을 창출, 전파하여 전 인류가 이를 공유케 함으로써
인류 문화의 발전과 행복에 이바지한다.

– 우리는 끊임없이 학습하는 조직으로서 자신과 조직의 발전을 위해 쉼
없이 노력하며, 궁극적으로는 세계적 콘텐츠 그룹을 지향한다.

– 우리는 정신적·물질적으로 최고 수준의 복지를 실현하기 위해 노력하
며, 명실공히 초일류 사원들의 집합체로서 부끄럼 없이 행동한다.

Our Vision   한언은 콘텐츠 기업의 선도적 성공 모델이 된다.

저희 한언인들은 위와 같은 사명을 항상 가슴속에 간직하고
좋은 책을 만들기 위해 최선을 다하고 있습니다.
독자 여러분의 아낌없는 충고와 격려를 부탁드립니다.
· 한언 가족 ·

HanEon's Mission statement

Our Mission – We create and broadcast new knowledge for the advancement and
happiness of the whole human race.

– We do our best to improve ourselves and the organization, with the
ultimate goal of striving to be the best content group in the world.

– We try to realize the highest quality of welfare system in both
mental and physical ways and we behave in a manner that reflects
our mission as proud members of HanEon Community.

Our Vision   HanEon will be the leading Success Model of the content group.